Film, Fernsehen, Medienkultur.
Schriftenreihe der Hochschule für Film und Fernsehen „Konrad Wolf“

Herausgegeben von

L. Mikos, Potsdam, Deutschland
M. Wedel, Potsdam, Deutschland
C. Wegener, Potsdam, Deutschland
D. Wiedemann, Potsdam, Deutschland

Die Verbindung von Medien und Kultur wird heute nicht mehr in Frage gestellt. Medien können als integraler Bestandteil von Kultur gedacht werden, zudem vermittelt sich Kultur in wesentlichem Maße über Medien. Medien sind die maßgeblichen Foren gesellschaftlicher Kommunikation und damit Vehikel eines Diskurses, in dem sich kulturelle Praktiken, Konflikte und Kohärenzen strukturieren. Die Schriftenreihe der Hochschule für Film und Fernsehen schließt an eine solche Sichtweise von Medienkultur an und bezieht die damit verbundenen Themenfelder ihren Lehr- und Forschungsfeldern entsprechend auf Film und Fernsehen. Dabei werden unterschiedliche Perspektiven eingenommen, in denen es gleichermaßen um mediale Formen und Inhalte, Rezipienten und Kommunikatoren geht. Die Bände der Reihe knüpfen disziplinär an unterschiedliche Fachrichtungen an. Sie verbinden genuin film- und fernsehwissenschaftliche Fragestellungen mit kulturwissenschaftlichen und soziologischen Ansätzen, diskutieren medien- und kommunikationswissenschaftliche Aspekte und schließen Praktiken des künstlerischen Umgangs mit Medien ein. Die theoretischen Ausführungen und empirischen Studien der Schriftenreihe erfolgen vor dem Hintergrund eines zunehmend beschleunigten technologischen Wandels und wollen der Entwicklung von Film und Fernsehen im Zeitalter der Digitalisierung gerecht werden. So geht es auch um neue Formen des Erzählens sowie um veränderte Nutzungsmuster, die sich durch Mobilität und Interaktivität von traditionellen Formen des Mediengebrauchs unterscheiden.

Claudia Wegener • Jesko Jockenhövel
Mariann Gibbon

3D-Kino

Studien zur Rezeption und Akzeptanz

Claudia Wegener,
Jesko Jockenhövel,
Mariann Gibbon,
Potsdam, Deutschland

ISBN 978-3-531-17901-8 ISBN 978-3-531-94124-0 (eBook)
DOI 10.1007/978-3-531-94124-0

Die Deutsche Nationalbibliothek verzeichnet diese Publikation in der Deutschen Nationalbibliografie; detaillierte bibliografische Daten sind im Internet über http://dnb.d-nb.de abrufbar.

Springer VS

Einbandabbildung: Sebastian Gabsch / www.sega-foto.de
Einbandentwurf: KünkelLopka GmbH, Heidelberg

Gedruckt auf säurefreiem und chlorfrei gebleichtem Papier

Springer VS ist eine Marke von Springer DE. Springer DE ist Teil der Fachverlagsgruppe Springer Science+Business Media.
www.springer-vs.de

Inhalt

Tabellenverzeichnis

Abbildungsverzeichnis

Vorwort

Die mit diesem Buch vorgelegten Studien zum dreidimensionalen Kino stellen den Nutzer und damit Zuschauer des 3D-Kinos in den Vordergrund der Betrachtung. Sie sind Bestandteil des umfangreichen Forschungsprojektes, »PRIME – Produktions- und Projektionstechniken für Immersive Medien«, das durch das Bundesministerium für Wirtschaft und Technologie gefördert worden ist. Im Rahmen dieses Projektes haben sich unter der Leitung des Fraunhofer Instituts für Integrierte Schaltungen (IIS) neun führende Unternehmen und Forschungsinstitute zu einem Konsortium zusammengeschlossen, um für die Einführung des dreidimensionalen Medienkonsums in Kino, TV und Spielewelt zukunftsweisende Technik und tragfähige Geschäftsmodelle zu entwickeln.[1] Die Hochschule für Film und Fernsehen »Konrad Wolf« (HFF) übernahm in diesem Forschungszusammenschluss ein Teilprojekt zu Fragen nach der Akzeptanz und der Qualitätsbeurteilung von 3D durch das Publikum. Während sich die medienwissenschaftlichen Studien der Zuschauerforschung widmeten, entstand gleichzeitig ein 3D-Realfilm, der maßgeblich von Studierenden der Studiengänge Drehbuch, Kamera und Produktion mit Unterstützung durch Lehrende und externe Projektpartner umgesetzt wurde.[2] Auf diese Weise war der 3D-Film an der HFF wissenschaftlich und künstlerisch verankert. Der Austausch zwischen den Disziplinen führte zu einem Dialog, von dem auch der hier vorgestellte wissenschaftliche Projektanteil maßgeblich profitieren konnte.

Ziel der wissenschaftlichen Arbeiten war es, mittels unterschiedlicher empirischer Verfahren einen ersten Einblick in die Bedürfnisse des Publikums zu erhalten und danach zu fragen, welche Motivation, aber

1 DVS Digital Video Systems AG, FLYING EYE Managementberatung für Medieninvestitionen GmbH, Fraunhofer Institut für Nachrichtentechnik, Heinrich-Hertz-Institut (HHI), Fraunhofer Institut für Integrierte Schaltungen (IIS), Kinoton GmbH, KUK Filmproduktion GmbH, Loewe AG, Arbeitsgruppe Medieninformatik | Entertainment Computing, Abteilung Informatik und Angewandte Kognitionswissenschaft, an der Fakultät für Ingenieurwissenschaften der Universität Duisburg-Essen.

2 http://www.topper3.de/blog.

auch welche Einschätzungen und Bewertungen dreidimensionaler Ästhetik sich beim Zuschauer finden. Sowohl das Interesse an dreidimensionalen Darstellungen, die Bewertung unterschiedlich geeigneter Inhalte als auch die Diskussion um eine 3D-Ästhetik standen im Mittelpunkt der Arbeiten. Dabei war die dreidimensionale Umsetzung stets als ein filmstilistisches Mittel zu betrachten, das es jeweils im Zusammenspiel mit anderen filmischen Aspekten wie der Dramaturgie und der Narration eines Filmes in den Blick zu nehmen galt.

Mit dem Beginn der Studien im Jahr 2008 betrat die beteiligte Forschergruppe Neuland. Zum Zeitpunkt der repräsentativen Befragung, die im Januar 2009 durchgeführt wurde, lagen keine vergleichbaren Studien in Bezug auf stereoskopische Inhalte im Kino vor. Gleichzeitig führte aber die ständig steigende Aufmerksamkeit für 3D-Inhalte – zunächst im Kino und ab Sommer 2010 auch im TV – sowie die größere Marktdurchdringung dazu, dass Studienteilnehmer zunehmend von eigenen Erfahrungen mit 3D berichten konnten. Befragungen vor und nach einem regulären Kinobesuch wurden nunmehr möglich. Die Studien blieben im Wesentlichen auf das Kino beschränkt, da für den TV-Bereich kaum Testmaterial vorhanden war und zu diesem Zeitpunkt tatsächlich auch nur eine sehr kleine Nutzergruppe über die Möglichkeit verfügte, 3D-Filme zu Hause zu sehen.

Nach Abschluss aller Arbeiten danken die Autoren dem Bundesministerium für Wirtschaft und Technologie für die Förderung des Projektes, dem Projektträger im Deutschen Zentrum für Luft- und Raumfahrt e.V. sowie allen beteiligten Projektpartnern für die kooperative und fruchtbare Zusammenarbeit. Darüber hinaus sei allen Studierenden und Projektmitarbeitern der HFF gedankt, die die Durchführung der Studien tatkräftig unterstützt und eine künstlerisch-wissenschaftliche Kooperation im Projekt mitgetragen haben. Namentlich seien Dr. Uta Becher, Daniel Drewniak, Jennifer Hoffmann, Hauke Jebsen, Sönke Kirchhoff, Robert Laatz, Sarah Penger, Andy Raeder, Ursula Reber, Alexander Rihl und Franziska Roßland genannt. Schließlich danken wir Frau Barbara Emig-Roller vom VS-Verlag für Sozialwissenschaften für ihre Unterstützung und ihre Geduld.

Claudia Wegener,
Jesko Jockenhövel,
Mariann Gibbon

Potsdam im Februar 2012

1. Einführung

Mit der neuen Ära des (digitalen) 3D-Films, deren Beginn in der Mitte des Jahres 2009 durch eine größere Zahl von Filmstarts weltweit ausgemacht werden kann, fand eine Vielzahl dreidimensionaler Filmproduktionen ihren Weg auf die Leinwände der Multiplexe, und diese Filme erreichten damit ein entsprechend großes Publikum. Ein neues Zeitalter des dreidimensionalen Films schien auf unterschiedliche Weise ausgerufen. Blockbuster wie das Science-Fiction-Spektakel AVATAR (USA 2009, James Cameron) erreichten im Jahr 2010 allein in Deutschland mehr als sieben Millionen Zuschauer[3] und machten weltweit auf den 3D-Film aufmerksam. Bis heute gilt AVATAR – gemessen an den erzielten Einnahmen – als erfolgreichster Film aller Zeiten.[4] Aber nicht nur das Blockbuster-Kino wies sich als Plattform für den 3D-Film aus. Internationale Festivals erhoben den vormals häufig als effektorientiertes Gimmick-Kino geschmähten 3D-Film zum Kulturgut und verschafften ihm breite Anerkennung in einer sonst kritischen Filmgemeinschaft. So eröffnete das Filmfestival in Cannes 2009 mit dem 3D-Animationsfilm OBEN (USA 2010, Pete Docter) und setzte damit ein Zeichen für die kulturelle Anerkennung des 3D-Effektes. Fünf Nominierungen für den international renommierten Filmpreis Oscar sollten sich im darauf folgenden Jahr anschließen – den Oscar für den besten Animationsfilm sowie für die beste Filmmusik konnte OBEN für sich entscheiden. Dass der Japaner Takashi Miike im Jahr 2011 mit HARA-KIRI: TOD EINES SAMURAI, den ersten 3D-Film in der Geschichte des Cannes-Wettbewerbs platzieren konnte, zeigt die Weiterentwicklung der kulturellen Laufbahn. Die kritische Diskussion des Films aber machte gleichzeitig darauf aufmerksam, dass die 3D-Technologie alleine nicht für eine positive Beurteilung durch die anspruchsvolle Szene der Kritiker genügt. Ganz

3 http://www.ffa.de/ (1.12.2011).

4 http://www.wulfmansworld.com/Die_besten_Filme/Erfolgreichste_Kinofilme (1.12.2011).

offensichtlich bedarf es mehr als der 3D-Ästhetik, um die Qualität eines Filmes herauszustellen.

Insgesamt aber zeigt sich der erneute Aufschwung des dreidimensionalen Films im neuen Jahrtausend von kritischen Stimmen weitgehend unbeeindruckt. So gingen seit 2009 weltweit zahlreiche Kinoproduktionen dreidimensional an den Start, die unterschiedliche Genres bedienten und gänzlich verschiedene Publika ansprachen. In der Tradition des Pixar-Streifens OBEN waren es anfangs vor allem Animationsfilme, die dreidimensional umgesetzt wurden. In den folgenden Monaten sollte sich aber auch der Realfilm in 3D etablieren. Internationale Produktionen wie PIRATES OF THE CARIBBEAN – FREMDE GEZEITEN (USA 2011, Rob Marshall) oder DIE DREI MUSKETIERE (D/F/UK/USA 2011, Paul Anderson) stehen für diesen Trend, aber auch deutsche Produzenten setzen auf 3D, wie Christian Ditters Kinoabenteuer WICKIE AUF GROßER FAHRT im Jahr 2011 deutlich machte. Neben den populären Blockbustern sind es Filme wie BERLINER PHILHARMONIKER IN SINGAPUR – A MUSICAL JOURNEY IN 3D (D 2011, Michael Beyer) oder PINA (D/F/UK 2011, Wim Wenders), die die Grenzen des Darstellbaren ausloten und neue Wege dreidimensionaler Inszenierung beschreiten. Während der Konzertfilm dem Publikum Sir Simon Rattle und sein Orchester nahe brachte, inszenierte Wim Wenders mit PINA Tanztheater in dreidimensionaler Form. Für den vielfach prämierten Dokumentarfilm war die 3D-Ästhetik nach Ansicht des Regisseurs grundlegend:

> »Die Initialzündung war für Wim Wenders schließlich die irische Rockband U2, die 2007 bei den Internationalen Filmfestspielen von Cannes ihren digital produzierten 3D-Konzertfilm ›U2-3D‹ präsentierten. Wenders war sich schlagartig klar: ›Mit 3D wäre es möglich! Nur so, unter Einbeziehung der Dimension des Raumes, könnte ich mir zutrauen (und eben nicht nur anmaßen), Pinas Tanztheater in einer angemessenen Form auf die Leinwand zu bringen‹«.[5]

Mit seiner Aussage verweist Wenders auf die Spannbreite der Motivation, durch die der dreidimensionale Film gegenwärtig getragen ist. Die nachträgliche Konvertierung zweidimensionaler Filme weist die 3D-Technologie als zusätzliche Option aus und verspricht (oder suggeriert) dem Zuschauer einen Mehrwert. Dass der Produktionsprozess aber bereits in seinen Anfängen 3D implizieren kann, macht PINA deutlich. Damit stellt sich nicht die Frage, welche Stoffe in 3D erzählt werden

5 http://www.pina-film.de/de/ueber-den-film.html (10.12.2011).

können, sondern vielmehr, welche Stoffe in 3D verfilmt werden sollten, um sie in ihrer Intention greifbar und erzählbar zu machen und damit auch das Filmerleben der Zuschauer in eine neue Dimension zu setzen.

Die Veränderung, die der Kinobesucher durch die dreidimensionalen Angebote erfährt, liegt vor allem in der Möglichkeit des räumlichen Sehens. Beim Betrachter kann der Eindruck entstehen, das Geschehen eines Films spiele sich tatsächlich vor oder hinter der eigentlichen Leinwand ab. Möglich wird dies, indem der Film mit zwei Kameras aufgenommen wird, die mit unterschiedlichem Abstand zum Drehort platziert sind. Auf diese Weise wird die Aufnahme dem natürlichen räumlichen Sehen angepasst, das – bedingt durch den Abstand der Augen – aus der Wahrnehmung eines Gegenstandes aus zwei unterschiedlichen Perspektiven resultiert. Das menschliche Gehirn setzt die beiden Bilder dann wieder zu einem Bild zusammen. An eben diesen Prozess lehnt sich das Prinzip des 3D-Films an. Die von zwei verschiedenen Kameras aufgenommenen Bilder werden anschließend gleichzeitig an eine Leinwand projiziert; mithilfe einer speziellen Brille kann der Zuschauer diese Darstellung entschlüsseln. Auf der Grundlage unterschiedlicher Verfahren sieht das linke Auge des Betrachters nur die Bilder, die für das linke Auge bestimmt sind, und das rechte Auge nur die Bilder, die für das rechte Auge bestimmt sind. Wie beim natürlichen Sehen auch fügt das menschliche Gehirn beide Bilder wieder zu einem zusammen. So entsteht der Eindruck des räumlichen Sehens (vgl. Mendiburu 2001: 11ff.).

Die technologische Grundlage der aktuell sich vollziehenden breiten Auswertung von 3D-Filmen ist die Digitalisierung der Kinos, die einen Wechsel vom klassischen 35-mm-Film hin zur digitalen Filmprojektion impliziert. Die Implementierung der neuen Technik konnte durch 3D nachhaltig vorangetrieben werden. Für Produzenten und Kinobetreiber mochten sich die Entwicklungen zunächst vielversprechend darstellen, denn seit Beginn des neuen Jahrtausends waren Kinos und die Filmwirtschaft in Deutschland mit einem beinahe kontinuierlichen Rückgang der Besucherzahlen konfrontiert. Konnten im überaus erfolgreichen Kinojahr 2001 insgesamt noch 173 Millionen Besucher gezählt werden, fanden sieben Jahre später nur noch 128 Millionen Zuschauer den Weg in ein Kino. Im »3D-Jahr« 2009 wurde dann erstmals seit 2001 wieder ein deutlicher Besucherzuwachs verzeichnet. Damit verbunden stiegen die Umsätze um 23 Prozent von 789 auf 974 Millionen Euro an (vgl. FFA 2010: 4), was auch den höheren Eintrittspreisen geschuldet war, die für einen 3D-Film erhoben werden. Bereits im folgenden Jahr ging der Umsatz allerdings wiederum auf 907 Millionen Euro zurück. Die Besucherzahlen verringerten sich sogar auf 124 Millionen, womit ein Minus von 15 Prozent zu verzeichnen war (vgl. FFA 2011: 4).

Ob das erfolgreiche Jahr 2009 damit tatsächlich zu einer Trendwende im Kinomarkt geführt hat, ist somit vom heutigen Standpunkt her fraglich. Ein Blick auf die Nutzungsdaten zeigt, dass vor allem der Anteil der 20- bis 29-Jährigen und der 30- bis 39-Jährigen an den Kinobesuchern gegenüber der Jahrtausendwende kontinuierlich und deutlich gesunken ist. Dieser Trend hat sich auch im Jahr 2009 fortgesetzt und blieb 2010 stabil. Bei den Zuschauern ab 40 Jahren hingegen stiegen die Besucherzahlen an, die Verluste aufseiten der Jüngeren ließen sich so allerdings – mit Ausnahme des Jahres 2009 – nicht ausgleichen (vgl. FFA 2010: 16, 2011: 16). Auch die Besuche der Kinogänger pro Kopf haben in den vergangenen Jahren abgenommen. Während sich der Kinobesucher zu Beginn des neuen Jahrtausends durchschnittlich sechs Vorstellungen ansah, waren dies im Jahr 2008 nur noch 4,5. Erst im Jahr 2009 gab es erstmals wieder einen leichten Anstieg auf 4,7 Kinobesuche, allerdings ging der Wert 2010 sogar auf 4,2 zurück. Dies war der niedrigste Wert innerhalb von elf Jahren (FFA 2010: 35), den die Zahlen der Filmförderungsanstalt ausweisen. Insgesamt liegt die Kinobranche mit den aktuellen Reichweiten auf einem ähnlichen Niveau wie Mitte der 1990er-Jahre (vgl. Neckermann 2001). Zu diesem Zeitpunkt aber waren deutschlandweit die Multiplex-Kinos noch nicht etabliert, die den Gesamtkinoumsatz in wenigen Jahren vervielfachten.

Auch wenn sich die Besucherzahlen insgesamt verhalten entwickeln, stieß der 3D-Film im Jahr 2010 nachweislich auf großes Interesse, wie die von der FFA (2010: 29ff.) zu 3D ausgewiesenen Daten belegen. Der Umsatz mit 3D-Filmen stieg in Deutschland von 24 Millionen Euro 2009 auf 235 Millionen Euro im Jahr 2010 an. Insgesamt 24 Millionen Besuche konnten 3D-Filme 2010 aufweisen – 2009 waren es nur 4 Millionen gewesen. Damit wurde jede fünfte Kinokarte (19 %) für eine 3D-Vorführung bei einem durchschnittlichen Ticketpreis von 9,86 Euro verkauft. Dabei ist bemerkenswert, dass laut FFA 3D-Zuwanderer aus dem Jahr 2010, die also 2008 oder 2009 nicht im Kino gewesen waren, »sporadische Kinogänger« waren, die zu 64 Prozent nur einmal im Kino waren (vgl. ebd. 2011). Viele Kinobesucher scheinen damit speziell an einer 3D-Vorführung interessiert gewesen zu sein und neugierig auf die neue Technologie. Gleichzeitig trat 2011 nach anfänglicher Euphorie im Interesse des Publikums ein Stück Normalität ein. Insbesondere in den USA, vielleicht auch vor dem Hintergrund der Wirtschafts- und Finanzkrise und den teureren Eintrittspreisen, schien das Interesse zu Teilen abzunehmen. Thompson (2011) argumentiert, dass die 2D-Version eines auch in 3D verfügbaren Films besonders in der Blockbustersaison im Sommer 2011 häufig mehr Geld eingespielt hat als die 3D-Version, wenn zum Beispiel Pixars CARS 2 (2011) in 61 Prozent der Kinos in 3D gezeigt worden ist, aber dort nur 37 Prozent seiner Einnahmen generiert hat. Sicher ist hier auch ein Gewöhnungs- und Anpassungsprozess zu beobachten, in dem die Kinogänger bei größerem Angebot sich zunehmend überlegen, welchen Film sie in 3D sehen wollen und welchen eventuell nicht. Dabei ist für Produzenten, Verleiher und Kinobetreiber allerdings wichtig, dass durch den 3D-Aufschlag höhere Einnahmen erzielt werden können und sie daher daran interessiert sind, dass die Zuschauer den Film möglichst in einer 3D-Version sehen. Ob dies langfristig gelingen wird, ist zurzeit offen.

Die Entwicklung des stereoskopischen Kinos lässt sich somit auf unterschiedlichen Feldern nachzeichnen. Die technologische Entwicklung ist hierfür bestimmend, ebenso ökonomische und marktwirtschaftliche Konsequenzen. Grundlegend ist zudem die Diskussion um die Filme selbst, die sich durch Quantität und Genrevielfalt auszeichnen. Fragen nach dem Einsatz von 3D als filmstilistischem Mittel sowie nach der Qualität des 3D-Kinos stehen am Beginn der Debatten. Der öffentliche Blick auf den Kinofilm als Kulturgut ist hierbei ebenso relevant wie der wissenschaftliche Diskurs unterschiedlicher Disziplinen. So sind es filmwissenschaftliche Fragestellungen, medienwissenschaftliche Ansätze und kommunikationswissenschaftliche Perspektiven, die sich um die Frage nach dem »richtigen« Einsatz von 3D im Film miteinander verbinden. Empirische Forschungsarbeiten zum dreidimensionalen Kino aber sind bislang rar. Die Auseinandersetzung mit dem 3D-Kino erfolgte vor allem in theoretischen und historisch angelegten Arbeiten, die disziplinär eher der Filmwissenschaft als der empirischen Kommunikationsforschung zuzuordnen waren. Erst in jüngster Zeit finden sich vereinzelt Rezeptionsstudien, die das Thema aufgreifen und danach fragen, wie sich die dreidimensionale Darstellung tatsächlich aus Sicht des Publikums darstellt. Hier sind die Arbeiten zu nennen, die sich in dem von Steinmetz herausgegebenen Band zum Dispositiv Cinéma (2011) auch mit dem Zuschauer auseinandersetzen. Thomas und Ruppel (2011) legten zudem eine Kinobesucherstudie vor, die sich mit der Akzeptanz des 3D-Kinos sowie der Beurteilung stereoskopischen Bildmaterials beschäftigt. Darüber hinaus findet die Auseinandersetzung mit dem stereoskopischen Film in wissenschaftlichen Qualifikationsarbeiten unterschiedlicher Disziplinen statt, die breit gestreut sind und verschiedene Aspekte des Themas in den Blick nehmen (vgl. z.B. Sánchez Ruiz 2010; Andres/Lobeck 2011).

Auch die hier vorliegende Arbeit stellt das 3D-Kino in den Mittelpunkt ihres Forschungsinteresses und fragt nach dessen Nutzung und Akzeptanz durch den Zuschauer. Dabei werden auch Fragen zur 3D-Technik im Home-Entertainment-Bereich berücksichtigt und in Zusammenhang mit der Kinonutzung reflektiert. Die im Folgenden vorgestellten Studien wurden in den Jahren 2009 und 2010 durchgeführt, also zu einem Zeitpunkt, zu dem 3D-Filme insbesondere durch Medienberichterstattung und Kino-Werbung in der Öffentlichkeit präsent waren, vor allem weil die 3D-Technik als eine Innovation vermarktet wurde, die sie in ihrer digitalen Form durchaus auch ist. Damit kommt das Publikum zu Beginn einer neuen 3D-Ära in den Blick, in der 3D nicht primär auf habitualisierte Nutzungsstile und etablierte Erwartungshaltungen trifft, sondern sich sowohl inhaltlich als auch aus Sicht der Zuschauer neu formieren muss.

Der vorliegende Bericht setzt sich aus einer Reihe unterschiedlicher Teilstudien zusammen, die das 3D-Kinopublikum aus verschiedenen Perspektiven betrachten. Während bereits vorliegende Studien zur Akzeptanz von 3D entweder auf technische Verbesserung zielten oder Konsumentenforschung betrieben, setzen sich die hier dokumentierten Erhebungen mit der Zuschauerakzeptanz einerseits sowie den Filminhalten und damit Handlung, Genre und Filmstil andererseits auseinander. Für alle Teilerhebungen ist die Frage nach der Bewertung und dem Erleben dreidimensionaler Filme durch den Zuschauer leitend.

Bevor die Studienergebnisse vorgestellt werden, gibt das dieser kurzen Einführung folgende *zweite* Kapitel zunächst einen Einblick in die Geschichte des stereoskopischen Films. Dabei wird der 3D-Film in seinen Anfängen reflektiert, um anschließend seine technologische Weiterentwicklung unter den Voraussetzungen digitaler Produktion und Projektion nachzuzeichnen. Das *dritte* Kapitel referiert den Forschungsstand zum Thema und zeigt auf, an welche empirischen Arbeiten sich mit aktuellen Studien anschließen lässt. Dabei erweist sich der Stand der Forschung allerdings als ein recht unübersichtliches Feld, das zunächst durch naturwissenschaftliche Fragestellungen und Methoden geprägt wurde, bevor das sich andeutende Interesse – an der Kinokasse und am 3D-Home-Entertainment – die Konsumforschung auf den Plan rief. Auf eine systematische wissenschaftlich-empirische Bearbeitung kann der 3D-Film nicht zurückblicken. Vielversprechende Anschlussmöglichkeiten bieten aber solche Studien, die sich mit Immersion als Präsenzerleben auseinandergesetzt haben und den Mehrwert immersiver Produktion und Projektion als besondere Form des being-there herausstellen.

Das *vierte* Kapitel stellt die Ergebnisse des umfangreichen Forschungsprojektes zur Rezeption und Akzeptanz des dreidimensionalen Kinos vor, wie es an der Hochschule für Film und Fernsehen »Konrad Wolf« durchgeführt worden ist. Den ersten Forschungsabschnitt bildet eine repräsentative Befragung der deutschen Bevölkerung (Kapitel 4.1). Auf dieser Basis sollte zunächst grundlegend das Interesse an und die Kenntnisse über 3D-Film und 3D-TV analysiert werden. Darauf bauen weitere Studien auf, die sich mit Einzelaspekten des 3D-Films befassen und im Sinne des Uses-and-Gratifications-Ansatzes sowohl nach den Motiven für die Auswahl dreidimensionaler Filme fragen als auch nach dem subjektiven Nutzen, wie er sich aus Sicht der Zuschauer darstellt. So zeigt Kapitel 4.2.1 Ergebnisse zur Frage nach der Motivation eines 3D-Filmbesuchs auf und untersucht, warum sich Kinogänger für die 2D- oder die 3D-Version eines Films entschieden haben, der in beiden Fassungen zur Auswahl stand. Mittels eines qualitativen Forschungszugangs geht es im Weiteren darum, der subjektiven Bedeutungszuweisung durch den Zuschauer nachzugehen und den Mehrwert dreidimensionaler Darstellungen in unterschiedlichen Genres aus Sicht der Kinobesucher nachzuvollziehen (Kapitel 4.2.2). Will man den 3D-Effekt als filmstilistisches Mittel begreifen, so ist er in seinen narrativen und dramaturgischen Zusammenhängen zu reflektieren und zu hinterfragen. Den Untersuchungsgegenstand stellen hier Veröffentlichungen in Internetforen zu 3D-Filmen dar. Kontrastierend wurden solche Äußerungen berücksichtigt, die sich einerseits auf das Genre Horrorfilm bezogen, andererseits auf solche Filme, die dem Family Entertainment zugeordnet werden können. So kann davon ausgegangen werden, dass der 3D-Einsatz in beiden Genres unterschiedlich legitimiert ist. In einer weiteren Teilstudie gilt es abschließend, die Legitimation des 3D-Effekts durch den Zuschauer im narrativen Kontext zu analysieren. Mittels qualitativer Leitfadeninterviews sollen 3D-Mehrfachkinobesucher darüber berichten, welche Bedeutung sie den dreidimensionalen Effekten zuweisen und welcher Mehrwert sich für sie aus dieser spezifischen Form der Darstellung im Kontext von Narration und Dramaturgie ergibt. Es ist davon auszugehen, dass Mehrfachbesucher einen solchen wahrnehmen (Kapitel 4.2.3). Kapitel 4.3 schließlich widmet sich Kindern und Familien als Zielgruppe des 3D-Films und fokussiert solche Filme, die als Family-Entertainment mehrere Generationen ansprechen sollen. Da diese Filme zu Beginn der neuen 3D-Ära besonders häufig dreidimensional umgesetzt werden, richtet sich der Blick hier auf die jüngeren Zuschauer. Die explorative Studie stellt einen ersten Versuch dar, das 3D-Rezeptionserleben von Kindern zu erheben. Der Fokus liegt dabei insbesondere auf der Frage, ob der 3D-Effekt zur Ängstigung führen kann, sei es durch die Intensivierung des Filmerlebens oder durch die Novität und damit den Überraschungswert des Effektes.

Der überaus rasche technologische Wandel, die schnell fortschreitenden Entwicklungen bei Geräteherstellern und Produzenten und die damit verbunden stetige Weiterentwicklung des Marktes lassen 3D zu einem schnelllebigen Thema werden, das Bedarf an weiteren Forschungsarbeiten stetig generiert. Für eben diese können die hier dokumentierten Ergebnisse als Grundlage dienen, da sie das Zusammenspiel von 3D und Content aus Sicht der Zuschauer fokussieren. Dieses ist medienübergreifend von Bedeutung und wird auch künftig wesentlich für die Entwicklung und Bewertung dreidimensional produzierter und projizierter Inhalte sein.

2. Geschichte

2.1 Zeit für Experimente – Geschichte des 3D-Films

2.1.1 Fotografie und Stereoskopie

Bereits zum Ende des 19. Jahrhunderts, als die fotografierten Bilder laufen lernten, gab es eine etablierte und erfolgreiche Verbindung von Fotografie und Stereoskopie und damit dreidimensionale Bilder. In der zweiten Hälfte des 19. Jahrhunderts hatten sich stereoskopische Fotos zu einem Massenphänomen entwickelt. Hergestellt zu Hunderttausenden wurden unter anderem Nachrichtenbilder (teilweise nachgestellt), Stadtansichten, exotische Abbildungen und erotische Aufnahmen. Im Jahr 1838 beschrieb Charles Wheatstone das Prinzip des binokularen Sehens und konnte dieses mithilfe des von ihm konstruierten Reflexionsstereoskops erstmals auch umsetzen. Drei Jahre später wurden in Brüssel die ersten Daguerrotypien, ein frühes Fotografieverfahren, für ein Stereoskop produziert (vgl. Zone 2007: 9), und im Jahr 1849 stellte der schottische Physiker Sir David Brewster ein tragbares Prismenstereoskop vor. Dieses wurde ab 1850 von dem Pariser Optiker Dubosq kommerziell ausgewertet »und mit Serien von Daguerrotypien auf den Markt gebracht« (Hick 1999: 276). Die Verbindung von Fotografie und Stereoskopie war damit gegeben.

Dazu trug ebenfalls eine Erfindung von Brewster bei, der eine Kamera mit Doppelobjektiv entwickelte. Diese wurde aber nie gebaut, weil es vorerst zu schwierig war, identische Linsenpaare herzustellen. So wurden Stereofotos zunächst aufgenommen, indem man die Kamera nach der ersten Aufnahme entweder seitlich versetzte oder zwei Einzelkameras nebeneinander aufbaute. Im Jahr 1853 führte die Liverpool Photographic Society erstmals eine Kamera mit zwei Objektiven vor,[6] die eine stereoskopische Aufnahme so einfach machte wie eine her-

6 http://www.3d-historisch.de/Geschichte_Stereoskopie/Geschichte_Stereoskopie.htm.

kömmliche Fotografie. Bei der Betrachtung allerdings war weiterhin ein Stereoskop nötig, um die beiden Ansichten nur für das jeweilige Auge sichtbar zu machen. Dennoch wurden stereoskopische Bilder zu einem großen Erfolg: In Paris verkauften sich nach der Weltausstellung 1851 innerhalb von drei Monaten circa 250.000 Stereoskope (vgl. Senf 1989: 26). Schon im Jahr 1858 besaß die London Stereoscopic Company eine Handelsliste von mehr als 100.000 stereografischen Bildern (vgl. Trotter 2004: 39).

Bis zur Einführung des Kinos waren Stereobilder das Massenmedium des späten 19. Jahrhunderts (vgl. Zone 2009), auch wenn sie – im Gegensatz zur Fotografie, die einen eigenen Kunstanspruch entwickelte – häufig als Trivialität angesehen wurden (vgl. Jeffrey 1981: 38). So waren sie weniger künstlerischer Ausdruck als beispielsweise Reiseerinnerung oder Reiseersatz (vgl. Hick 1999: 285). Eine Verbindung von Film und Stereoskopie zum 3D-Film erscheint rückblickend beinahe zwangsläufig. Entsprechend lassen sich Hinweise finden, nach denen bereits in der Frühzeit des Bewegtbildes auch am stereoskopischen Film gearbeitet wurde.

2.1.2 Stereoskopie und frühes Kino

Namhafte Pioniere der Filmgeschichte setzten sich gleichermaßen mit stereoskopischen Bildern auseinander. So beschäftigte sich William Friese-Greene, einer der Erfinder der Kinematografie, mit bewegten stereoskopischen Bildern (vgl. Drößler 2008a: 9). Auch im Labor von Thomas Edison wurde an 3D-Filmen gearbeitet:

> »Als William Kennedy Laurie Dickson für Thomas Edison 1891 den ersten Kinetographen entwickelte, eine der ersten Filmkameras, dachte er an 3D-Filme. ›Es ist Mr. Edisons Absicht, den in Verbindung mit dem Kinetograph aufgenommenen Bildern einen stereoskopischen Effekt zu verleihen‹, schrieb Dickson in einem Brief 1891, ›und eine lange, ausführliche Reihe von Experimenten wurde im Labor durchgeführt und erzielte sehr gute Resultate‹« (Zone 2010: 9).

Im Gegensatz zu stereoskopischen Fotografien, die im Sinne des ›Guckkasten-Prinzips‹ individuell betrachtet werden, galt es, für den projizierten Film eine Lösung für die Trennung der Einzelbilder zu finden. Anaglyphenverfahren, also die Trennung der Stereobilder durch Farbfilter, waren schon länger bekannt und kamen unabhängig vom 3D-Prinzip bei Laterna-magica-Vorführungen, einem Vorgänger der Diaprojektion, zum Einsatz. Das Anaglyphensystem wurde 1891 patentiert und 1901 erstmals für eine Filmprojektion verwendet (vgl. Drößler 2008a: 10). Doch trotz dieser Lösung und der ab Mitte der 1930er-Jahre verfügbaren qualitativ höherwertigen Polfilter gab es bis Anfang der 1950er-Jahre nur vereinzelt 3D-Aufführungen.

Dass sich der 3D-Effekt nicht bereits in der Anfangszeit des Films als Standard oder zumindest als eine Art Premiumprodukt gegenüber dem zweidimensionalen Film durchsetzen konnte, mag unterschiedliche Gründe haben, die wohl auch auf spätere Phasen zutreffen. Zunächst sind eindeutig technische Unzulänglichkeiten insbesondere im Vergleich zum nichtstereoskopischen Film zu nennen. Aufnahme und Projektion gestalteten sich schwieriger und aufwendiger und führten dennoch zu eher bescheidenen Ergebnissen. Die Trennung der Stereobilder durch die vorhandenen Filter war nicht perfekt, und das mechanisch-filmbasierte Aufnahme- und Projektionsverfahren führte zu Asynchronitäten. Daneben konkurrierte die Stereoskopie mit weiteren technischen Entwicklungen. Vor allem sind hier Ton und Farbe zu nennen, die im Film erfolgversprechender und letztendlich einfacher umzusetzen waren, wenn auch – wie im Fall des Tonfilms – mit ebenfalls hohen Kosten. Lipton verweist entsprechend auf die Parallelen bei der Einführung von Tonfilm und 3D-Film:

> »Both required decades of technology development initially requiring two synchronized machines; both required studio and exhibitor investment; both used similar business models for exhibition; both were introduced to the studios and exhibitors by outside business interests; both justified an increase in ticket prices; and both required a rethinking of creative filmmaking techniques such as production design, cinematography, production pipeline issues, and acting style« (2007: 519).

Eine gleichzeitige Einführung der beiden Technologien hätte das Innovations- und Investitionspotenzial der beteiligten »Player« sicherlich überfordert.

Daneben bleibt auch die These bestehen, nach der insbesondere die Konventionen des klassischen Hollywood-Kinos dazu beigetragen haben, Stereoskopie quasi überflüssig zu machen, wie Thomas Elsaesser beobachtet: »Study of the ›view‹ raises the question whether the advent of so-called ›classical‹ cinema of continuity editing and the mobile point of view narration made stereoscopic ›obsolete‹ by replacing its pleasures with other functional equivalents« (1998: 60). Gleichzeitig ist aber davon auszugehen, dass die Vertrautheit mit dreidimensionalen Bildern um 1900 Einfluss auf die Bildgestaltung durch die frühen Filmemacher im zweidimensionalen Bild gehabt haben dürfte (vgl. ebd.: 59, auch Wedel 2009). Elsaessers Vermutung kann allerdings nur auf narrative Formen zutreffen. Eine Gestaltung von Aktualitäten oder Reisebildern in 3D wäre im Sinne der Stereofotografie des 19. Jahrhunderts durchaus logisch gewesen.

Eine vollständige Darstellung der technischen Entwicklungen der Stereoskopie um 1900 würde den Rahmen dieses Kapitels sprengen. Die unterschiedlichen Patente, ausgestellt in Großbritannien, Frankreich und den USA, werden umfangreich von Zone (2007: 86ff.) beschrieben. Hinzuweisen bleibt darauf, dass die meisten der technischen Entwicklungen sowohl bei der Aufnahme als auch bei der Projektion, die dann ab den 1950er-Jahren bis in die 1990er-Jahre in den unterschiedlichen Verfahren verwendet wurden, bereits in der Anfangszeit des Kinos zumindest testweise genutzt wurden.

So gab es zum einen Versuche mit *Single-Strip*-Aufnahmen, bei denen die beiden Stereobilder auf einem einzelnen Filmstreifen untergebracht sind, unter anderem durch die Franzosen Jules Richard und Louis Joseph Colardeau (1910-1916). Gleichzeitig wurden *Twin-Strip*-Verfahren entwickelt, bei denen die Aufnahme auf zwei separaten Filmstreifen erfolgt. So erhielten Carl Schmidt und Charles Dupuis 1903 ein französisches Patent für ein *Twin-Strip*-Verfahren, und auch Edwin S. Porter, Regisseur von THE GREAT TRAIN ROBBERY (1903), verwendete 1915 bei einer 3D-Demonstration für Paramount wohl ein *Twin-Strip*-Verfahren (vgl. ebd.: 96ff.). Gleichzeitig kamen sowohl anaglyphe Filterverfahren und ab den 1930er-Jahren dann auch Polfilter zum Einsatz. Shutter-Verfahren, bei denen die Augen alternierend verdeckt werden und die bei modernen 3D-HDTVs zum Einsatz kommen, fanden ebenfalls Verwendung, so unter anderem 1922[7] beim Teleview-Verfahren.

Bei diesem Verfahren wurde der Film mit zwei Kameras aufgenommen, das Projektionssystem bestand aus einem *Twin-Strip*-Projektor. An der Armlehne jedes Zuschauers war ein sich drehendes Shuttersystem angebracht, das mit dem Projektor gekoppelt war und zur entsprechenden Verdeckung der Augen führte. Das Shuttersystem musste

7 Während Zone (2007, S. 107) als Premierendatum für das Televiewverfahren Dezember 1922 angibt, wird es von Lipton (2001, S. 588) auf 1923 angesetzt.

nicht in der Hand gehalten oder als Brille getragen werden, sondern wurde mithilfe einer Halterung vor den Augen der Zuschauer fixiert. Das Teleview-Verfahren wurde allerdings nur im New Yorker Selwyn Kino verwendet und nur für ein Programm. Gezeigt wurden neben dem Spielfilm M.A.R.S. OR RADIO MANIA einige teilweise gezeichnete Kurzfilme. Ebenfalls im Jahr 1922 feierte in Los Angeles der einstündige Anaglyphenfilm THE POWER OF LOVE seine Premiere.

Im anaglyphen Verfahren, weiter entwickelt von William T. Crespinel und Jacob Leventhal, wurde zudem eine Reihe von 3D-Kurzfilmen in den Jahren 1923 bis 1925 produziert. Die Filme waren die ersten 3D-Produktionen, die in den generellen Verleih kamen und als Plastigrams und Stereoscopics vermarktet wurden. So liefen die Plastigram-Filme in 130 Kinos der Paramount-Kette und weiteren First-Run-Häusern. Für die Filme wurden die Kameralinsen erstmals konvergiert, anstatt mit diesen parallel zu drehen. Die Kameraachsen stehen dabei schräg und nicht gerade zueinander. Dies führt zu dem Eindruck, Gegenstände und Personen würden scheinbar aus der Leinwand heraustreten. Die Idee der negativen Parallaxe war geboren und damit ein Element, das konstituierend für künftige 3D-Filme sein sollte und 3D in die Nähe des Kinos der Attraktionen rückte (vgl. Gunning 1996).

Die Schwächen der anaglyphen Filter führten zu der Entwicklung eines Filtersystems mithilfe von Polarisationsfiltern. Anaglyphen sind – besonders in der Farbkombination rot/grün – nur für Schwarz-Weiß-Filme geeignet, zudem stimmen die Farben auf dem Film und in der 3D-Brille nicht immer perfekt überein. Zudem absorbiert der rote Filter mehr Licht als der grüne. Diese Schwierigkeiten konnten mithilfe der Polfilter behoben werden (vgl. Drößler 2008b: 11), die Edwin Land, der 1936 die Polaroid Corp. gründete, in den 1920er-Jahren entwickelte. Zu Demonstrationszwecken produzierte Land die ersten 3D-Filme in Farbe (vgl. Zone 2007: 150).

Außerhalb der USA arbeitete in Deutschland das Zeiss Ikon Konsortium ab Ende der 1920er-Jahre an stereoskopischem Equipment. In den 1930er-Jahren wurden 3D-Kameras und 3D-Projektoren sowohl für *Dual-Strip-* als auch für *Single-Strip*-Verfahren entwickelt (vgl. ebd.: 153). Für die Zeiss-Ikon-Systeme wurden in der Regel Polfilter verwendet. Mithilfe der Zeiss-Ikon-Technik konnte 1937 mit ZUM GREIFEN NAH der erste 3D-Film in Farbe und mit Ton aufgenommen und vorgeführt werden. Er hatte am 17. Mai 1937 im Berliner Ufa-Filmpalast Premiere und war ein Werbefilm für die Versicherung »Volksfürsorge Hamburg«. Im Jahr 1939 entstand der 20-minütige Kurzfilm 6 MÄDELS ROLLEN INS WOCHENENDE in Schwarz-weiß, der allerdings nie öffentlich aufgeführt wurde (vgl. Drößler 2008b: 11).

Weitere stereoskopische Entwicklungen wurden während des Zweiten Weltkrieges und in den Jahren danach in der Sowjetunion fortgeführt. So drehte der russische Regisseur und Ingenieur Semjonn Pawlowitsch Iwanov 1941 den Film KONZERT – LAND DER JUGEND und entwickelte dazu ein 3D-System, das ohne Brillen auskam. Mit dem Bau des Stereokinos *Moskwa* wurde dieses im gleichen Jahr umgesetzt. Die Leinwand bestand aus parallel angeordneten Kupferdrähten mit einer Gesamtlänge von 150km und einem Gewicht von sechs Tonnen. Iwanov testete insbesondere für den 1946 gedrehten Film ROBINZON KRUZO[8] eine Linsenrasterleinwand, die anstatt der Drahtrasterkonstruktion eingesetzt werden sollte. Die Linsenrasterleinwand hatte den Vorteil, dass sie heller war und zudem ein horizontales Bild bieten konnte im Gegensatz zur Drahtrasterkonstruktion, die ein unübliches Hochformat bildete. Es blieb aber das Problem bestehen, dass der Zuschauer die richtige Sitzposition finden musste, damit beide Bilder zu einem verschmelzen. Wurde der Kopf kurz geneigt, war die richtige Sitzposition jedes Mal wieder neu zu erproben.

2.1.3 Das Festival of Britain – die 3D-Welle in den 1950er-Jahren

Nachdem in den 1940er-Jahren kaum 3D-Produktionen in Hollywood und den USA entstanden waren, fand der 3D-Effekt in den 1950er-Jahren über einen Umweg zurück auf die Leinwand. Während der erstmaligen Veranstaltung der Design-Ausstellung *Festival of Britain* im Jahr 1951 gab es ein eigenes 3D-Kino, genannt Telekinema, an der Londoner South Bank. Gezeigt wurden vier 3D-Filme, unter anderem der Spielfilm THE MAGIC BOX über den Filmpionier William Friese-Greene. Alle vier Filme wurden mit zwei Kameras gedreht und über zwei gekoppelte Projektoren vorgeführt. Zudem waren dies die ersten 3D-Filme, die auch mit

8 Während Drößler (2008b, S. 13) schreibt, dass »Robinzon Kruzo« auf 35mm-Film gedreht wurde, bei dem die Bilder in einem Kader nebeneinander angeordnet waren und sich eine Tonspur in der Mitte des Filmstreifens befand, berichtet Zone (2007, S. 169) von der Aufnahme auf 70mm mit einem Bildverhältnis von 1,37:1.

Stereo-Ton aufgeführt wurden. Es kamen Polfilter und eine Silberleinwand zum Einsatz. Für das Programm waren die Brüder Raymond und Nigel Spottiswood verantwortlich. Alle 1.220 Aufführungen sollen ausverkauft gewesen sein (vgl. Drößler 2008b: 45). Auch nach Ende des Festivals produzierten sie weitere 3D-Kurzfilme, die international gezeigt wurden, und veröffentlichten das für die 3D-Entwicklung einflussreiche Buch *The Theory of Stereoscopic Transmission and It's Application to the Motion Picture* (1953).

Die Auswirkungen der 3D-Vorführungen während des Festival of Britain auf die 3D-Entwicklung in Hollywood sind umstritten. Nach Hayes (1989: 15) belegen diese Vorführungen, dass eine Projektion im Dual-System in Farbe und mit Stereo-Ton funktioniert, wie sie dann auch überwiegend von Hollywood angewandt wurde. Zone (2007: 181ff.) hingegen glaubt nicht an einen direkten Zusammenhang, sondern geht von einer unabhängigen Entwicklung in den USA aus. So entwickelten die Kameramänner Lothrop Worth und Friend Baker in Los Angeles bereits während des *Festival of Britain* ein Zwei-Kamera-System, das sie *Natural Vision* nannten, da es aufgrund seiner Konvergierungsfunktion das menschliche Auge imitierte. Anfang 1951 gründeten Milton und Julian Gunzberg basierend auf diesem System die Natural Vision Company. Milton und Gunzberg versuchten, das System an verschiedene Hollywood-Studios zu verkaufen, was trotz der ausverkauften 3D-Aufführungen beim *Festival of Britain* aber ohne Erfolg blieb. Im Jahr 1952 lizenzierte der unabhängige Produzent Arch Oboler das System und drehte damit den B-Film BWANA, DER TEUFEL. Der Film war beim Publikum beliebt, auch wenn die Brüder Spottiswood »Bwana Devil« als »a veritable casebook of stereoscopic errors« (Zone 2007: 182) bezeichneten. Warner Bros. lizenzierte aufgrund des Erfolgs von BWANA, DER TEUFEL umgehend das Natural-Vision-Verfahren und Kameramann Lothrop Warp wurde unter Vertrag genommen, um DAS KABINETT DES PROFESSOR BONDI (1953) in 3D zu drehen. Der Grundstein für den 3D-Boom in Hollywood war gelegt, und dieser sollte die nächsten zwei Jahre anhalten.

Von 1953 bis 1954 wurden durch die Hollywood-Studios circa 65 3D-Filme in vielen unterschiedlichen Genres gedreht. Es entstanden Thriller (BEI ANRUF MORD/1954), Musicals (KÜSS MICH, KÄTCHEN/1953, FEGEFEUER/1953), Horrorfilme (DAS KABINETT DES PROFESSOR BONDI, DER SCHRECKEN VOM AMAZONAS/1954), Komödien (DER TOLLKÜHNE JOCKEY/

1953) und Western (DER SCHWEIGSAME FREUND/1953, MAN NENNT MICH HONDO/1953). Mit John Wayne, Grace Kelly oder Rita Hayworth fanden sich unter den Protagonisten große Stars und auch die Regisseure waren etabliert wie beispielsweise André de Toth und Alfred Hitchcock. Die verschiedenen Studios traten zudem in Konkurrenz zueinander und entwickelten eigene 3D-Systeme, die als das jeweils beste angepriesen wurden: Zu nennen sind hier Natural Vision (Warner Bros.), Columbia 3-D (Columbia), ParaVision (Paramount), MetroVision (MGM), Future Dimension (RKO), Stereoscopic ClearVision (Fox), Tru-Stereo (Astor Pictures), Stereo Cine (Realart) (vgl. Drößler 2008c: 45). Die Filme wurden in der Regel mit Polfiltern gezeigt. So schlossen Natural Vision und Polaroid einen exklusiven Vertrag ab, der es Natural Vision ermöglichte, 100 Millionen 3D-Brillen für je zehn Cent zu verkaufen.

Sicher war 3D zu Anfang der 1950er-Jahre ein Versuch der Hollywood-Studios, gegen die seit Ende der 1940er-Jahre aufgrund der Konkurrenz des Fernsehens und soziodemografischer Entwicklungen stark zurückgehenden Besucherzahlen im Kino anzukämpfen. Neben dem 3D-Effekt sollten zudem Breitwandformate, aufwendige und spektakuläre Filme sowie eine zunehmende Produktion in Farbe das Kinointeresse des Publikums erhalten bzw. neu wecken. Da die Studios sich im Zuge der Anti-Monopol-Bestrebungen aber bereits von ihren Kinoketten trennen mussten, war allerdings keine zentral gesteuerte Implementierung der Innovation möglich, wie es gut 25 Jahre zuvor beim Tonfilm der Fall gewesen war.

Doch so schnell, wie der kurze 3D-Aufschwung begonnen hatte, so schnell verschwanden die 3D-Filme wieder aus den Kinosälen. Die Vorführungen blieben ab Mitte der 1950er-Jahre im Wesentlichen auf nordamerikanische Kinos beschränkt. Europa wartete ab, welches System sich durchsetzen würde (3D, Cinemascope, 70mm, Cinerama). Einerseits waren technische Schwierigkeiten, die vor allem auf Asynchronitäten bei der Aufnahme und bei der Projektion zurückzuführen sind, ein Grund für das Scheitern von 3D in den 1950er-Jahren. Eine perfekte Wartung war in den einzelnen Kinos nicht möglich. Zudem wurden im Gegensatz zu heute lineare Polfilter (anstatt zirkularer) verwendet, die eine gerade Kopfhaltung erforderten. Hielt der Zuschauer den Kopf nur leicht schief, konnte er den 3D-Effekt nicht wahrnehmen. Für das Publikum war dies fraglos unkomfortabel.

Schließlich waren die Produktionskosten durch den zusätzlichen Aufwand enorm (vgl. Drößler 2008c: 46) und konnten in dieser Höhe nicht wieder eingespielt werden. Daneben konkurrierte 3D mit anderen Projektionsverfahren, die ebenfalls den Bildraum erweiterten wie Cinerama und Cinemascope.[9] Aufgrund unterschiedlicher Entwicklungen konnte sich Cinemascope zunächst durchsetzen. So bewarb 20th Century Fox den ersten Cinemascope-Film DAS GEWAND (1953) in Anlehnung an 3D mit dem Slogan »The Modern Miracle You See without Glasses« (vgl. Paul 1993: 327). Gleichzeitig achtete Fox darauf, Cinemascope, das durch das Studio lizenziert wurde, in der Regel für Prestige-Produktionen zu verwenden. So sicherte sich Fox das Recht, das Drehbuch von geplanten Independent-Produktionen zu genehmigen, sofern diese in Cinemascope drehen wollten. Damit war garantiert, dass hochwertige Produktionen mit dem Verfahren assoziiert wurden – für den 3D-Film galt dies seinerzeit nicht. Sicherlich fanden sich unter den 3D-Produktionen gleichermaßen qualitativ schlechte und gute Filme (vgl. Drößler 2008c: 46), doch gerade die ersten 3D-Filme Anfang des Jahres 1953 waren eher schnell gedrehte Streifen, die innerhalb von zwölf bis achtzehn Tagen entstanden. Die Einschränkungen im Produktionsprozess wirkten sich zwangsläufig auf die Qualität der Filme aus. Viele der 3D-Filme der Jahre 1953/54 zeichneten sich zudem durch eine eher langsame Erzählweise mit vielen Dialoganteilen aus und entsprachen damit kaum den 3D-Erwartungen der Zuschauer, die primär sicherlich rasante Actionszenen und *phantom-rides* im dreidimensionalen Kino erleben wollten (vgl. Mitchell 2004: 209f.). Obwohl mittlerweile auch hochwertige Filme in 3D entstanden waren wie das Musical KÜSS MICH, KÄTCHEN! oder der Hitchcock-Film BEI ANRUF MORD, wurden diese ab 1954 teilweise gar nicht mehr in 3D aufgeführt. 3D-Produktionen wurden aufgrund der oben aufgeführten Gründe weitgehend eingestellt. Für die folgenden Jahre (und Generationen) – bis in die 1980er- und 1990er-Jahre hinein – fasst William Pauls Feststellung den Status von 3D-Filmen zusammen:

9 1953 hatte der Twentieth Century Fox Film DAS GEWAND als erster Cinemascope-Film Premiere. Das Bild hat ein Seitenverhältnis von 2,35:1. Damit ist es 27% größer als das Breitwandformat 1,85:1 und sogar mehr als doppelt so groß wie das klassische Filmformat 1,37:1, das bis Anfang der 1950er verwendet wurde. Statt in die Tiefe, wie bei 3D, wurde das Bild also in die Breite erweitert. Andere extreme Breitwandformate der Zeit waren Cinerama, das drei Projektoren zur Projektion und drei Kameras zur Aufnahme benötigte (Seitenverhältnis 2,7:1) und das 70mm-Format Todd-AO (Seitenverhältnis 2,20:1). Cinemascope (später Panavision) konnte sich letztendlich durchsetzen – sicher auch, weil keine große technische Umrüstung der Kinosäle (bis auf die Leinwand) nötig war.

»3-D was certainly successful as a novelty in that it was able to attract huge audiences to a B-movie even after the B-market had died« (Paul 1993: 326). Dennoch wurde auch weiterhin an neuen Aufnahme- und Projektionssystemen gearbeitet, die auf Prinzipien aus der Anfangszeit des Films zurückgriffen, aber mit neuen Formaten experimentierten. Ihren Einsatz fanden sie bis Anfang der 1980er Jahre hauptsächlich in europäischen, teilweise auch in asiatischen Produktionen.

2.2 3D im Zeitalter der Digitalisierung

2.2.1 Experimente im Vorfeld

Vor der Einführung des digitalen Films wurde mit einer Reihe unterschiedlicher Verfahren experimentiert, um den 3D-Effekt weiter zu optimieren. Eines dieser Systeme wurde Superpanorama genannt (auch bekannt als 3D Hi-Fi 70) und stellte eine Kombination aus 70mm-Film, 3D-Film und Cinemascope dar (vgl. Drößler 2008c: 47). Die Stereobilder wurden anamorphisch verzerrt in einem 70mm-Kader untergebracht. Das Verfahren fand aber nur in drei Produktionen Verwendung: In dem Agentenfilm OPERATION TAIFUN (1967), dem Horrorfilm DIE VAMPIRE DES DR. DRACULA (1968) sowie dem Erotikstreifen LIEBE IN DREI DIMENSIONEN (1973).

Im Jahr 1966 entwickelte Arch Oboler, der Regisseur von BWANA, DER TEUFEL, das SpaceVision-System, welches hauptsächlich in den 3D-Filmen der 1970er und 1980er verwendet werden sollte. Die Stereobilder waren dabei in einem 35mm-Cinemascope-Kader übereinander untergebracht. Die Verwendung eines Doppelobjektivs (vgl. Drößler 2008d: 40), führte nun zwar zur Synchronität der Filmprojektoren, durch die *Single-Strip*-Methode, für 35mm aber wurde das produzierte Bild wesentlich dunkler (vgl. Lipton 2001: 586f.). Der erste so produzierte SpaceVision-Film war 1966 der Science-Fiction-Streifen THE BUBBLE. Es folgten Produktionen in den USA, Europa und Asien, wobei auch hier hauptsächlich die Genres Science-Fiction, Fantasy, Horror und Erotik bedient wurden.

Im Jahr 1981 führte ein unabhängig produzierter Film zum erneuten Nachdenken über 3D in Hollywood. Mit nur wenigen Kopien gestartet konnte die Westernkomödie ALLES FLIEGT DIR UM DIE OHREN überdurchschnittliche Gewinne erzielen. Einzelne Hollywood-Produzenten setzten daraufhin wieder auf den 3D-Effekt. Die Produktionen mit dem größten Publikumszuspruch waren DER WEIßE HAI 3 (1983) sowie UND WIEDER IST FREITAG, DER 13. (1982). Letzterer war der erste 3D-Film, der einen landesweiten Filmstart erhielt und mit 813 Kopien in den USA startete (vgl. Paul 1993: 321). Damit wurde erstmals eine Blockbustervermarktung auf einen 3D-Film übertragen. Auch wenn beide genannten Filmtitel recht erfolgreich liefen, hatten sie doch nicht das Potenzial, weitere 3D-Produktionen folgen zu lassen. Die beginnende Ära des Blockbusterfilms führte auch ohne 3D zu einem ausreichend großen Umsatz. An den Erfolg des 3D-Kinos der Jahre 1952 bis 1954 konnte der 3D-Film der 1980er-Jahre nicht anschließen.

In den folgenden 20 Jahren sollte nur das 1986 bei der Expo in Vancouver vorgestellte IMAX 3D regelmäßig Zuschauer für 3D-Filme begeistern. IMAX-3D-Filme stellen eine Kombination aus der Projektion auf riesige, kuppelförmige Leinwände und einer auf 70mm-Film basierenden 3D-Technik dar. Aufgezeichnet und projiziert wird mit einem *Dual-Strip*-System, das eine große Bildhelligkeit garantiert. Aufgrund des großen und teuren Aufwands bei der Produktion und der überwältigenden Seherfahrung für die Zuschauer sind die klassischen IMAX-3D-Filme in der Regel nur 40 Minuten lang. Vorgeführt wird entweder mit Shutterbrillen – deren Prinzip auf das Televiewverfahren zurückgeht – oder mit Polfilterbrillen. Bis zur Einführung von digitalen 3D-Filmen war IMAX 3D das einzige 3D-System mit weltweiter Verbreitung.

Erst mit der Einführung des digitalen Films sowohl auf der Produktions-, Postproduktions- als auch der Projektionsebene im Kino kehrte 3D wieder in die regulären Kinos zurück (vgl. Reber 2007; Jockenhövel/Reber/Wegener 2009).

2.2.2 *Digitalisierung des Kinos*[10]

Die Idee, die *Wertschöpfungskette Kino* vom ersten Stadium der Filmherstellung bis zur Fertigstellung und schließlich zur finalen Vorführung im Kino zu digitalisieren, besteht spätestens seit Mitte der 1990er Jahre. Einzelne Bereiche wie Aufnahme, Schnitt, Tonbearbeitung, visuelle Ef-

10 Vgl. Jockenhövel/Reber/Wegener (2009). An dieser Stelle sei Ursula Reber noch einmal explizit für ihre Mitarbeit an den Ausführungen zum digitalen Kino gedankt.

fekte und das Mastering der Postproduktion laufen schon länger bereits weitestgehend digital. Etablieren konnte sich die Digitalisierung zunächst in der Produktion und in der Postproduktion. Auch wenn Filme analog, in der Regel also auf einem 35-mm-Filmstreifen, gedreht werden, erlaubt das anschließende Einscannen die digitale Bearbeitung und den digitalen Schnitt. Erst durch dieses Vorgehen ist das Special-Effect-Kino mit computergenerierten Bildern möglich geworden. Exemplarisch kann auf Verfilmungen wie die HERR DER RINGE-Trilogie verwiesen werden, in der sich beinahe alle Bilder durch digitale Effekte oder Veränderungen auszeichnen. Solche Effekte ermöglichen auf beeindruckende Weise, das fantastische Geschehen der Handlung für den Zuschauer auf der Leinwand zu visualisieren (vgl. Mikos et al. 2007). Auch der Aufnahmeprozess verlagert sich zunehmend ins Digitale. Dabei werden die traditionellen 35-Millimeter-Filmkameras durch digitale Kameras abgelöst. Eine solche Entwicklung zeichnet sich in allen Bereichen des Filmschaffens ab. Bereits vor zehn Jahren drehte der Regisseur Wim Wenders den Dokumentarfilm BUENA VISTA SOCIAL CLUB (1999) digital. Auch die neuen *Star-Wars*-Filme von George Lucas wurden mit Digitalkameras aufgezeichnet. Konsequenterweise war STAR WARS: EPISODE I – DIE DUNKLE BEDROHUNG im Jahr 1999 der erste Film, der an vier US-amerikanische Kinos auch als durchgängig digitale Filmkopie ausgeliefert wurde.[11] Für diese Art der Verbreitung bedarf es teilweise einer neuen Infrastruktur, zumindest aber einer neuen Technik in den Kinos. Auch für die Aufnahme in 3D werden in der Regel digitale Kameras verwendet. Die Projektion erfolgt fast ausschließlich über digitale Geräte.

Im Zuge dieser Entwicklungen müssen sich die Kinos von ihren alten Filmprojektoren trennen und neue digitale Projektoren installieren. Diese benötigen dann keine Filmkopie im herkömmlichen Sinne mehr, sondern den Film in digitaler Form, zum Beispiel als Datei auf einer Festplatte. Gegenwärtig sind im Wesentlichen der Verleih der Filme, ihre Distribution via Kurier und die Projektion im Kino die fehlenden Elemente einer vollständig digitalen Prozesskette. Hier ist aufgrund der rasanten Entwicklung innerhalb des 3D-Bereiches allerdings viel Bewegung in die Ausrüstung der Kinos gekommen. Die ausschlaggebende Entscheidung, auch diesen letzten Teil der Produktions- und Verwertungskette weltweit und schnellstmöglich zu digitalisieren, wurde von

11 Vgl. http://www.faz.net/s/RubCD175863466D41BB9A6A93D460B81174/Doc~E95B1F6A44E3040CAB2EB0483D0F103D6~ATpl~Ecommon~Scontent.html (9.7.2009).

den marktführenden Hollywood-Studios getroffen. Im April 2002 gründeten sie die Digital Cinema Initiative (DCI), die sich der Aufgabe verpflichtet hat, die Digitalisierung des Kinos in allen dafür notwendigen Bereichen voranzutreiben, damit verbunden die Umsetzung zu planen, Empfehlungen auszusprechen und den komplexen internationalen Standardisierungsprozess zu beschleunigen.

2009 wurden weltweit ca. 105.000 Kinoleinwände im universellen 35-mm-Filmstandard bespielt. Allein in den USA existieren fast 40.000 Leinwände, in Europa ca. 32.000 (ohne Russland).[12] Ein Filmverleiher konnte sich mit Blick auf die technischen Möglichkeiten bislang also darauf verlassen, dass seine Filmrolle auf einem Filmprojektor abgespielt werden kann – gleich, ob dieser in Berlin, London, Paris, Moskau, New York, Mombasa oder Mumbai steht. Um diese technische Abspielbarkeit auch weiterhin zu garantieren, müssen alle Kinos auf den Digitalstandard umgerüstet werden. Seit fast zehn Jahren spricht die internationale Kinobranche vom »digitalen Roll-out«[13] und meint damit die zielstrebig organisierte, zeitlich begrenzte internationale Umrüstung der Kinobetriebe auf Digitalprojektion.

Im internationalen Vergleich sind die USA als Ursprungsland der Digitalisierungsinitiative (DCI), der dort ansässigen Filmindustrie und der weltweit marktbeherrschenden Hollywoodstudios Vorreiter dieser Bewegung. Die Aufgabe aber, ca. 40.000 Leinwände innerhalb weniger Jahre umzurüsten, ist auch hier eine Herausforderung. Erleichtert wird sie den Kinobetrieben durch die breite finanzielle Unterstützung der nationalen Studios in ihrer Funktion als Produzenten und Verleiher. Hinzu kommt die Homogenität der Kinolandschaft, da sich die Mehrzahl der Leinwände in der Hand weniger Ketten befindet. Somit ist es einfacher, in Verhandlungen einen Konsens zwischen den wenigen Verantwortlichen herbeizuführen.

Im europäischen Raum stellt der britische Kinomarkt eine Ausnahme dar. Ähnlich der Kinolandschaft Nordamerikas sind die Leinwände zu 75 Prozent im Besitz von fünf großen Kinoketten (The UK Film Council 2007: 7). Die Entscheidung über eine Investition, Finanzierungsart und Wahl eines Geschäftsmodells bzw. Anbieters ist so mit wenigen

12 Vgl. http://goliath.ecnext.com/coms2/gi_0199-1883832/Researchand-Markets-Number-of.html (13.7.2009).

13 »Showest 2001: Technicolor Digital Cinema ermöglicht Digitalkino ab September« in: http://www.mediabiz.de/film/news/showest-2001-technicolor-digital-cinema-ermoeglicht-digitalkinoab-september/92842 (13.7.2009).

Verantwortungsträgern möglich. In Deutschland gestaltet sich die Situation ungleich schwieriger. Hier sind die Marktstrukturen – wie auch in vielen anderen kontinental-europäischen Ländern – traditionsbedingt fragmentiert. Die Branche setzt sich sowohl auf Verleiherseite als auch bei den Kinobetreibern primär aus Einzelunternehmen zusammen, oft Kleinunternehmen, tendenziell Einzelhäuser und Mehrsaalkinos und nur wenige große Multiplexe. Neben der Kinogröße lassen sich Unterschiede auch im Programmangebot ausmachen: Multiplexe, Arthouse-, Programm- und Filmkunstkinos setzen ihre eigenen Schwerpunkte. Aktuell finden sich in Deutschland nach FFA-Angaben rund 4.734 Leinwände, von denen ca. 4.104 rein kommerziell genutzt werden.[14]

Bis Ende 2010 waren 29 Prozent aller europäischen Kinoleinwände (in 34 Ländern) digitalisiert (gegenüber 13,4 Prozent im Jahr davor). In Deutschland waren es 1.248 Kinoleinwände.[15] Dabei haben die großen Kinoketten am deutlichsten zur Digitalisierung beigetragen; so befinden sich 32,4 Prozent aller Kinosäle, die mit digitaler Technologie ausgerüstet sind, in Besitz der zehn größten Kinoketten; 81,5 Prozent aller Europäischen digitalen Leinwände waren zu diesem Zeitpunkt 3D-fähig.[16]

Die Verwertungskette eines Kinofilms verändert sich in den Abläufen und vor allem in der technischen Umsetzung mit der Digitalisierung des Kinos und des Films erheblich. Dabei sind alle Abschnitte von der Produktion, der Postproduktion, der Distribution bis zur Projektion betroffen und auch die weitere Auswertung auf DVD oder im Fernsehen. Einzelne Bereiche der Produktion wie die Filmaufnahme, besonders jedoch Schnitt und Tonaufnahme, haben die Digitalisierung bereits vollzogen. Vorteile der digitalen Aufnahme sind der kurzfristige Austausch von Drehmaterial mit dem Schnittraum wie auch die Mustersichtung ohne Einbeziehung einer Kopierwerksbearbeitung für Ausmusterung, Negativentwicklung und Positivkopierung. Auch können Produzenten, Finanziers und Redakteure unabhängig vom Drehort digital kurzfristig mit Drehergebnissen versorgt werden. Ebenso profitiert der Marketingbereich von der frühzeitigen Erstellung von Preview-Clips und Trailern aus ersten Drehbildern. Unabhängig von der Art der Aufnahmetechnik und der Art des finalen Masters (einem Film oder einem Video) wird die

14 Vgl. http://www.ffa.de/downloads/publikationen/kinosaele_brd_2001_2009.pdf (29.08.2011).

15 Laut Auskunft des Hauptverbandes deutscher Filmtheater (HDF Kino e.V.) sind im Februar 2012 circa 2200 der 4734 Leinwände in Deutschland digitalisiert. Davon sind rund 60 bis 65 Prozent 3D-fähig, so der HDF Kino e.V. laut telefonischer Auskunft.

16 Vgl. http://www.obs.coe.int/about/oea/pr/digitalcinema2011.html?print (15.08.2011).

Postproduktion seit Langem über ein digitales Überbrückungsmedium, das Digital Intermediate (DI) (vgl. Brendel 2005), umgesetzt.

Dazu wird zunächst das Ausgangsmaterial Film eingescannt und digitalisiert. Das digitale Zwischenmedium wird dann in allen nötigen Endfertigungsschritten wie Schnitt, Lichtbestimmung oder Farbkorrektur bearbeitet. Schließlich wird der fertige Film, zum Beispiel für eine Kinoauswertung, wieder auf Film ausbelichtet. Dieser Umweg von Film auf einen digitalen Bearbeitungsweg und dann wieder zurück auf Film geschieht aus wirtschaftlichen, zeitlichen und kreativen Gründen. Auch wird aus archivarischen Gründen meist eine Filmkopie angefertigt, die gleichzeitig Datensicherheit durch physische Trägerkopplung ermöglicht. Das Bearbeitungsspektrum und die Vergleichsmöglichkeiten sind nunmehr vielfältiger. Viele visuelle Effekte, Bildnachbearbeitungen, Korrekturen und animierte Sequenzen können *nur* mittels digitaler Technik geschaffen werden. Dazu muss der Filmausschnitt zunächst in digitaler Form vorliegen bzw. entsteht erstmals rein digital und muss vor der finalen Ausbelichtung auf Film in eine digitale Sequenz eingearbeitet werden.

Besonders wichtig ist hier der Schutz des Ausgangsmaterials. Das Originalnegativ bleibt unberührt, das gescannte Material ist relativ unempfindlich und für jeden Bearbeitungsschritt variabel anpassbar (vgl. Swartz 2005: 35ff.). Das Endprodukt dieses DI-Prozesses ist ein hochauflösendes Bildmaster, das digitale Ausgangsmaster. Aus diesem Ur-Master können nun für alle Verwertungsarten (Kino, Video, Fernsehen) entsprechende Vorführmaster konfektioniert werden. Die digitale Kinokopie, international Digital Cinema Package (DCP) genannt, ist somit ein natürliches Endglied des DI-Prozesses innerhalb einer vollständig digitalen Wertschöpfungskette.

Ein digitaler Filmträger, nach dem Baukastenprinzip mit individuellem Zugriff auf alle maximal verfügbaren Filminformationen, ist innerhalb eines zunehmend elektronischen globalen Warenhandels mit Unterhaltungsmedien effizienter verwertbar als frühere Produktformen. Der Produzent oder Verleiher stellt einmalig alle Grunddaten in höchstmöglicher Qualität her. Daraus können zu jedem beliebigen Zeitpunkt kurzfristig Kundenmaster für die verschiedenen Auswertungsarten Kino, Video, Fernsehen, Internet und mobile Anwendungen hergestellt werden. Das digitale Anpassen von Auflösung, Bildgrößen, Tonformaten und Sprachfassungen ist in abwärtsgerichteter Qualität beliebig möglich (vgl. The European Digital Cinema Forum 2005: 12). Vor allem der Verleih profitiert von der Digitalisierung. Die Kostenreduzierung bezieht sich auf die Herausbringungskosten eines Kinofilms und die anzufertigenden Filmkopien. Die durchschnittliche Verleihkopie auf Film kostet ohne Masterkosten ca. 1.000 Euro. Eine digitale Kopie wird zwischen 150 Euro und 300 Euro gehandelt.[17] Blockbuster wie HARRY POTTER UND DER HALBBLUTPRINZ (2009) ODER ICE AGE 3: DIE DINOSAURIER SIND LOS (2009) starteten in Deutschland mit rund 900 Kopien und in den USA mit 4.000 bis 4.300 Kopien, sodass allein für diese beiden Länder mit Einsparungen pro Film von rund 3,5 Millionen Euro zu rechnen ist.

Relevant sind für die Verleiher neben den Kosten auch die Vorteile in der Disposition. Diese kann bei niedrigerem Aufwand einen breiten Start ohne großes Risiko finanzieren. Je nach Nachfrage kann der Verleih nach dem Startwochenende für die Folgewoche die Anzahl der Kopien reduzieren oder kurzfristig aufstocken. Damit hält sich das Investitionsrisiko für einen breiten Verleihstart in Grenzen, gleichzeitig wird das Risiko einer durch diese neue Verleihpraxis hervorgerufenen Filmflut erhöht. Viele neue Anbieter und Programmmacher könnten versuchen, ihre Inhalte über den Premium-Veranstaltungsort mit zusätzlichem Wert für spätere Auswertungsarten zu versehen. Die Benachteiligung kleinerer Kinobetriebe und ländlicher Standorte hinsichtlich des Auslieferungstermins der Startkopien sollte in der digitalen Kinopraxis nicht mehr vorkommen.

Neben der Lieferpolitik ergeben sich Veränderungen im Vertrieb für Lieferlogistik und -wege. Die digitale Kopie ist im Vergleich zur ca. 30 bis 60 Kilogramm schweren Polyesterfilmkopie reduziert auf ca. 500 Gramm und entspricht dem Umfang einer 100-GigaByte-Festplatte. Das Datenpaket kann nun von einem Postproduktionshaus oder zentralen Datencenter für Filmlizenzen via Satellit oder via Breitbandkabel oder traditionell via Filmkurier ausgeliefert werden. Vorwiegend werden die digitalen Kopien zurzeit per Kurier auf Festplatten ausgeliefert, was allerdings der Idee einer fließenden digitalen Wertschöpfungskette nicht gerecht wird. Eine Alternative hierzu stellt die »Point-to-Multipoint«-Distribution für so genannte »Day-and-Date-Releases« weltweit dar.

Dabei wird von einem Standort aus, zum Beispiel einem Postproduktionshaus in London, an alle partizipierenden Kinos weltweit die

---

17 Diese Angaben sind Durchschnittspreise und beruhen auf mündlichen Aussagen der Hersteller.

Filmkopie via Satellit übertragen. Die Kinos speichern die Daten auf einem entsprechenden Kinoserver, erhalten per E-Mail den digitalen Schlüssel für den Zugriff auf die digitale Filmkopie und können somit weltweit zeitgleich einen Film starten. Ein solches Vorgehen wurde von Majorstudios in kleinerem Umfang bereits erfolgreich getestet, die üblichen Länderpremieren sind dadurch aber noch nicht abgelöst worden. Durch den Wegfall unterschiedlicher nationaler Starttermine würden Raubkopierer kaum mehr Zeit erhalten, einen Film im Kino abzufilmen, um vor den nationalen Filmstarts damit illegal Handel zu treiben. Als weiterer Vorteil wird die kostengünstigere Realisation der Marketingaktivitäten für den Film weltweit angesehen. Rechtzeitig zur Vorstellung liefert der Verleiher dem Kino per E-Mail einen Schlüsselcode, mit dem das Kino Zugriff auf die Filmdaten erhält, in genau dem Umfang und der Art, wie es lizenzrechtlich ausgehandelt wurde. Erwirbt der Kinobetreiber zunächst nur eine Lizenz für wenige Abspiele, kann er per telefonischer Anfrage vom Verleiher kurzfristig per E-Mail einen neuen bzw. verlängernden Schlüssel erhalten. Dies gehört mittlerweile zum Standard bei der digitalen Projektion. Moderne computerbasierte Theatermanagement-Programme ermöglichen Kinobetreibern, Verleihern und Werbekunden umfassenden Einblick in Daten zu Saalbelegung, Ticketumsatz, Nachfragebewegung und andere via Buchungssystem erfassbare Informationen. Für die Kinobetreiber und Vorführer ist die digitale Projektionstechnik zukünftig überwiegend eine IT-basierte Anwendung.

Das traditionelle Kerngeschäft der Filmkuriere und Filmkopierwerke ist durch die Digitalisierung im Kern bedroht. Die aufwendige Logistik der Filmabholung im Kopierwerk, der zentralen Lagerung beim Kurier und der individuellen Zusammenstellung für die Wochenlieferung an die Kinos, ist zukünftig obsolet. Auch der wochenlange Vorlauf innerhalb des Kopierwerks, von Bestellung über Herstellung, Konfektionierung und Versand, wird erheblich verkürzt. Ein digitales Kino setzt sich zusammen aus einem Projektor, einem Server, Breitbandanschluss und/oder Satellitenempfangseinheit sowie – im Falle eines Mehrsaalkinos – einer Kinosoftware und einem Filmdatenspeicher, um Vorführungen und Filme zentral zu lagern sowie abzuspielen. Die Projektoren sind dabei oft größer und schwerer als die bisherigen analogen Modelle. Hintergrund sind aufwendige Lüftungssysteme, welche die teuren Chips vor Überhitzung durch das enorm lichtstarke Lampenhaus schützen müssen. Eine solche Ausstattung zwingt einige besonders kleine

Häuser bzw. Vorführkabinen, die nicht die erforderliche Raumgröße besitzen, entweder zu Umbaumaßnahmen, oder sie müssen auf den Einsatz von Digitalprojektion verzichten. Für sie könnte die Digitalisierung in einigen Jahren, wenn keine analogen Kopien mehr verfügbar sind, das wirtschaftliche Aus bedeuten.

2.2.3 Erste Filme im digitalen 3D

Den Weg zum digitalen 3D hat mit DER POLAREXPRESS (2004) von Robert Zemeckis ein Film geebnet, der in den IMAX-Kinos allerdings noch in einer analogen *Dual-Strip*-Fassung gezeigt wurde. Dennoch machte er das grundsätzliche Interesse des Publikums am 3D-Film deutlich und verwies auf die Möglichkeiten der technischen Umsetzung: Durch die Verwendung von *Motion Capturing Technik* und digitaler Postproduktion des Films konnten 3D-Fehler weitestgehend beseitigt werden. Die Vorführung mit digitalen Filmprojektoren war dann der zweite entscheidende Schritt.

Im November 2005 startete der Disney Animationsfilm HIMMEL UND HUHN auf 84 Leinwänden als erster Film im regulären Verleih als digitale 3D-Kopie in den USA. Vorgeführt wurde er, wie es jetzt Standard ist, mit einem digitalen Projektor. Verwendet wurden Polfilter der Firma RealD. Im Gegensatz zu früheren Polfiltern sind diese zirkular geschliffen, was eine Schräghaltung des Kopfes ermöglicht, ohne dass der 3D-Effekt verloren geht. Ein Jahr später wurde dann mit A NIGHTMARE BEFORE CHRISTMAS (1993/2006) erstmals ein 2D-Film mithilfe von Konvertierungssoftware in einen 3D-Film umgewandelt. Dieses Verfahren wird heute zunehmend als Alternative zum aufwendigen Drehen in 3D angesehen und kam unter anderem bei ALICE IM WUNDERLAND (2010) und KAMPF DER TITANEN (2010) zum Einsatz.

Neben RealD, dem derzeitigen Marktführer, haben sich zwei weitere 3D-Systeme etabliert, die auf digitaler Projektion beruhen. Sowohl Xpand 3D als auch Dolby 3D greifen auf technisch verbesserte Prinzipien aus der Anfangszeit des Kinos zurück. Während Dolby 3D mit Farbfiltern arbeitet und damit im Prinzip ein perfektioniertes Anaglyphensystem ist, stellt Xpand 3D ein Shuttersystem dar, bei dem die Abdeckung der Augen mithilfe von Flüssigkristallen ermöglicht wird. Alle drei Systeme beruhen auf der Standardisierung im Bereich der digitalen Projektion durch die Digital Cinema Initiatives (DCI). Trotz intensiver Bemühungen von Hollywood-Studios und Verleihern stellten in den Jahren 2005 bis Mitte 2009 jedoch zunächst nur wenige Kinos auf digitale Projektion um – bis 3D schließlich zum Motor der Digitalisierung wurde. Während es in Deutschland Anfang 2009 nur 35 digitalisierte Kinosäle gab, sind es Ende 2010 bereits über 1248[18] Säle. Insbesondere die Besuchererfolge von AVATAR – AUFBRUCH NACH PANDORA (2009) und ALICE IM WUNDERLAND haben zu einem Schub in der Digitalisierung der Kinos geführt. Mit der Loslösung von der filmbasierten mechanischen Aufnahme und Projektion sowie den Möglichkeiten der digitalen Postproduktion haben dreidimensionale Bilder eine weitaus größere technische Perfektion erlangt, als es bis zu diesem Zeitpunkt der Fall war. Dies gilt besonders für Animationsfilme, da Realbildaufnahmen mit weitaus größeren Problemen zu kämpfen haben als die im Computer generierten Filme.

Bei Realfilmaufnahmen ergeben sich Schwierigkeiten vor allem bei der Aufnahme mit Reflexionen und Spiegelungen, dem Miniaturisierungseffekt sowie der flächigen Anordnung der einzelnen Bildebenen, die im Postproduktionsprozess nur eingeschränkt behoben werden können. Probleme mit Spiegelungen entstehen, weil das linke und das rechte Auge unterschiedliche Bildinformationen erhalten, was zu Irritationen und Doppelbildern führt. Der Miniaturisierungseffekt, bei dem besonders Figuren wie Spielzeugfiguren wirken, ist eine Folge falsch eingestellter Kameraabstände. Daneben entsteht bei stereoskopischen Bildern häufig der Eindruck, dass der Raum durch eine »Abfolge zurückweichender Flächen« (Crary 1996: 129) eingeteilt ist, die nicht zusammenhängen. Der Animationsfilm kann diesem Eindruck entgegenwirken, indem einzelne Objekte ihre jeweils eigenen Stereoparameter erhalten (»Multi-rigging«). Dem entspräche, dass eine Szene mit mehreren Kameras, die unterschiedlich eingestellt sind, gefilmt und das Bild anschließend aus den Einzelaufnahmen zusammengesetzt wird. AVATAR und ALICE IM WUNDERLAND boten sich somit auch deshalb als 3D-Verfilmungen an, weil sich beide Filme zu einem großen Anteil aus computergenerierten Bildern zusammensetzen.

Im Gegensatz zu vorherigen Implementierungsversuchen scheint der gegenwärtige Erfolg von 3D-Filmen der bisher nachhaltigste zu sein. Dass die Zahl der aktuell produzierten 3D-Filme noch nicht an die

18 Vgl. http://www.obs.coe.int/about/oea/pr/digitalcinema2011.html (25. 02. 2012).

Anzahl der 3D-Produktionen in den Jahren 1953/54 heranreicht, kann durchaus positiv interpretiert werden: Dem Versuch, schnell und oberflächlich für den neuen 3D-Markt zu produzieren, können die verantwortlichen Filmemacher mehrheitlich wohl widerstehen. Die Möglichkeit der Konvertierung von in 2D gedrehten Filmen in einen 3D-Film birgt allerdings eben diese Gefahr.

Seit Ende 2005 lässt sich in Deutschland ein langsamer Start beobachten mit zunächst nur ein bis zwei 3D-Premieren jährlich, der seit Anfang 2009 allerdings immer mehr an Fahrt gewinnt. Dabei blieb der 3D-Boom nicht – wie Anfang der 1950er-Jahre – auf den nordamerikanischen Raum begrenzt, sondern hat auch in Europa, Asien und im geringeren Maße in Südamerika Fuß gefasst. Ein weiterer Unterschied zu vorherigen Implementierungsversuchen fällt auf: Während 3D zuvor nur selten in Produktionen mit einem überdurchschnittlichen Budget verwendet wurde, sondern eher in B-Filmen und Standardproduktionen eingesetzt wurde, werden jetzt auch Hollywoods teuerste Blockbuster in 3D umgesetzt, etwa AVATAR und TOY STORY 3 mit Budgets um und über 200 Millionen Dollar.[19] Gleichzeitig haben 3D-Filme Anerkennung durch internationale und renommierte Filmfestivals erhalten, die nunmehr ihre Position als Kulturgut bestätigen. So wurden die internationalen Filmfestspiele von Cannes im Jahr 2009 von Pixars 3D-Animation OBEN eröffnet, und das Filmfestival in Venedig richtete 2009 eine eigene Sektion für 3D-Filme ein. Zudem wurde James Camerons Science-Fiction-Abenteuer AVATAR für neun »Oscars« nominiert, von denen er drei für Art Direction, Kamera und Visual Effects gewann. Anfang 2012 gehörten mit AVATAR, HARRY POTTER UND DIE HEILIGTÜMER DES TODES-TEIL 2, TRANSFORMERS 3, PIRATES OF THE CARIBBEAN - FREMDE GEZEITEN, TOY STORY 3 und ALICE IN WUNDERLAND sechs 3D-Filme zu den zehn Filmen mit dem weltweit höchsten Einspielergebnis,[20] womit sich auch der marktwirtschaftliche Erfolg bestätigt.

Neben den populären Fantasy- und Science-Fiction-Produktionen hat sich der 3D-Effekt zudem in einer Reihe weiterer Genres etabliert. Dazu gehören Horror- und Tanzfilme, aber auch Produktionen, die sich explizit an Kinder als Zuschauer richten. MY BLOODY VALENTINE 3D (2009) war der erste digitale 3D-Horrorfilm, dem Produktionen wie FINAL DESTINATION 4 (2009), der erste japanische 3D-Horrorfilm SCHOCK

19 Vgl. http://boxofficemojo.com/movies/?id=toystory3.htm (29. 08. 2011).
20 Vgl. http://boxofficemojo.com/alltime/world/ (29.08.2011).

LABYRINTH 3D (2010) und PIRANHA 3D (2010) folgten; 2010 waren in Deutschland die 3D-Tanzfilme STREETDANCE 3D und STEP UP 3D im Kino zu sehen. Eine Reihe von 3D-Kinderfilmen wie G-FORCE (2009), CATS & DOGS: DIE RACHE DER KITTY KAHLOHR (2010) und die belgische Produktion SAMMYS ABENTEUER – DIE SUCHE NACH DER GEHEIMEN PASSAGE (2010) ergänzten das Angebot. Besonders bei Animationsfilmen scheint sich 3D als Standard international erfolgreicher Produktionen zu etablieren. Hierfür spricht einerseits die große Resonanz der Besucher, andererseits die Verleihung traditioneller Filmpreise. So zeichnete der amerikanische Filmpreis »Oscar« in den Jahren 2010 und 2011 jeweils einen 3D-Film als besten Animationsfilm aus.

Auch wenn eine dauerhafte Etablierung der Stereoskopie auf dem Filmmarkt insbesondere bei Realfilmen gegenwärtig nicht zweifellos prognostiziert werden kann, sind die Voraussetzungen hierfür sicherlich weitaus günstiger als in den 1950er- und 1980er-Jahren. Die weltweite Verbreitung, die Digitalisierung der Produktion und Projektion, bisherige Einspielergebnisse, das Prestige des 3D-Films durch Auszeichnungen und Preise sowie schließlich die Qualität der Filme selbst sprechen für weitere künftige Erfolge. Dabei ist die weitere Entwicklung des Kinomarktes sicherlich auch von der Entwicklung dreidimensionaler Darstellungen in anderen Medien abhängig. Es bleibt abzuwarten, wie sich 3D-TV, 3D-Blu-Ray, 3D-Games und der Kinomarkt gegenseitig bedingen und beeinflussen werden.

2.2.4 *Digitalisierung im Blick der Zuschauer*

Die Unterschiede zwischen einer analogen und einer digitalen Projektion sind für die Kinozuschauer grundsätzlich kaum auszumachen. Dies mag einer der Gründe sein, warum Kinobesitzer die mit hohen Investitionskosten verbundene Umstellung auf ein digitales System eine Zeit lang nur zögerlich betrieben haben. Da sich für die Zuschauer zunächst kein sichtbarer Mehrwert ergibt, ließen sich höhere Eintrittspreise kaum rechtfertigen. Ein Vorteil der Digitalisierung aber könnte sich – neben der 3D-Projektion – aus einem größeren Programmangebot ergeben. Die digitalen Projektoren erlauben Live-Übertragungen von Sport- oder Kulturveranstaltungen im Kino, und tatsächlich werden solche bereits angeboten. So bietet die Cineplexx-Gruppe unter dem Begriff »Cineplexx Opera« Live-Übertragungen von Opern an, beispielsweise Übertragungen aus der New Yorker Metropolitan Opera. Auch konnten bereits Sportgroßereignisse in ausgewählten Kinos live mitverfolgt werden. Darüber hinaus kann das Kino als Veranstaltungsort für Videospiele dienen oder auch als Vorführraum für digitale Low-Budget-Produktionen, die sonst keinen Weg in den Kinosaal finden. Das Kino würde so zu einem Ort unterschiedlichster Unterhaltungs- und Kulturangebote werden und über das Abspielen von Filmen weit hinausgehen. Da traditionelle Filmkopien bei zunehmender Digitalisierung der Kinos entfallen und Filme per Festplatte oder später auch per Satellitenübertragung ins Kino gelangen, wird zudem die Programmierung flexibler. Die Kinobetreiber haben so die Möglichkeit, Filme häufiger zu wechseln und Abspielzeiten variabler zu gestalten, womit sie den Zuschauern größere Auswahlmöglichkeiten bieten können (vgl. Hahn 2005: 75). Ein solcher Trend deutet sich bereits an, wenn populäre Blockbuster in Multiplexen stündlich gezeigt werden. Allerdings könnte auch eine gegenteilige Entwicklung eintreten, da für einen potenziellen Blockbuster zwar viele digitale Kopien angeboten und bei großer Nachfrage aufgestockt werden, diese bei Misserfolg aber ebenso schnell wieder abgezogen werden können. Flexibilität und Variabilität zeigen sich zudem in einer potenziell genaueren Zielgruppenansprache. Die Digitalisierung erlaubt es, in die gelieferten Filmdateien – ähnlich einer DVD – unterschiedliche Sprachfassungen zu integrieren. So könnte ein Film zunächst mit deutscher Synchronisation ausgestrahlt und anschließend in der Originalfassung gezeigt werden. Auch ist es möglich, Tonfassungen mit Audiodeskriptionen für sehbehinderte und blinde Kinogänger mitzuliefern, für die Kinobetreiber nun eigene Vorführungen anbieten können. Ob sich solche Entwicklungen etablieren, hängt aber nicht nur von den technischen Möglichkeiten ab, sondern vor allem auch von den jeweiligen Interessen und Bedürfnissen des Publikums.

Im Gegensatz zu traditionellen Filmkopien können beim digitalen Material keine Abnutzungserscheinungen in Form von Kratzern oder Laufstreifen auftreten, auch Staub und Flusen können keine Minderung der Bildqualität mehr verursachen. Da die Laufzeiten der Filme aber immer kürzer werden, wird der Kinobesucher mit solchen Gebrauchsspuren auch beim traditionellen Filmstreifen in der Regel kaum mehr konfrontiert und hier kaum Unterschiede feststellen. Der genaue Betrachter allerdings wird merken, dass ein digitaler Film nicht wie ein von einem Filmstreifen projizierter Film aussehen kann (vgl. Hahn/Schierse 2004: 197). Da es sich bei der Filmstreifenherstellung und auch bei der analogen Aufnahme um chemische Prozesse handelt, wird kein Einzelbild genauso aussehen wie das nächste. Da ein ähnliches Bild analog 24-mal in der Sekunde abgespielt wird, verändert es sich stetig und entwickelt ein »Eigenleben« (ebd.) Ein digitales Bild verändert sich dagegen nicht und sieht immer gleich aus. Auch der Bildaufbau ist unterschiedlich: Digital erfolgt er zeilenweise, während bei einer Projektion über einen Filmstreifen jedes einzelne Bild kurz stehen bleibt, um dann – unterbrochen von einem kurzen Schwarzbild, das das Auge nicht wahrnehmen kann – weiter transportiert zu werden. Experten sind sich derzeit noch uneinig darüber, ob digitale Aufnahmetechniken in Bezug auf Farbraum, Tonwert- und Belichtungsumfang die gleiche Qualität aufweisen wie analoge Techniken. Dabei allerdings »handelt es sich eher um graduelle Änderungen der Bildqualität« (Hahn 2005: 91) und nicht um so grundlegende ästhetische Differenzen, wie sie sich im Unterschied zwischen Schwarz-Weiß und Farbfilmen abzeichnen. Durch die Digitalisierung ergeben sich schließlich auch Veränderungen für den Kinoton, die zu einer qualitativen Verbesserung führen können. Im Gegensatz zu den bisher standardmäßig verwendeten Tonsystemen Dolby Digital, DTS und Sony SDDS muss die Tonspur eines digitalen Films nicht mehr komprimiert werden, sondern kann ohne Qualitätsverluste über bestehende Tonsysteme abgespielt werden. Bei bestehenden digitalen Tonsystemen wird in der Regel mit bis zu sechs Tonkanälen gearbeitet. Dies kann durch die Digitalisierung mit weiteren Surroundkanälen auf acht Kanäle oder mehr erweitert werden, sodass der Zuschauer in einen noch größeren Soundteppich eingewoben wird.

3. Zum Stand der Zuschauerforschung

Bereits vor Einführung digitaler 3D-Kinos im Jahr 2009 sowie von 3D-HDTV-Geräten ab Mitte 2010 wurden einzelne Studien zur Wahrnehmung der 3D-Darstellung erarbeitet. Die Absicht dieser – häufig auch kommerziell motivierten – Arbeiten war es primär, die vorhandene 3D-Technik zu verbessern und dazu Rückmeldungen von Zuschauern zu erhalten. Getestet wurden hauptsächlich die Auswirkung von Bildfehlern auf die Zuschauerwahrnehmung (vgl. Kooi/Toet 2004), die Auswirkung verschiedener Einstellungen bei der Aufnahme des Bildes (Brennweite, Abstand der Kameras) (vgl. Ijsselsteijn et al. 2000) sowie der Rezeptionseinfluss von Vorerfahrungen, die Zuschauer bereits mit 3D-Darstellungen gemacht hatten (vgl. Freeman et al. 1999). Die Forschungslandschaft wurde zudem durch Studien geprägt, die sich dem unterschiedlichen Sehempfinden bei 2D- und 3D-Darstellungen widmeten und deren Absicht es war, dabei eine Präferenz für eine der jeweiligen Darstellungsweisen herauszuarbeiten (vgl. besonders Häkkinen et al. 2008; Seuntiens et al. 2005; Freeman et al. 2000). Ferner fragten Studien nach solchen Aspekten, die einen Einfluss auf die durch den Zuschauer wahrgenommene Präsenz haben könnten. Hier kommen formale Aspekte von Projektion und Darstellung zum Tragen wie die Bildgröße und die Bewegung im Bild (vgl. Ijsselsteijn et. 2001; Freeman et al. 1999), zudem spielt das Interesse an den jeweils präsentierten Inhalten eine Rolle (vgl. Freeman et al. 2000).

Mit der zunehmenden Implementierung von 3D-Kinos, insbesondere mit dem Erfolg des Science-Fiction-Blockbusters AVATAR im Jahr 2009 sowie der Einführung von 3D-HDTV rückten Fragen nach der Bereitschaft potenzieller Konsumenten zum Kauf entsprechender Geräte in den Blickpunkt der Forschung (vgl. DuBravac/Wertheimer 2009; Quixel 2009; International 3D Society 2010; GfU/ZVEI 2010). Neben dem Empfinden des stereoskopischen Sehens fragten diese Untersuchungen nach dem Interesse der Zuschauer an solchen Inhalten, die sich ihrer Meinung nach besonders gut für eine dreidimensionale Umsetzung eignen (vgl. Strohmeier et al. 2008; Freeman et al. 2000; Mazanec et al. 2008; DuBravac/Wertheimer 2009; International 3D Society 2010; GfU/ZVEI 2010). Im Wesentlichen ging es dabei um die bevorzugten Genres und Formate.

3.1 Technologische Parameter – Bildqualität in 3D

Studien zur Bewertung der 3D-Bildqualität stehen beispielsweise in Zusammenhang mit der Entwicklung von Displays, der Kalibrierung von Kameras oder der Einrichtung von Projektionen. Diese Studien haben damit einen vorwiegend technologischen Hintergrund und zielen auf die Verbesserung entsprechender Geräte. Üblicherweise sollen die Studienteilnehmer hier 3D-Displays abhängig von verschiedenen Variablen wie Vorführdauer, unterschiedlichen Bildfehlern, der Bewegung der Kamera sowie der Bewegung im Bild bewerten. Auch die Bewertung der wahrgenommenen Bildtiefe spielt dabei eine Rolle. Sofern für das Betrachten von 3D-Szenen spezifische Brillen notwendig sind, kann damit eine Vielzahl von optischen Einschränkungen und Schwierigkeiten verbunden sein, die ebenfalls im Zentrum einzelner Studien stehen (vgl. insbesondere Thomas/Ruppel 2011).

In einer experimentellen Studie des niederländischen TNO Human Factors Research Institute gingen Kooi und Toet (2004) der Frage nach, welche der vielfältigen optischen 3D-Störungen bei Zuschauern zu den stärksten Beeinträchtigungen führen und welche weniger gravierende Folgen haben. Die Autoren gingen davon aus, dass bereits geringe Asymmetrien zwischen dem linkem und dem rechtem Bild erhebliche Auswirkungen auf den Sehkomfort haben können. Dabei sind drei Arten möglicher Asymmetrien relevant, die von der Technik des Systems abhängig sind. Sie können *erstens* durch optische Systeme, *zweitens* durch Filter verursacht oder *drittens* auf stereoskopische Bilder zurückzuführen sein. Da Filter häufig in Kombination mit stereoskopischen Bildern verwendet werden, kann es zudem zu einer Kombination von Fehlern kommen. Auch führen Stereobilder häufig zu einem so genannten »crosstalk«, bei dem der Zuschauer Bilder sieht, die für eines der Augen eigentlich unsichtbar sein sollten. Das Resultat sind so genannte »Geisterbilder«, Schatten oder doppelte Konturen (ghosting, shadow, double contour). Insgesamt wurden 35 verschiedene Asymmetrien erzeugt und in einem Versuchsaufbau mit 24 Teilnehmern verwendet.

Wie die Studienleiter feststellten, beeinträchtigen die räumlichen Verzerrungen, die an den Rändern eines Bildes auftreten, den Sehkomfort kaum. Zudem ist das menschliche visuelle System sensibler für Stereo-Beeinträchtigungen in der vertikalen als in der horizontalen Ebene. Bei Veränderungen der Filter nehmen die Zuschauer Verschlechterungen durch mangelnde Farbentrennung, Unschärfe und fehlende Brillanz (color separation, blur, luster) als besonders problematisch wahr. Zusammenfassend halten Kooi und Toet fest, dass Unschärfe, vertikale Disparität und crosstalk (blur, vertical disparity, crosstalk) das stereoskopische Sehen am nachhaltigsten negativ beeinflussen.

Die Auswirkungen von *JPEG-Bildkompression,* durch die Speicherplatz gespart werden soll, sowie von *Kamerabasen* untersuchten Seuntiens, Meesters und Ijsselsteijn (2003). Bei der Kamerabasis handelt es sich um den Abstand zwischen den beiden Kameras bei der Aufnahme. Abgefragt wurden die Auswirkungen auf Bildqualität, wahrgenommene Tiefe, wahrgenommene Schärfe und auf die Belastung der Augen. An den Tests nahmen insgesamt 32 Teilnehmer im Alter von 18 bis 27 Jahren teil. Verwendet wurde ein stereoskopisches Display; die Bilder wurden durch Polfilter getrennt. Die Ergebnisse zeigen *erstens,* dass die JPEG-Codierung negative Auswirkungen auf Bildqualität, Schärfe und Augenbelastung hat, aber keinen Einfluss auf die Tiefenwahrnehmung. Allerdings kann auf eine JPEG-Codierung nicht vollständig verzichtet werden, da sonst die Datensätze zu groß werden. Durch die DCI-Norm (vgl. Kapitel 2.2, S. 33) wurden zudem mittlerweile Standards für den Kinobereich festgelegt. *Zweitens* ergab sich eine Zunahme der Tiefenwahrnehmung sowie der Augenbelastung infolge einer größeren Kamerabasis. Die Tiefenwahrnehmung beeinflusste die wahrgenommene Schärfe ebenso wenig wie die generelle Bildqualität. Monoskopische Bilder erhielten die gleiche Wertung für Bildqualität wie stereoskopische Bilder, was nach Ansicht der Autoren daran gelegen haben mag, dass die zusätzliche Tiefe bei der Bewertung der Bildqualität nicht in Betracht gezogen wurde.

Die Auswirkungen von *Kameraparametern* (Kamerabasis, Brennweite, Konvergenzdistanz) und *Vorführdauer* auf die Natürlichkeit (naturalness) und auf die Qualität (quality) des stereoskopischen Tiefeneindrucks testeten Ijsselsteijn, de Ridder und Vliegen (2000) bei 3D-Standbildern.

Während mit Natürlichkeit eine möglichst naturgetreue Wiedergabe des aufgenommenen Objektes gemeint war, sollte mit Qualität des stereoskopischen Bildes allgemein die Güte des Bildes abgefragt werden. Beides wurde von den Studienteilnehmern auf einer Skala von 1 bis 10 bewertet. Im ersten Experiment wurden die Effekte von Kamerabasis, Brennweite und Konvergenzdistanz (Winkel der Kameras) auf das Empfinden von Natürlichkeit und Qualität des stereoskopischen Tiefeneindrucks getestet. Im zweiten Experiment ging es um die gleichen Variablen, variiert wurden die Vorführdauer und die Form der Stimuluspräsentation. Die Vorführdauer wurde als Variable ausgewählt, da sie einen Einfluss auf die Bewertung der Tiefe in stereoskopischen Bildern haben kann. Dabei wird zwischen einem leistungsorientierten Ansatz und einem bewertungsorientierten Ansatz unterschieden. Beim ersten geht es um die Genauigkeit, Tiefe zu bestimmen, bei letzterem – auf den die Autoren stärker eingehen – um die Wertschätzung des 3D-Bildes. Da in einem 3D-Bild mehr Bildinformationen enthalten sind als in einem 2D-Bild, kann die Vorführdauer für die Erfassung aller Informationen relevant sein. Zusammenfassend ließen sich eindeutige Effekte von Kameraabstand, Brennweite und Konvergenzdistanz auf die wahrgenommene Natürlichkeit und die Qualität des Bildes nachweisen sowie ein Zusammenhang zwischen Bildinhalten und Vorführungsdauer. Aus den Ergebnissen lässt sich schlussfolgern, dass verschiedene Inhalte demnach unterschiedliche Vorführzeiten benötigen beziehungsweise verschiedene Inhalte bei gleicher Vorführzeit unterschiedliche Bewertungen erhalten. Ein Bild kann schnell langweilig werden, auch wenn es stereoskopisch gezeigt wird. Gleichzeitig benötigen komplexe Bildinhalte eine angemessene Sehdauer. Darüber hinaus wurden monoskopische Bilder schlechter bewertet. Die Zuschauer bevorzugten offensichtlich stereoskopische Bilder, sofern die Disparitäten nicht zu groß waren.

Die Frage nach der wahrgenommenen *Qualität* des 3D-Bildes spielte auch in einer Studie von Seuntiens et al. (2005) eine Rolle, die an der University of Technology Eindhoven sowie im Philips Research Center durchgeführt wurde. So suchten die Autoren nach Maßstäben und Kriterien, nach denen sich die Qualität eines 3D-Bildes beurteilen lässt. Dabei ersetzten sie den Begriff der Bildqualität, der in vorhergehenden Studien häufig zur Evaluierung eingesetzt wurde, da er ihnen für 3D-Bilder nicht geeignet schien. Zu dieser Einschätzung kamen sie infolge einer Beobachtung, nach der Nutzer beim Vergleich der Qualität von

3D- und 2D-Bildern bei HDTVs nicht auf die in 3D zusätzlich vorhandene Tiefe eingingen, sondern die unterschiedlichen Bilder vielmehr anhand der Verschlechterung durch Artefakte (wie unter anderem Perspektivenkorrektur/keystone distortion; Doppelbilder/crosstalk; Cardboard Effekt; Miniaturisierungseffekt/puppet theatre effect; Unschärfe/blur) bewerteten. Statt der Beurteilung der Bildqualität führten die Autoren »Natürlichkeit« (naturalness) und »Seherlebnis« (viewing experience) als Bewertungskriterien ein. Damit war die Annahme verbunden, diese Begriffe seien besser zur Bewertung der zusätzlichen Tiefe geeignet. Da bei 3D andere Bildfehler auftreten können als bei 2D-Darstellungen, zum Beispiel »crosstalk« (s.o.), können Modelle zur Bewertung von 2D-Bildern nach Ansicht der Autoren nicht einfach auf 3D-Darstellungen übertragen werden.

In dem Experiment mit dreißig Teilnehmern[21] wurden den Probanden vier Bilder jeweils in Stereo und in Mono gezeigt. Zudem wurde das Bildrauschen (noise) in sechs verschiedenen Abstufungen in den Bildern verändert. Zum Einsatz kam ein autostereoskopisches Display, bei dem der Zuschauer die Möglichkeit hatte, um Objekte herumzublicken. Entsprechend diesem ungewohnten Seherlebnis unterliefen die Teilnehmer vor dem Versuch ein Training, um sich an die Rezeptionssituation zu gewöhnen. Die Ergebnisse zeigen, dass sowohl die »Natürlichkeit« als auch das »Seherlebnis« bei den 3D-Bildern ausgeprägter waren als bei 2D-Bildern (wenn der gleiche Level an Bildrauschen sichtbar war). Ferner wurde das Seherlebnis bei allen 3D-Bildern höher bewertet als bei 2D-Bildern – unabhängig vom Level des Rauschens. Nicht überraschend stellte sich heraus, dass Bildrauschen das Seherlebnis und die Natürlichkeit des Bildes sowohl in 2D als auch in 3D deutlich vermindert.

In Rahmen einer Studie von Häkkinen et al. (2008) versuchten die Autoren mittels quantitativer und qualitativer Verfahren nachzuvollziehen, welche Erfahrungen die Zuschauer beim Sehen stereoskopischer Filmsequenzen machen. Dabei wurden den Teilnehmern acht kurze Filmsequenzen ohne Spielhandlung und ohne Ton vorgeführt. Die Szenen wurden jeweils in 3D und in 2D gezeigt. Die angewandte Methode wird von den Autoren als *Interpretation Based Qualitative Methode* (IBQ) beschrieben. Die Eindrücke der Zuschauer werden durch eine Kombination von quantitativen und qualitativen Daten gewonnen. Des

21 Alle Studienteilnehmer waren Mitarbeiter bei Philips Research.

Weiteren aber greift die Studie auf bestehende Ansätze zur Beurteilung der Bildqualität zurück, was in diesem Fall heißt, dass die konventionelle Methode (wie einfache Bewertung von Bildqualität z.B. auf einer Skala) durch einen qualitativen Ansatz ergänzt wird und die Studienteilnehmer im Anschluss an die Sichtung befragt werden.

An dem Experiment haben sich 68 Studienteilnehmer beteiligt, denen acht Sequenzen von jeweils 20 Sekunden Länge vorgeführt wurden. Die Szenen hatten keine dramaturgische Handlung und zeigten beispielsweise einen schlafenden Jungen, ein Mädchen, das sich die Zähne vor einem Spiegel putzt oder eine Brücke, auf der sich Autos und Fußgänger bewegen. Nachdem die Teilnehmer die Szenen jeweils in einer stereoskopischen sowie in einer nicht-stereoskopischen Version gesehen hatten, wurden sie befragt, welche Version ihnen besser gefallen hat, und wie sie diese Entscheidung begründen.

Wie die Ergebnisse zeigen, spürten etwa fünf Prozent der Befragten negative Auswirkungen des stereoskopischen Sehens wie zum Beispiel »Unwohlsein beim Sehen«, womit unter anderem die Überanstrengung der Augen (eye strain) gemeint war. Als weitere Symptome ließen sich Schwindelgefühl oder Doppelbilder nachweisen. Neben diesen physiologischen Auswirkungen waren vor allem die Ergebnisse von Interesse, die sich auf die Beurteilung der Inhalte bezogen. Zunächst gab die Mehrzahl der Befragten an, die stereoskopische Variante habe eine größere Bildtiefe. Bei weiteren Beurteilungen zeigten sich allerdings erhebliche Widersprüche in den Aussagen der Zuschauer: Viele Teilnehmer waren der Meinung, das stereoskopische Bild sehe realistischer und lebensechter aus, gleichzeitig fand sich ebenso häufig die Aussage, das 3D-Bild sei künstlich und gleiche eher einem Computerspiel. Dabei bewerteten die Teilnehmer, die das Bild als künstlich empfanden, die Bildqualität nicht als schlecht oder unbefriedigend. Vielmehr sprachen sie den Szenen einen eigenen Stil und eine eigene Atmosphäre zu. Des Weiteren waren die Zuschauer mehrheitlich der Meinung, man könne sich leichter in die 3D-Szenen hineinbegeben, und reagierten auf die 3D-Sequenzen emotionaler. Einige 3D-Szenen wurden als aufregender und stimulierender, andere als bedrohlicher oder Angst einflößender beschrieben; 2D-Szenen wurden demgegenüber häufiger als gewöhnlich oder langweilig beschrieben. Insgesamt wurden die negativen Effekte wie Überanstrengung der Augen von den Studienteilnehmern nur äußerst selten genannt, obwohl sich die bisherige Forschung vor allem auf solche

Auswirkungen konzentriert hatte. Es muss aber bedacht werden, so die Autoren, dass die Filmsequenzen äußerst kurz waren und sich eine Überanstrengung der Augen somit auch kaum einstellen konnte. Zudem waren viele Studienteilnehmer der Meinung, die 3D-Szenen seien zu kurz gewesen, um alle Details im Bild erfassen zu können. Die Autoren folgern daraus, dass bei 3D-Filmen wahrscheinlich eine längere Schnittsequenz nötig sei.

3.2 Stereoskopie und Präsenzerleben

Der Begriff der Präsenz spielte bei einer Reihe von Studien eine herausragende Rolle und fungiert als Schlüsselbegriff zur Bewertung von stereoskopischen Szenen und Bildern. Unter dem Terminus wird in der Regel das Gefühl des »Daseins« (being there) verstanden, demnach sich der Zuschauer stärker selbst als Teil der Filmhandlung fühlt (vgl. Freeman et al. 1999, S. 1). Wenn sich das Gefühl von Präsenz für den Zuschauer erhöht, so eine der relevanten Thesen, nimmt er stärker an den medialen Darstellungen teil und ist eher in das medial präsentierte Geschehen involviert. Gleichzeitig ist er sich des Rezeptionsumfeldes weniger bewusst, in dem er sich tatsächlich physisch befindet. Werner Wirth und Matthias Hofer (2008) sprechen hier gar von einer Ausschließlichkeit. Der Rezipient befindet sich demnach mental entweder in der mediatisierten Welt oder in der realen Umgebung.

Dem Konzept des Präsenzerlebens entsprechend war es die Absicht einer Studie von Freeman et al. (2000), unterschiedliche Rezeptionserfahrungen zwischen 2D- und 3D-Darstellungen herauszuarbeiten. Dabei galt es *erstens* zu erkunden, ob die Zuschauer bei 3D-Darstellungen spontan Gefühle äußern, die auf Präsenzerleben schließen lassen. *Zweitens* sollten Begriffe aufgenommen werden, die Zuschauer zur Beschreibung von Inhalten verwenden. *Drittens* sollten solche Programmtypen bestimmt werden, die am besten für 3D geeignet sind. *Viertens* schließlich sollte die Studie zu einer besseren Definition von Präsenz beitragen. Die Teilnehmer sahen Sequenzen aus dem stereoskopischen Film EYE TO EYE (1997), die ein Autorennen aus der Perspektive eines Mitfahrers auf der Rückbank zeigten, zudem restaurierte stereoskopische Filmaufnahmen von der Krönung Elizabeth II., ein Studiointerview sowie eine abgefilmte Aufführung von Shakespeares »A Midsummer Nights Dream«.

Wie sich in den anschließend durchgeführten Gruppendiskussionen zeigte, erlebten die Teilnehmer der Studien bei 3D-Inhalten eine stärkere Präsenz als bei 2D-Inhalten. Dabei wurde die gefühlte Präsenz mit Begriffen wie Involviertheit, Realismus und Natürlichkeit (involvement, realism, naturalness) beschrieben. Häufig wurde zudem der Ausdruck des Daseins (being there) verwendet. Hervorzuheben ist, dass alle Gruppen das Gefühl »being there« ohne eine entsprechende Aufforderung durch den Moderator beschrieben. Typisch waren Äußerungen wie:

> »with 3DTV it seemed as if they [the actors] were actually on the stage and that you were in the audience« und »you definitely felt like you were in the car race... it was also a feeling of being there with them [the drivers]«.

Darüber hinaus empfanden zwei Gruppen die 3D-Sequenzen als »cineastischer« als die 2D-Ausschnitte (more cinematic). Vor allem Realismus, Natürlichkeit, Interesse und Involviertheit gaben den Zuschauern das Gefühl, in den 3D-Ausschnitten präsenter zu sein, wobei die meisten Nennungen auf den Realismus entfielen. Die Studienteilnehmer empfanden in einigen Szenen aber auch die Tiefe des Bildes als übertrieben, wodurch ihnen die Bilder unwirklich erschienen.

Anschließend an die Arbeiten von Freeman et al. analysierten Ijsselsteijn et al. (2001) die Effekte von *Stereoskopie, Bildbewegung* und *Bildgröße* auf das Empfinden von Präsenz. Hierzu diente ihnen die Frage: »To what extend did you feel present in the displayed sequence – as though you were really there?« Darüber hinaus wurde das subjektive Empfinden von Vektion (»To what extent did you feel that you were moving along the track – as though you were travelling with the car?«), Involvement (»How involved were you in the displayed sequence?«) und Übelkeit (»To what extend did watching the sequence make you feel sick?«) untersucht. Neben einer Befragung wurden mithilfe von Sensoren die (seitlichen) Bewegungen gemessen, die die Studienteilnehmer beim Sehen unbewusst ausführten.

Die Ergebnisse des Experiments wiesen einen großen Effekt des stereoskopischen Bildes auf das Gefühl von Präsenz nach. Ein Einfluss von Stereoskopie auf Involvement, Vektion oder Übelkeit zeigte sich hingegen kaum. Ferner wurden Präsenz, Eigenbewegung und Involvement höher bewertet, wenn eine signifikante Bewegung im Bild zu sehen war. Diese Effekte waren um einiges höher bei der Bewertung von Bewegung im Bild als bei der Bewertung der Stereoskopie. Die Messung der Bewegungen und der Haltung der Studienteilnehmer während der Sichtung wies größere Haltungsveränderungen bei bewegten Bildern nach als bei ruhigen Bildern sowie bei stereoskopischen Bildern gegenüber monoskopischen Bildern. Ein Vergleich mit der früheren Studie (vgl. Freeman et al. 2000) zeigt, dass die Bildgröße hier noch einmal verstärkend wirkt, besonders in Bezug auf das Kriterium Präsenz. Die Größe der Leinwand hatte vor allem eindeutige Auswirkungen bei Bewegung im Bild. Die Tatsache, dass der periphere Sichtbereich mehr Informationen erhält und die periphere Retina besonders empfindlich für schnelle Bewegungen ist, kann hierfür nach Ansicht der Autoren als Erklärung dienen.

Dem Gefühl der Präsenz in Abhängigkeit zur empfundenen *Bildtiefe* sowie zur *Natürlichkeit* des Tiefeneindrucks des 3D-Bildes gingen Ijsselsteijn et al. (1998) in einer Untersuchung zum stereoskopischen Bild nach. Mit Natürlichkeit des Tiefeneindrucks ist etwa gemeint, dass dieser übertrieben eingestellt sein oder auch nur schwer wahrnehmbar sein kann – abhängig von Aufnahme- und Displayparametern. Dabei ging es den Autoren vor allem darum, Bewertungen der Teilnehmer bereits während der Sichtung zu erheben. Zu diesem Zweck wurde ein Instrument konstruiert, mit dem die Teilnehmer über den empfundenen Grad an Bildtiefe, Natürlichkeit des Tiefeneindrucks und Präsenz mittels eines Reglers Auskunft geben konnten. Die erhobenen Daten wurden unmittelbar per PC eingelesen. Als vorläufiges Ergebnis halten die Autoren fest, dass im Zusammenspiel der drei Attribute eine Zunahme wahrgenommener Tiefe (perceived depth) zu einer Zunahme von Präsenz führt. Dies ist dann besonders ausgeprägt, wenn die Zuschauer die Bildtiefe als natürlich wahrnehmen. Stereo bietet somit die Möglichkeit, das Gefühl der Präsenz in einem Film oder einer Sendung zu erhöhen, sofern das Bild als natürlich wahrgenommen wird.

Mit der 1999 durchgeführten Studie »Effects of Sensory Information and Prior Experience on Direct Subjective Ratings of Presence« wollten Freeman, Avons, Pearson und Ijsselsteijn nachweisen, dass *zuvor gemachte Erfahrungen* insbesondere mit der Bestimmung von Tiefe in Bildern Bewertungsergebnisse beeinflussen können. Dazu wurden unter verschiedenen Voraussetzungen drei Experimente durchgeführt, in denen die Teilnehmer über ihr Empfinden von Präsenz (being there) Auskunft geben sollten. Bewertet wurden die Filmsequenzen kontinuierlich mit einem verstellbaren Regler. Die Zuschauer sollten den Regler aufwärts bewegen, wenn sie eine Steigerung von Präsenz empfinden, bei einer Abnahme von Präsenz sollten sie den Regler in die entgegengesetzte Richtung bewegen. Vor dem eigentlichen Durchlauf erhielten die Teilnehmer ein kurzes, dreiminütiges Training, in dem ihnen ähnliche Sequenzen gezeigt wurden. Die Skala auf dem Regler ging von 0 bis 255, wobei dem entsprechenden Präsenzerleben allerdings keine Werte zugeordnet wurden. Präsenz wurde für die Teilnehmer mit dem Gefühl, dabei zu sein (»a sense of being there«) beschrieben. Wenn sie mehr Teilhabe verspürten, sollten sie also den Regler nach oben bewegen.

In dem ersten der drei Experimente wurden den Teilnehmern stereoskopische Sequenzen mit variierenden Hinweisen auf Stereoskopie und Bewegungsparallaxen gezeigt. Insgesamt handelte es sich um drei Sequenzen von 30 Sekunden Länge. Sie unterschieden sich in dem Grad und der Art der Bewegungen, die in der Sequenz vorkamen. In der ersten Sequenz bewegte sich die Kamera seitlich (observer motion), die zweite Sequenz zeigte keine Kamerabewegung, aber Bewegung der Schauspieler (scene motion), in der dritten Szene gab es fast gar keine Bewegung (minimal motion). Die einzige Bewegung bestand hier aus der kurzen Geste eines Schauspielers. Den Teilnehmern wurden die Sequenzen in einer stereoskopischen und in einer monoskopischen Fassung vorgeführt.

Wie das Experiment zeigte, hängt die Bewertung von Präsenz sowohl von der Sichtungssituation ab als auch von Bewegungsparallaxen. Die Bewertung von Präsenz lag auch in dieser Studie höher bei stereoskopischen Bildern und solchen mit Bewegung. Einen signifikanten Unterschied in der Bewertung von Präsenz bei der Art der Bewegung gab es nur zwischen observer motion (laterale Kamerabewegung) und minimal motion (geringe Bewegung in der Aufnahme). Nach Meinung der Autoren bestätigen diese Ergebnisse andere Studien, die ebenfalls einen Zusammenhang zwischen Stereoskopie und einer höheren Bewertung von Präsenz nachweisen konnten. Insgesamt belegen die Experimente, dass sowohl die Wahrnehmung des dreidimensionalen Raums als auch die positive Einschätzung der Inhalte zum stärkeren Empfinden von Präsenz beitragen können. Des Weiteren kann das vorherige Training die Bewertung von Präsenz durch die Teilnehmer beeinflussen: Wer häufiger 3D sieht, hat sozusagen ein besseres Auge dafür.

3.3 Der Rezipient als Konsument

Ob der Zuschauer auch außerhalb wissenschaftlicher Experimente und Studien auf dreidimensionale Darstellungen trifft, bleibt in der Regel selten dem Zufall überlassen. Einführung und Gebrauch dreidimensionaler Projektionsgeräte setzen das Interesse potenzieller Käufer und Nutzer an eben diesen voraus. Entsprechend sind vor allem Hersteller und kommerzielle Marktforschungsinstitute an solchen Daten interessiert, die sich mit der Kaufbereitschaft und den inhaltlichen Präferenzen des Publikums beschäftigen. Für den US-amerikanischen Markt lagen bereits im Jahr 2009 erste Daten vor, die das Interesse der Zuschauer an einer »dritten 3D-Welle« unterstrichen und deren 3D-Erfahrungen belegten. So waren einer gemeinsamen Studie der Consumer Electronic Association (CEA) und des Entertainment Technology Center (ETC) (vgl. DuBravac/Wertheimer 2009) zufolge bereits im Jahr 2008 die meisten amerikanischen Konsumenten mit der 3D-Technologie vertraut. 17 Prozent der Erwachsenen (41 Millionen) hatten zudem in den letzten zwölf Monaten einen 3D-Film im Kino gesehen. Demografische Unterschiede zeigte die Besucherstruktur lediglich beim Alter. Junge Erwachsene im Alter von 14 bis 29 Jahren hatten in den letzten zwölf Monaten überdurchschnittlich häufig einen 3D-Film im Kino gesehen, sodass die Zahlen das Interesse insbesondere von Jugendlichen und jungen Erwachsenen belegten. Darüber hinaus kamen bereits zu diesem Zeitpunkt Familien in den Blick der 3D-Zuschauerforschung: Laut DuBravac und Wertheimer sahen Erwachsene mit Kindern häufiger 3D-Filme als kinderlose Besucher, womit sich der Trend zum dreidimensionalen Family-Entertainment bereits in dieser Befragung abzeichnete. Der Erfolg, den dreidimensionale Filme in den darauf folgenden Jahren haben sollten, lässt sich aus den Ergebnissen insgesamt allerdings nicht schließen. Mit 26 Prozent wollte lediglich ein Viertel der Befragten die 3D-Fassung eines Filmes der 2D-Fassung vorziehen und nur 19 Prozent waren der Ansicht, ein 3D-Film stelle ein besseres Kinoerlebnis dar als ein 2D-Film. Wenig überraschend zeigten Befragte, die kürzlich (in den letzten zwölf Monaten) einen 3D-Film gesehen hatten, größeres Interesse an 3D-Inhalten als diejenigen, die in diesem Zeitraum keinen 3D-Film gesehen hatten.

Nach wie vor ist das Tragen einer entsprechenden Brille eine notwendige Voraussetzung für das 3D-Kinoerlebnis. Ein wesentlicher

Faktor für den Erfolg von 3D ist daher die Frage, ob die Konsumenten *3D-Brillen* im Kino und auch beim Fernsehen akzeptieren. In der CEA/ ETC-Studie gaben die Befragten mehrheitlich an, es störe sie nicht, beim Fernsehen eine 3D-Brille zu tragen oder bei autostereoskopischen Displays den Kopf relativ still zu halten. Skeptischer zeigte sich die US-amerikanische Bevölkerung hingegen bei der Antizipation möglicher Beeinträchtigungen ihrer *Gesundheit*. In einer im Jahr 2010 durchgeführten Befragung von Strategy Analytics' Digital Consumer Practice meinten 17 Prozent der 2.000 befragten US-Amerikaner, 3D könne schädlich für die Augen sein, und über die Hälfte der Befragten (55%) war über mögliche gesundheitliche Beeinträchtigungen verunsichert.[22]

In einer Studie von Heber (2011) wurden im Mai und Juni 2009 1.050 Kinobesucher von Leipziger Multiplexen und Programmkinos zum 3D-Effekt befragt. Differenziert nach »Erfahrung mit 3D« und »Brillenträger oder nicht« ergab sich folgendes Ergebnis: Nur drei Prozent derjenigen, die mindestens einen 3D-Film gesehen hatten, Brillenträger oder nicht, gaben an, sich mit einer 3D-Brille so unwohl zu fühlen, dass sie nie wieder einen 3D-Film sehen würden. Jeder Fünfte empfand die 3D-Brille zwar als unangenehm, akzeptierte sie aber notgedrungen. Ältere mit Sehhilfe allerdings lehnten 3D-Brillen deutlich ab. Bei jüngeren Zuschauern sind 3D-Brillen hingegen am stärksten akzeptiert. Die Studie ergab zudem, dass 3D für die Konsumenten nicht unbedingt ein Grund sein muss, öfter ins Kino zu gehen. Zwar gaben 25 Prozent an, bei einem wachsenden 3D-Angebot definitiv öfter ins Kino gehen zu wollen, mehr als die Hälfte der Befragten (57%) verneinte dies aber. Gleichzeitig ergab die Befragung, dass 71 Prozent der befragten Zuschauer bereit sind, mehr Geld für den 3D-Film zu bezahlen (durchschnittlich 1,70 Euro). Grundsätzlich zeigten sich die befragten Zuschauer am 3D-Effekt interessiert, so finden 42 Prozent 3D-Filme interessanter als herkömmliche 2D-Filme. Insgesamt stellt die Autorin fest, dass 3D-Interessierte allgemein stark an audiovisuellen Medien interessiert sind, eher jünger und männlich sind, und dass das Interesse an 3D mit zunehmender Bildung abnimmt.

Neben den zusätzlichen Einnahmen, die der 3D-Effekt an den Kinokassen verspricht, sind Gewinne vor allem auch über den *Verkauf* von 3D-TV-Geräten für den Markt zu erwarten. Entsprechend groß ist das Interesse der Hersteller am Bedarf der Konsumenten und an der Nach-

22 Vgl. http://www.televisionbroadcast.com/article/105572 (30.09.2010).

frage nach 3D für den Home-Entertainment-Bereich. So finden sich unterschiedliche Studien in den USA, die in jüngster Zeit eben diesen Fragen nachgegangen sind. Dabei zeigen sich mitunter divergierende Aussichten mit Blick auf den 3D-Fernsehmarkt. So fand die oben zitierte CEA/ETC-Studie heraus, dass fast die Hälfte der Befragten mehr Geld für einen 3D-Fernseher ausgeben würde als für ein herkömmliches TV-Gerät: Immerhin 15 Prozent würden bis zu 25 Prozent mehr bezahlen. Von denjenigen, die in den letzten zwölf Monaten einen 3D-Film gesehen hatten, wären sogar 60 Prozent bereit, mehr Geld für einen 3D-Fernseher auszugeben. Im September 2010 fragte das US-amerikanische Marktforschungsinstitut Quixel Research ebenfalls nach dem Interesse am Kauf eines 3D-TV-Gerätes. Hier gaben allerdings 83 Prozent von 1.960 befragten US-Konsumenten an, 3D sei für sie kein ausreichender Grund, ein neues Fernsehgerät zu kaufen.[23]

Auch die deutsche Markt- und Konsumforschung beschäftigt sich intensiv mit dem Absatz von und der Nachfrage nach 3D-TV-Geräten. So wurde im Sommer 2010 durch die Gesellschaft für Unterhaltungs- und Kommunikationselektronik sowie den Zentralverband Elektrotechnik- und Elektronikindustrie e.V. eine standardisierte, repräsentative Online-Befragung zum Thema in Auftrag gegeben, in der insgesamt 1.000 TV-Besitzer befragt wurden (vgl. GfU/ZVEI 2010). Hier gaben 2,3 Prozent der Befragten an, sich bis Ende 2010 ein 3D-TV-Gerät kaufen zu wollen, 10,2 Prozent wollten dies bis Ende 2011 und 27,5 Prozent später als 2012. Insgesamt planten 41 Prozent der Befragten, sich früher oder später ein 3D-TV-Gerät anzuschaffen. Dabei stellte die Studie fest, dass *Peripheriegeräte* den Wunsch nach 3D-Fernsehern stimulieren und dabei unterschiedliche Anwendungen von den Konsumenten in den Blick genommen werden. So wünschen sich 43 Prozent der Befragten, 3D aufnehmen zu können, 41 Prozent wollen auf dem 3D-Fernseher 3D-Fotos betrachten und 37 Prozent würden ihn gerne für 3D-Spiele nutzen.[24]

Die Frage nach der Anschaffung neuer TV-Geräte ist ebenso mit den möglichen *Inhalten* verbunden, wie auch der Kinobesuch durch diese motiviert ist. So ist es für das Angebot dreidimensionaler Technologien wesentlich, dass für den Endverbraucher auch entsprechende Inhalte zur Verfügung stehen, über die sich beispielsweise der Kauf eines 3D-

23 Vgl. http://www.televisionbroadcast.com/article/106888 (31.08.2011).
24 Vgl. http://www.isuppli.com/display-materials-and-systems/news/pages/global-3-d-tv-shipments-soar-by-nearly-500-percent-in-2011.aspx (30. 08. 2011).

TV-Gerätes legitimiert. Dementsprechend fragte die Studie »Focus Group Exploration of Presence through Advanced Broadcast Services« (vgl. Freeman/Avons 2000) bereits vor einem Jahrzehnt u.a. nach inhaltlichen Präferenzen bei 3D-Darstellungen. Die Befragten nannten Live-Ereignisse, Sport, Theater und Konzerte sowie Actionfilme als für die 3D-Darstellung besonders interessante Formate. Laut Aussage der Autoren traf Sport auf das größte Interesse, besonders Übertragungen von Fußballspielen wurden von den Studienteilnehmern favorisiert. Vor allem die männlichen Befragten zeigten hier ihren Zuspruch, womit auch diese Studie geschlechtsspezifische Präferenzen bei der 3D-Rezeption nachzeichnet (vgl. auch DuBravac/Wertheimer 2009; Stroheimer et. al 2008; Heber 2011). Als für 3D-Darstellungen eher ungeeignete Formate sahen die Befragten Nachrichten, Soap Operas und Dokumentationen an sowie diskussionsbasierte Sendungen (z. B. Politiksendungen).

Aktuellere Ergebnisse legte die »International 3D Society« im Oktober 2010 vor, die ebenfalls nach den Inhalten fragte, die das US-amerikanische Publikum als besonders geeignet für 3D-TV-Geräte ansieht. Wie sich herausstellte, bevorzugten die insgesamt 1.008 Befragten Filme, Sport, Action/Adventure, Natur/Tiere, Science-Fiction, Videospiele, Reisesendungen und Konzertübertragungen. Die Gemeinsamkeiten zwischen den aufgeführten Studien in der Präferenz für Live-Übertragungen und Actionfilme sind evident und, wie eine weitere Untersuchung des Instituts für Tourismus und Freizeitforschung der Wirtschaftsuniversität Wien zeigt (vgl. Mazanec et al. 2008), auch international gültig. Auch in der österreichischen Studie präferierte mehr als die Hälfte der Befragten Actionfilme (52,1%), gleichermaßen signalisierte sie Interesse für Animations- (51,3%), Natur- (46%) und Abenteuerfilme (44,1%).

Dass sich diese Vorlieben auf 3D-Darstellungen in unterschiedlichen Medien übertragen lassen, zeigen Untersuchungen zum Thema »Mobile 3DTV« (Strohmeier et al. 2008). In einer entsprechenden Studie bevorzugten die (deutschen und finnischen) Teilnehmer Filme und Dokumentationen für die mobile 3D-Plattform. Abweichend von bzw. ergänzend zu den bisherigen Studien zeigte sich zudem eine hohe Präferenz für die dreidimensionale Darstellung von Nachrichten, Musikvideos und Lifestyle-Shows. Auch Werbung könnte nach Meinung der Befragten in einer 3D-Darstellung populärer sein, in der gegenwärtigen 2D-Version hingegen wird sie als störend empfunden. Eine finnische Gruppe sah darüber hinaus die mögliche Konzeption von Kindersendungen in 3D als eine interessante Perspektive an. Schließlich waren einige Studienteilnehmer der Meinung, dass auch der Einbezug von 3D-Spielen das Interesse an den neuen Technologien steigern würde.

Neuere Studien setzen sich mit den *Projektionsverfahren* des digitalen 3D auseinander und fragen nach der Zufriedenheit, die sich aus eben diesen neuen Übertragungs- und Darstellungsmöglichkeiten für den Endverbraucher im Kino ergibt. Daneben geht es um die Umstände der 3D-Rezeption im Kino, die sich nicht nur durch die Notwendigkeit einer Brille auszeichnen, sondern ebenso durch die Wahl des Sitzplatzes, die für den 3D-Zuschauer nunmehr von noch größerer Bedeutung ist. Einer österreichischen Studie zufolge (vgl. Mazanec et al. 2008) empfanden 15 Prozent der Befragten die neue 3D-Technik als »Spitzenklasse«, 50 Prozent gaben an, die Technik gefiele ihnen »unerwartet gut«, 22 Prozent konnten dagegen »keinen Unterschied« zum herkömmlichen Kino feststellen und 13 Prozent waren mit der Technik »unzufrieden«. Wie sich zeigte, waren vor allem die Zuschauer mit der 3D-Technik besonders zufrieden, die bereits über 3D-Erfahrungen verfügten. In einer Befragung von 265 Kinobesuchern des Films AVATAR stellten Thomas und Ruppel (2011) fest, dass lediglich 15 Prozent der Zuschauer den Tragekomfort einer 3D-Brille negativ bewerteten, 65 Prozent empfanden diesen als »ok« und ein Fünftel der Besucher gar als angenehm. Insgesamt gaben 18 Prozent der Befragten an, sie hätten Probleme (etwa Kopfschmerzen, Übelkeit, leichtes Schwindelgefühl) beim 3D-Sehen gehabt, die aber vorübergehend waren oder nur bei bestimmten Szenen vorkamen. Frauen geben zudem etwas häufiger an, Probleme beim 3D-Sehen gehabt zu haben und bewerten die 3D-Brille negativer. Erwartungsgemäß beeinflusste auch die Sitzposition im Kino die 3D-Wahrnehmung. So wurde die 3D-Wahrnehmung sehr weit vorne und an den Seiten des Kinos schlechter bewertet als mittig. Die Studie zeigt damit zwar einige Erkenntnisse über den Komfort der 3D-Wahrnehmung im Kino. Da diese aber ausschließlich auf den Film AVATAR bezogen sind, kann nicht ausgeschlossen werden, dass andere Filme signifikant andere Ergebnisse hervorgebracht hätten.

3.4 Fazit

Wie die aufgeführten Studien zeigen, ist die Forschungslage zu dreidimensionalen Medien und ihrem Gebrauch durch den Nutzer ausgesprochen heterogen; mit Blick auf das Filmerleben ist sie zudem als deutlich defizitär zu bezeichnen. Nur wenige technisch orientierte Studien beziehen die Frage nach den Inhalten und vor allem Gestaltungsweisen von 3D-Filmen und 3D-Programmen in ihre Forschung ein. Dieser Aspekt wird in der Regel vernachlässigt. Primär stehen Aspekte der Bildqualität und der 2D-/3D-Vergleich im Mittelpunkt. Einzelne Studien weisen zudem methodische Schwächen auf, sodass nicht nur eine Verallgemeinerung ihrer Ergebnisse unzulässig ist, sondern vor allem auch ihre Übertragung auf die Rezeption von Filmen. So werden den Studienteilnehmern in den vorliegenden experimentellen Studien überwiegend sehr kurze Filmsequenzen vorgeführt, teilweise ohne Kamerabewegung und Bewegung in der Szenerie. Häufig fanden die Vorführungen zudem ohne Ton statt. Ferner handelte es sich meist um dokumentierende Bilder ohne Handlung, was eine Übertragung der Ergebnisse auf Spielfilme ausschließt. Freeman et al. (2000) beziehen in ihre Studien zwar eine Theaterinszenierung als stereoskopische Aufnahme ein, diese war aber nicht explizit für die Kamera entworfen. Wenngleich einzelne Studien durchaus nach präferierten Genres fragen (vgl. Strohmeier et al. 2008; Mazanec et al. 2008; DuBravac/Wertheimer 2009), stehen auch hier mitunter methodische Einschränkungen einer Verallgemeinerung der Ergebnisse im Wege. So selektiert eine Online-Befragung (vgl. Mazanec et al. 2008) allein durch ihren Zugang zum Forschungsfeld in der Regel solche Teilnehmer, die neuen Technologien grundsätzlich eher aufgeschlossen gegenüberstehen.

Die nun im Weiteren vorgestellten Studien schließen an die vorhandenen Analysen an und wollen diese maßgeblich ergänzen, indem sie sich primär auf die Rezeption von Filmen und damit auf narrative Formate beziehen. Zudem sind die Studien auf das deutsche Kinopublikum gerichtet, das erst langsam in den Blick der medienwissenschaftlichen 3D-Forschung kommt. Eine im Vorfeld durchgeführte quantitative Befragung kann Präferenzen zur Technologie und den entsprechenden Inhalten in allen relevanten Bevölkerungsgruppen abfragen, ohne dabei spezifische Nutzergruppen auszuschließen. Sie ermöglicht zudem einen Vergleich mit den durch die Consumer Electronic Association und das Entertainment Technology Center für die USA erhobenen Daten (DuBravac/Wertheimer 2009) in Bezug auf die Akzeptanz von 3D TV sowie mit weiteren repräsentativen Studien (International 3D Society 2010; GfU/ZVEI 2010). Die qualitativen Studien konzentrieren sich vor allem auf die dreidimensionale Präsentation fiktionaler Inhalte und fokussieren die Akzeptanz von 3D in verschiedenen Genres wie auch das subjektive Filmerleben der Zuschauer. Der Forschungsansatz, der unter dem Dach des Uses-and-Gratifications-Ansatzes (vgl. Blumler/Katz 1974) ausformuliert worden ist, stellt die theoretische Klammer der nachfolgend aufgeführten Arbeiten dar. Er unterscheidet diese damit von den bereits vorliegenden Studien, bezieht aber dennoch die häufig im Zentrum der 3D-Forschung stehenden Fragen zur Präsenz in die Auswertungen der Untersuchungsergebnisse ein. Die bislang vorliegenden vor allem experimentellen Studien zum Thema kann er um eine qualitative Perspektive erweitern.

4. 3D-Kino aus Zuschauersicht – Empirische Studien

Die im Folgenden vorgestellten Studien nehmen den Zuschauer des 3D-Kinos in den Blick. Sie fragen einerseits nach dem Interesse des Publikums am dreidimensionalen Kino, andererseits analysieren sie die Motive, die der stereoskopischen Filmrezeption zugrunde liegen und den Mehrwert, den die Zuschauer nach eigenem Empfinden aus dem 3D-Filmerlebnis ziehen. Um diesen unterschiedlichen Perspektiven auf das Publikum empirisch gerecht zu werden, gliedert sich das Forschungsdesign in verschiedene Teilstudien, die auf einem je spezifischen Methodendesign basieren. So kann eine standardisierte Befragung einen Einblick in die grundsätzliche Akzeptanz des 3D-Kinos geben, qualitative Studien hingegen gehen der Bedeutung nach, welche das Publikum dem 3D-Effekt zuspricht. Mittels eines triangulativen Forschungsdesigns ist es somit möglich, den jeweiligen Fragen in ihrer Spezifik methodisch gerecht zu werden und die Neueinführung des stereoskopischen Films aus Zuschauersicht mehrperspektivisch nachzuzeichnen.

4.1 Rezeption und Akzeptanz

Im Jahr 2009 sollte die 3D-Technologie einen neuen Aufschwung erfahren, der sich medienübergreifend abzeichnete und dessen Nachhaltigkeit unvorhersehbar war. Die sich abzeichnende Digitalisierung der Kinosäle und die Ankündigung einer Reihe von 3D-Produktionen deuteten zu diesem Zeitpunkt zwar darauf hin, dass zunehmende dreidimensionale Darstellungen in den Kinos zu sehen sein würden; von einer so raschen Entwicklung, wie sie in den letzten drei Jahren tatsächlich stattgefunden hat, war aber nicht auszugehen. Der 3D-Film etablierte sich nicht nur in den Kinosälen neu, auch die Hersteller von TV-Geräten engagierten sich verstärkt in der Entwicklung kompatibler Fernseher. So präsentieren einzelne Unternehmen auf der Messe für Unterhaltungselektronik IFA 2009 erstmals 3D-Fernseher und kündigten den Start für das Home-3D-Geschäft an. 2010 wurden weltweit 4,2 Millionen Geräte verkauft für, 2011 wurde im Mai 2011 ein Verkauf von 23,4 Millionen 3D-TVs prognostiziert.[25] Damit verbunden war die Entwicklung der 3D-Technologie auch für Blu-ray Player und Spielekonsolen, die zwei Jahre später tatsächlich Massenware im Bereich der Unterhaltungselektronik sein sollten. »Avatar the Game« wurde von Ubisoft in Zusammenarbeit mit 20th Century Fox als crossmediales Projekt entwickelt und als 3D-Spiel vermarktet. Auch der Spielemarkt expandierte damit in den 3D-Bereich.

Angesichts der sich im Jahr 2009 abzeichnenden vielfältigen technologischen Entwicklungen stellte die im Folgenden vorgestellte Befragung eine erste Bestandsaufnahme dar (vgl. Wegener/Jockenhövel 2009). Diese sollte die bisherigen Erfahrungen des Publikums mit 3D aufzeigen, zudem dessen Erwartungen mit Blick auf die sich in der Entwicklung und Erprobung befindliche Technologie sowie die Bereitschaft der Konsumenten dokumentieren, diese zu nutzen. So war vor dem erneuten Aufschwung der 3D-Technologie unklar, wie die neuen Entwicklungen beim Publikum tatsächlich ankommen würden. Eine mögliche Skepsis der Zuschauer gegenüber dem dreidimensionalen Kino hätte aus den früheren technischen Unzulänglichkeiten dieser Präsentationsform resultieren können. Zudem waren es ehemals häufig sogenannte B-Filme und damit in der Regel preiswerte Produktionen mit schlechterem Image, die in 3D produziert worden sind und die das Publikum möglicherweise in seiner Einschätzung der neuen Technik negativ beeinflussen würden. Auch das Tragen einer 3D-Brille hätte potenzielle Zuschauer davon abhalten können, sich einen 3D-Film im Kino anzusehen. Der Mangel an dreidimensionalen Inhalten war, ebenso wie der Mangel an Erfahrungen, den die Zuschauer mit solchen Geräten bislang hatten, ein Argument, das wiederum gegen entsprechende Fernsehgeräte sprach. Andererseits konnte die grundsätzliche Aufgeschlossenheit vor allem junger Nutzer gegenüber neuen Technologien ein Hinweis auf die Akzeptanz dreidimensionaler Darstellungen in unterschiedlichen Medien sein.

25 http://www.isuppli.com/display-materials-and-systems/news/pages/global-3-d-tv-shipments-soar-by-nearly-500-percent-in-2011.aspx (19. 09. 2011).

Eine repräsentative Befragung als erster Teil eines triangulativen Untersuchungsdesigns hatte den Vorteil, bereits Anfang 2009 ein allgemeingültiges Stimmungsbild und damit verbunden das Interesse an dreidimensionalen Darstellungen in der Bevölkerung abbilden zu können sowie die Ausgangslage für die »3. 3D-Welle« im Kino nachzuzeichnen.

4.1.1 Methode

Die als standardisierte Befragung konzipierte Umfrage erfolgte mit Unterstützung des Umfrageinstituts Infratest Dimap im März 2009. Die Inhalte des Fragebogens bezogen sich neben der Erhebung soziodemografischer Angaben auf allgemeine Fragen zur Medienrezeption sowie zur Technikaffinität, auf Erfahrungen mit 3D-Medien und deren Beurteilung sowie auf die Einschätzung von Genres und Formaten hinsichtlich ihrer 3D-Kompatibilität. Darüber hinaus wurde die Bereitschaft der Befragten erhoben, einen finanziellen Mehraufwand einzugehen, und sie wurden um ihre Einschätzung »notwendiger Begleiterscheinungen« des 3D-Sehens gebeten, beispielsweise das Tragen einer Brille. Das besondere Augenmerk wurde auf das Kino und damit verbunden ein mögliches Publikum dreidimensionaler Kinofilme gelegt.

Insgesamt wurden 1.002 in Deutschland lebende Personen im Alter zwischen 14 und 64 Jahren telefonisch befragt. Damit handelte es sich um eine repräsentative Random-Stichprobe, die »DIMAP – Das Institut für Markt- und Politikforschung« als computergestützte Telefonerhebung (CATI) durchgeführt hat. Die Altersgrenze von 64 Jahren wurde gewählt, weil davon auszugehen war, dass ab diesem Alter ein eher geringes Interesse an 3D vorhanden ist, zudem sind Personen ab 65 Jahre in der Gruppe der Kinobesucher deutlich unterrepräsentiert (vgl. FFA 2010, S. 16). Die Daten wurden anhand eines standardisierten Fragebogens mit geschlossenen Fragen erhoben. Die Befragungsgruppe setzte sich folgendermaßen zusammen:

Von den 1.002 befragten Personen waren 49,1 Prozent männlich und 50,9 Prozent weiblich. 8,2 Prozent[26] der Personen befanden sich in der Altersgruppe der 14- bis 19-Jährigen, 13,6 Prozent in der Altersgruppe 20 bis 29 Jahre, 16,9 Prozent in der Gruppe 30 bis 39 Jahre, 24,2 Prozent in

26 Prozentzahlen gerundet.

der Gruppe 40 bis 49 und 24 Prozent in der Gruppe 50 bis 59 Jahre. 13,3 Prozent waren 60 Jahre und älter (vgl. Abbildung 1, S. 66). Damit zeigt sich eine ausgewogene Altersstruktur.

Abbildung 1: Altersverteilung

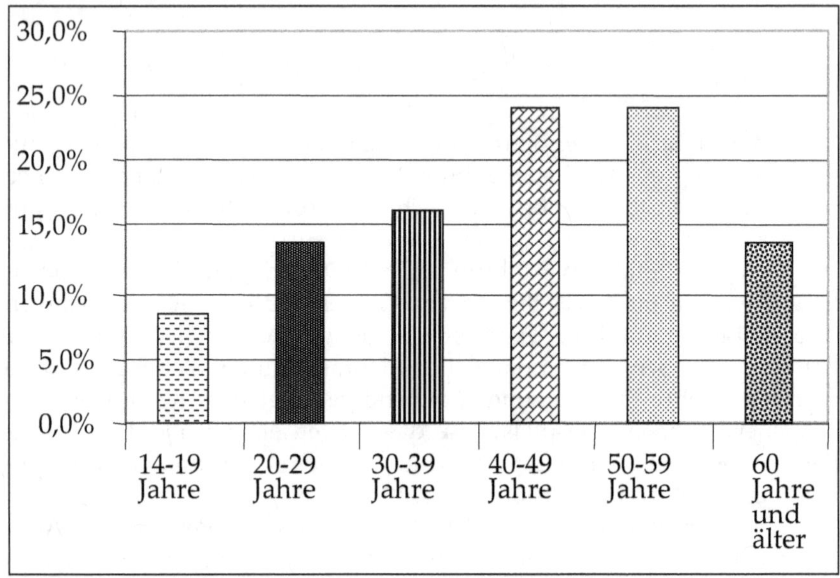

Angaben in Prozent, n = 1.002.

Mit 20,9 Prozent verfügte ein Fünftel der Personen über einen Hauptschul- oder ähnlichen Abschluss, 34,8 Prozent über einen Realschul- oder vergleichbaren Abschluss, 19,9 Prozent hatten die Schule mit dem Abitur abgeschlossen und 22,9 Prozent gaben einen Hochschulabschluss an. Der überwiegende Teil der Befragten war voll berufstätig (51,3 Prozent) oder teilweise berufstätig (16,7%), 7 Prozent waren nicht berufstätig und 3,1 Prozent vorübergehend arbeitslos; 10,1 Prozent gaben an, Rentner zu sein, 11,3 Prozent befanden sich in einer Ausbildung. Entsprechend der Bevölkerungsverteilung kam der größte Teil der Befragten aus Nordrhein-Westfalen (19,2%) und Bayern (17,6%). Dementsprechend lebten etwa nur 0,6 Prozent der Befragten in Bremen, dem kleinsten Bundesland.

Der Gebrauch von Medien wurde anhand der täglichen Nutzung von TV, Computer und Internet nach Selbsteinschätzung erhoben. Dabei gaben 26,9 Prozent der Befragten an, täglich bis zu einer Stunde fernzusehen, 34,4 Prozent bis zu 2 Stunden, 22,3 Prozent bis zu drei Stunden und 9,2 Prozent sahen bis zu vier Stunden fern. Die Selbstangaben liegen damit eher unter der durchschnittlichen Fernsehnutzung von 212 Minuten, die durch die AGF/GfK Fernsehforschung für das Jahr 2009 erhoben wurde.[27] Den Computer nutzten 51,9 Prozent der Personen für private Zwecke bis zu einer Stunde täglich und 8,9 Prozent bis zu zwei Stunden. Immerhin 30,6 Prozent gaben an, den Computer gar nicht für private Zwecke zu nutzen. 41,7 Prozent der Befragten nutzten das Internet bis zur einer Stunde täglich, 13,6 Prozent bis zu zwei Stunden und 23,8 Prozent nutzten das Internet nach Selbstauskunft gar nicht.

4.1.2 *Ergebnisse*

4.1.2.1 *Kenntnis von 3D und Interesse an 3D*

Die Kenntnis über das Prinzip dreidimensionaler Darstellung war bereits im Frühjahr 2009 trotz einer geringen Anzahl von 3D-Kinos in der deutschen Bevölkerung weit verbreitet. So hatte die große Mehrheit der Befragten durchaus schon einmal von der Möglichkeit gehört, Filme in 3D-Optik zu sehen.[28] Insgesamt bestätigen dies rund 85 Prozent der Befragten. Damit war den Kinobetreibern im Jahr 2009 ganz offensichtlich die schwierige Aufgabe genommen, ihrem Publikum zunächst erklären zu müssen, worum es sich bei einer dreidimensionalen Präsentation von Filmen überhaupt handelt.

Obgleich den Befragten die Möglichkeit des dreidimensionalen Sehens mehrheitlich bekannt war, zeigten sie sich in ihrem Interesse an 3D-Filmen verhaltener. Mit 52,8 Prozent findet etwas mehr als die Hälfte der Befragten 3D-Filme im Kino sehr bzw. ziemlich interessant. 46,8 Prozent und damit etwas weniger als die Hälfte der Befragten halten ein solches Kinoangebot für eher uninteressant (Abbildung 2, S. 68). Zusammenfassend lässt sich damit konstatieren, dass im Jahr 2009 in der Bevölkerung durchaus ein Interesse am 3D-Kino bestand. Geschlechts-

27 http://www.agf.de/daten/zuschauermarkt/sehdauer (07. 09. 2011).

28 Gefragt wurde: »Haben Sie schon einmal einen 3D-Film im Kino gesehen, also einen Film mit räumlichem Erleben, bei dem Gegenstände auch scheinbar aus der Leinwand heraustreten?«

spezifische Unterschiede zeigen sich hier kaum. Männer und Frauen bekunden Zuspruch bzw. Ablehnung in ungefähr gleichem Maße: Insgesamt 53,9 Prozent der Männer zeigen starkes bzw. ziemliches Interesse am 3D-Film, dem stehen 51,7 Prozent der Frauen gegenüber, die sich für dreidimensionales Kino interessieren. Auch das Bildungsniveau, gemessen am Schulabschluss der Befragten, ist für das Interesse am 3D-Kino nicht von Bedeutung. Unterschiede bei Personen mit formal niedrigem beziehungsweise formal höherem Schulabschluss weisen die Daten hier nicht aus. Lediglich die Befragten mit Hochschulabschluss zeigen ein etwas geringeres Interesse an der Möglichkeit, 3D im Kino zu sehen (vgl. Heber 2011). Nur 14,8 Prozent der Akademiker finden dreidimensionale Filme im Kino sehr interessant gegenüber jeweils knapp 20 Prozent in den anderen Gruppen (Hauptschule, Realschule oder Gymnasium). Unterschiede zeigen sich hingegen in den verschiedenen *Altersgruppen*, womit sich bereits vorliegende Studien zum Thema bestätigten (vgl. DuBravac/Wertheimer 2009, Heber 2011). So geben 30,5 Prozent der Jugendlichen im Alter von 14 bis 19 Jahren an, sich für diese Möglichkeit der Darstellung sehr zu interessieren und beinahe die Hälfte (47,6%) der 14- bis 19-Jährigen findet 3D-Kino ziemlich interessant. Bei den 50- bis 59-Jährigen sind dies hingegen nur 12,9 Prozent, bei den über 60-Jährigen 16,5 Prozent (Tabelle 1). Ihrem jungen Alter entsprechend bekunden vor allem solche Personen Interesse am 3D-Kino, die sich in einer Berufsausbildung befinden oder noch zur Schule gehen.

Abbildung 2: Finde 3D-Darstellungen sehr bzw. ziemlich interessant

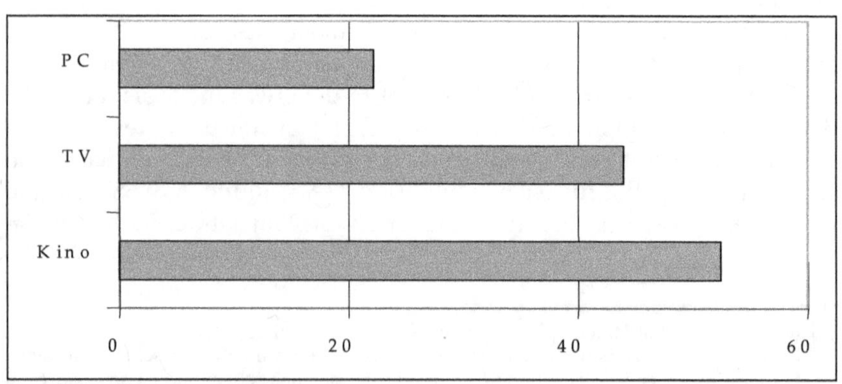

Angaben in Prozent, n = 1.002.

Tabelle 1: Interesse an 3D-Kino nach Alter

	Alter (Klassiert)						
Für wie interessant halten Sie die Möglichkeit, 3D-Filme im Kino anzusehen?	<= 19	20 - 29	30 - 39	40 - 49	50 - 59	60+	Gesamt
Sehr interessant	30,5%	19,1%	18,3%	21,1%	12,9%	16,5%	18,6%
Ziemlich interessant	47,6%	39,7%	39,6%	31,8%	31,3%	23,3%	34,2%
Weniger interessant	13,4%	31,6%	27,8%	29,3%	32,1%	23,3%	27,9%
Uninteressant	8,5%	8,8%	14,2%	17,4%	23,3%	36,1%	18,9%
Weiß nicht				,4%	,4%	,8%	,3%
Keine Angabe		,7%					,1%
Gesamt	100,0%	100,0%	100,0%	100,0%	100,0%	100,0%	100,0%

Angaben in Prozent, n = 1.002.

Wie andere Studien gleichermaßen belegen, spielt die Rezeptionserfahrung beim Interesse an dreidimensionalen Darstellungen im Kino eine Rolle (vgl. Freeman et al. 1999; Mazanec et al. 2008): Rund 63 Prozent der Befragten mit 3D-Erfahrung halten die Möglichkeit, einen Film in dreidimensionaler Darstellung zu betrachten, für sehr bzw. ziemlich interessant, hingegen sind dies nur 45 Prozent derjenigen, die noch nie einen 3D-Film gesehen hatten. Auch wenn sich hier Unterschiede im Interesse an der neuen Technik zeigen, liegt in der Seherfahrung allein aber kein Grund für Zuspruch oder Ablehnung. So belegen die Daten, dass sich potenzielle 3D-Besucher durchaus in der Gruppe der 3D-Unerfahrenen finden, ebenso wie sich Vermeider in der Gruppe derjenigen finden, die wissen, was sie im 3D-Kino erwartet.

Auch das dreidimensionale Fernsehen stieß bereits im Jahr 2009 in der Bevölkerung auf Interesse. Obgleich sich 3D-Fernseher zu diesem Zeitpunkt noch in der Entwicklung befanden und entsprechende Geräte erst im Jahr 2010 im Handel verfügbar waren, halten es 43,9 Prozent der Befragten für sehr oder ziemlich interessant, Fernsehsendungen in 3D anzusehen. Das Interesse am 3D-TV war damit lange vor der Markteinführung geweckt. Hier liegen die Werte bei den männlichen Befragten (47,4%) etwas höher als bei den Frauen, von denen 40,6 Prozent ihr Interesse am 3D-Fernsehen bekunden. Zudem lässt sich eine noch höhere Spezifizierung in Bezug auf das Alter im 3D-TV-Bereich feststellen. Auch hier zeigen sich vor allem die Jüngeren interessiert. So halten 62,2 Prozent der 14- bis 19-Jährigen Filme im 3D-TV für sehr oder ziemlich interessant, wogegen dies unter den 50- bis 59-Jährigen nur 34,2 Prozent sind. Bei den über 60-Jährigen steigt dieser Wert mit 42,8 Prozent wieder leicht an und liegt damit nur knapp unter dem der 20- bis 29-Jährigen mit 46,3 Prozent. Möglicherweise setzen die über 60-Jährigen wieder vermehrt auf Unterhaltung in den eigenen vier Wänden und sind dabei auch neuen Technologien gegenüber durchaus aufgeschlossen. Dass sie zudem über die finanziellen Mittel verfügen, um stärker in eine technologisch innovative Medienausstattung zu investieren, dürfte sie für Gerätehersteller ebenso interessant machen wie für die Anbieter von 3D-Content, der im Jahr 2009 allerdings nur international und hier auch nur punktuell verfügbar war (vgl. Görgülü 2011). Eine Ausweitung des entsprechenden Programmangebotes sollte erst im Jahr 2010 folgen.

Die Begeisterung für dreidimensionale Spiele am PC ist dagegen im Jahr 2009 vergleichsweise gering. Lediglich 21,8 Prozent der Befragten halten es für sehr oder ziemlich interessant, am Bildschirm dreidimensional zu spielen. Ihrem grundsätzlich größeren Interesse an Computerspielen entsprechend (vgl. Feierabend/Rathgeb 2011), sind es auch bei 3D-Spielen eher die männlichen Befragten, die hier ihren Zuspruch bekunden. So hält es ein Viertel (25,8%) der Männer für sehr oder ziemlich interessant, dreidimensional zu spielen, bei den Frauen lassen sich hierfür lediglich 17,8 Prozent begeistern.

4.1.2.2 Erfahrungen mit 3D

Knapp die Hälfte aller Befragungsteilnehmer (44,4%) hatte zum Zeitpunkt der Befragung – trotz der geringen Verbreitung der 3D-Technologie – tatsächlich schon einmal einen 3D-Film gesehen und konnte das Rezeptionserlebnis entsprechend beurteilen. Angesichts der Tatsache, dass 3D-Kinos in Deutschland im Jahr 2009 noch längst nicht flächendeckend verbreitet waren, ist dieser Wert durchaus als hoch einzuschätzen. Unterschiede zeigen sich auch hier vor allem beim Alter der Befragten. So hatte mehr als die Hälfte der unter 19-Jährigen schon einmal einen 3D-Film gesehen (56,1%). Auch die Befragten zwischen 40 und 49 Jahren hatten überdurchschnittlich häufig schon einmal 3D-Filme betrachten können. Dagegen sind es durchschnittlich 37 Prozent der über 50-Jährigen, die schon einmal einen solchen Film gesehen hatten (Abbildung 3). Es zeigt sich, dass vor allem die Jüngeren Erfahrungen mit dem dreidimensionalen Filmerleben vorweisen können, obwohl sich 3D-Erfahrungen nicht auf diese Altersgruppe beschränken. In Bezug auf das Geschlecht finden sich hier nur geringe Unterschiede. So hatten 47 Prozent aller Männer bereits einen 3D-Film gesehen und 41,4 Prozent der Frauen.

Abbildung 3: Haben bereits einen 3D-Film gesehen, nach Alter

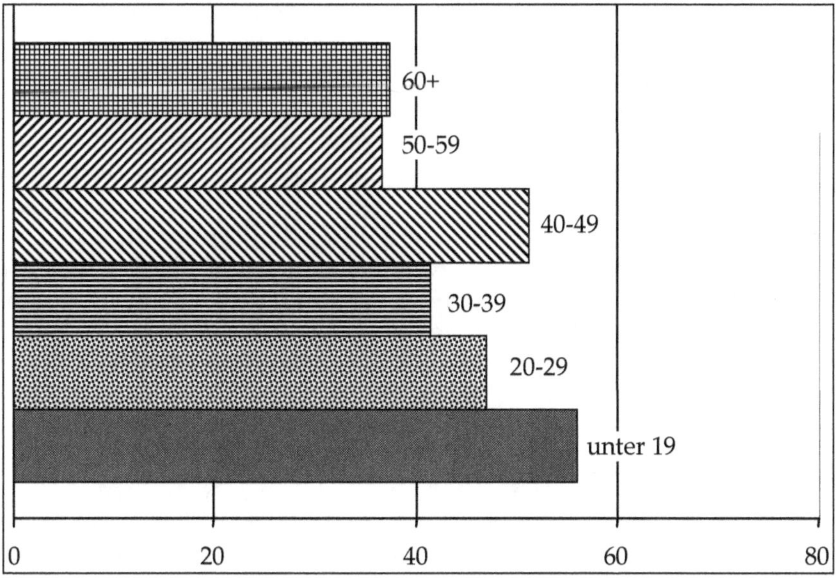

Angaben in Prozent, n = 1.002.

Dreidimensionale Filme werden in unterschiedlichen Räumen und Umgebungen vorgeführt. Waren es zunächst vor allem die sogenannten IMAX-Kinos, die 3D-Filme in 70mm-Format auf übergroßen Leinwänden mit einem speziellen Soundsystem und daher eindrucksvoller Akustik präsentierten, ist 3D inzwischen auch in vielen kleineren Kinos zum Standard geworden (vgl. Kapitel 2.2.4, S. 41ff.). Mitunter sind 3D-Darstellungen zudem in Freizeitparks und Museen zu finden, die gelegentlich sogar mit einem »vierdimensionalen« Angebot werben. Hier wird der 3D-Effekt auf der Leinwand durch zusätzliche Spezialeffekte ergänzt, indem sich die Sitze bewegen, künstlicher Regen erzeugt wird oder Duftstoffe den Geruchssinn der Zuschauer ansprechen. Wie die Daten zeigen, haben diejenigen, die bis zum Jahr 2009 schon einmal 3D-

Filme gesehen hatten, dieses mehrheitlich in einem Kino (62,2%) getan (Abbildung 4, S. 72). Es ist davon auszugehen, dass es sich dabei primär um ein IMAX-Kino gehandelt haben dürfte. Zum Zeitpunkt der Befragung existierten diese Kinos mehr als 20 Jahre, und 3D-interessierte Zuschauer hatten auch in Deutschland die Möglichkeit, sich eine dieser Vorstellungen anzusehen. Demnach haben sich diejenigen, die schon einmal einen 3D-Film gesehen hatten, diesem Rezeptionserlebnis mehrheitlich nicht beiläufig ausgesetzt, sondern absichtsvoll den Weg in ein Kino gesucht, das ihnen 3D-Erleben in möglichst umfassendem Maße bietet. Der Ausbau digitaler Kinos in Deutschland kam den Bedürfnissen und Ansprüchen des hiesigen Publikums damit ganz offensichtlich entgegen. Alternative Formen dreidimensionaler Projektion spielten im Vergleich zum Kino eine deutlich untergeordnete Rolle. So hat ein Fünftel der Befragten mit 3D-Erfahrung (20,4%) die Vorführung in einem Freizeitpark gesehen, und 15,7 Prozent sammelten 3D-Erfahrungen am Fernsehbildschirm bzw. in einem Heimkino. Auch wenn die gegenwärtig populären 3D-Fernseher vor einigen Jahren nicht zur Verfügung standen, boten TV-Sender auch vormals vereinzelt die Möglichkeit zum dreidimensionalen Fernseherlebnis, in der Regel mit einfachen Farbfilter-Brillen, die etwa Programmzeitschriften beigelegt waren. Offensichtlich haben einige Zuschauer diese Gelegenheit auch genutzt.

Abbildung 4: »Wo haben Sie schon einen 3D-Film gesehen?« (Mehrfachantworten möglich)

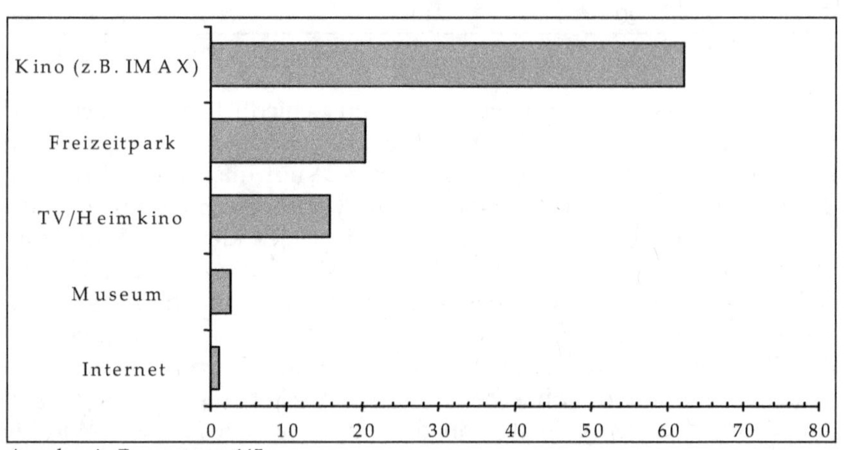

Angaben in Prozent, n = 445.

Bei der Frage, wo Zuschauer bislang 3D-Erfahrungen machten, zeigen sich leichte geschlechtsspezifische Unterschiede. So haben Männer überdurchschnittlich häufig 3D-Filme im Fernsehen oder Heimkino gesehen. Frauen hingegen nahmen überdurchschnittlich häufig die Möglichkeit wahr, 3D-Filme in einem Museum zu betrachten, und auch unter den 3D-Erfahrenen, die solche Filme im Freizeitpark gesehen hatten, finden sich Frauen etwas häufiger als Männer. Nicht auszuschließen ist im Rahmen dieser rekonstruktiven Befragung aber, dass sich Frauen lediglich häufiger an die 3D-Darstellungen in Museen und Freizeitparks erinnern, die wohl eher beiläufig wahrgenommen werden und weniger einprägsam sind als das heimische TV-Erlebnis. In einem solchen Fall würde das Ergebnis für eine größere Nachhaltigkeit des 3D-Erlebnisses in Museen und Freizeitparks sprechen, sieht man die Erinnerungsleistung als einen Indikator für eben diese. Daneben können es aber auch die unterschiedlichen Inhalte sein, die mit den jeweiligen Darstellungsformen verbunden sind und die für die jeweilige geschlechtsspezifische Ausrichtung verantwortlich zeichnen.

Die Neuen Medien spielen beim Thema 3D-Erfahrung vor dem Jahr 2009 noch keine Rolle. Lediglich 1,1 Prozent der Befragten gaben an, sie hätten dreidimensionale Darstellungen im Internet gesehen und kein einziger der Befragungsgruppe hatte sich bislang mit mobile-3D beschäftigt und das Handy als Projektionsfläche genutzt. Davon, dass beispielsweise die Einführung eines 3D-Handhelds im Jahr 2010 durch das japanische Unternehmen Nintendo diesen Wert verändert haben dürfte, ist auszugehen, verifizieren lässt sich diese Annahme durch die vorliegenden Daten aber nicht.

4.1.2.3 Negative Begleiterscheinungen der 3D-Rezeption

Um 3D-Darstellungen ihrem Prinzip gemäß sehen zu können, müssen die Zuschauer gegenwärtig noch eine besondere Brille tragen. Auch wenn an einer Rezeption ohne Brille gearbeitet wird und einzelne Spielekonsolen dies tatsächlich auch breitenwirksam möglich machen, ist der Einsatz der Spezialbrille im Kino und bei TV-Geräten zurzeit immer noch die gängige Lösung. Damit hängt die Akzeptanz dreidimensionaler Darstellungen auch davon ab, ob die Zuschauer den Gebrauch einer 3D-Brille akzeptieren. Befragt nach diesem Aspekt kann sich über die Hälfte der Befragten nicht vorstellen, dass sie eine 3D-Brille im Kino sehr stark oder stark stören würde. Allerdings meinte ein Fünftel der Befragten (21,4%), eine Brille würde sie sehr stark stören und nur 10,2 Prozent würden von einer Brille nach eigener Einschätzung überhaupt nicht gestört werden. Die Daten legen eine Interpretation nahe, nach der die 3D-Brille im Kino wohl eher akzeptiertes Übel ist als ein geschätztes Accessoire und bestätigen vorliegende Untersuchungen (vgl. DuBravac/ Wertheimer 2009; Heber 2011). Das Filmerleben steigert der Gebrauchsgegenstand nicht, er ist aus Sicht des Publikums letztlich aber notwendig, um dieses überhaupt wahrnehmen zu können. Auch hier ist die Akzeptanz bei den jüngeren deutlich größer als bei den älteren Befragten. So sind es nur 22 Prozent der unter 19-Jährigen, die eine 3D-Brille im Kino sehr stark bzw. stark stören würde. In der Altersgruppe der 50- bis 59-Jährigen hingegen ist dies bei 44,2 Prozent der Befragten der Fall. Dabei ist allerdings nicht berücksichtigt, wie viele Brillenträger sich in den jeweiligen Altersgruppen befinden. So ist davon auszugehen, dass mit zunehmendem Alter auch die Notwendigkeit zum Tragen einer Sehhilfe zunimmt, was wiederum den Tragekomfort einer 3D-Brille deutlich beeinträchtigt. Und auch die 3D-Erfahrung spielt für die Akzeptanz einer solchen Brille eine Rolle: Wer bereits Erfahrung mit 3D gemacht hat, antizipiert die Brillen im Kino als etwas weniger störend als diejenigen, die noch keine 3D-Darstellungen gesehen haben (Abbildung 5).

Bei der Vorstellung, eine 3D-Brille vor dem Fernsehgerät oder dem PC-Bildschirm tragen zu müssen, zeigen sich die Befragten in ihrer Zustimmung noch zurückhaltender. So meinten 59,9 Prozent, eine Brille sei vor dem Fernseher sehr stark oder stark störend, und mit 57,5 Prozent sind es ähnlich viele Befragte, die dies mit Blick auf den PC-Bildschirm vermuten. Dabei ist über ein Viertel der Befragten der Ansicht, eine Brille würde sie in beiden Situationen tatsächlich sehr stark stören. Die Gründe hierfür mögen vielfältig sein. So wird der Fernseher deutlich häufiger als Nebenbeimedium genutzt, was den Gebrauch einer 3D-Brille einschränkt. Auch ist die kommunikative Situation vor dem Fernsehgerät durch das Tragen der mitunter großen Brille deutlich beeinträchtigt. Im dunklen Kinosaal hingegen, in dem sich das Handeln ausschließlich auf das Geschehen auf der Leinwand konzentriert, wird die Brille schneller vergessen und als ein der Rezeptionssituation inhärentes Beiwerk akzeptiert. Die Bemühungen der Gerätehersteller, autostereoskopische Displays zu entwickeln, die 3D-fernsehen ohne Brille möglich machen, sind aus Sicht des Publikums damit nachvollziehbar. Eine wesentliche Voraussetzung dafür ist aber entsprechendes Sendematerial, an dem es gegenwärtig noch mangelt.

Abbildung 5: Ablehnung einer 3D-Brille nach Medium

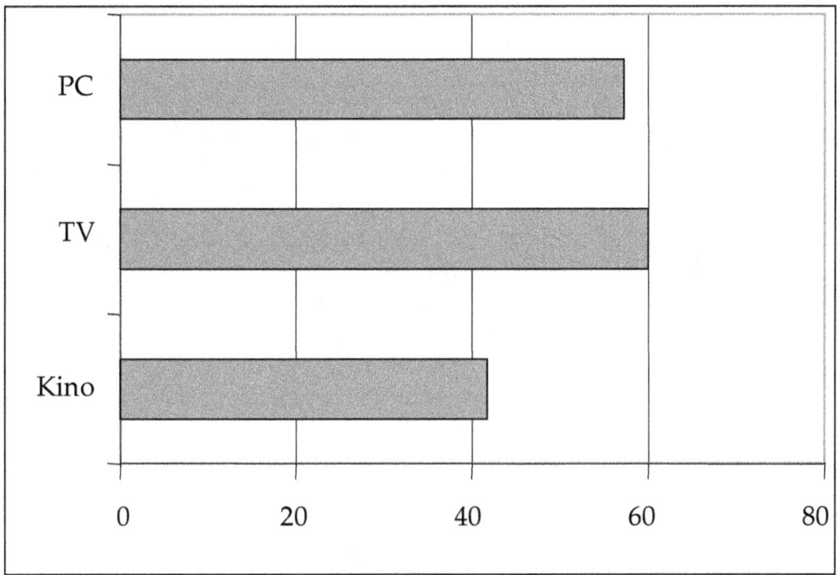

Angaben in Prozent, n = 1.002.

Nicht nur die 3D-Brille kann das Seherlebnis beim dreidimensionalen Kino beeinträchtigen. Hinzu kommen technische Mängel der früheren analogen Vorführweisen, die bei den Zuschauern mitunter zu *Unwohlsein*, insbesondere in Form von Kopfschmerzen, geführt haben. Trotz der zunehmenden Investitionen der Produzenten in technisch perfekte Ergebnisse befürchtet im Jahr 2009 aber immerhin noch ein Drittel aller Befragten, ihnen könne bei einem dreidimensionalen Film übel werden oder sie könnten sich in sonstiger Form körperlich unwohl fühlen. Dabei finden sich in den Antworten geschlechtsspezifische Unterschiede. So glaubten mehr als doppelt so viele Frauen, sie würden sich bei einem dreidimensionalen Film körperlich unwohl fühlen, womit vor allem Schwindel und Übelkeit impliziert sein dürften. Dass Frauen tatsächlich etwas größere Probleme beim 3D-Sehen haben und eher zu Unwohlsein neigen, bestätigt sich in den Studien von Thomas und Ruppel (2011).

Auch in den verschiedenen Altersgruppen finden sich Unterschiede mit Blick auf das antizipierte Unwohlsein. Hier sind es wiederum eher die Älteren, die davon ausgehen, dreidimensionale Darstellungen würden bei ihnen zu körperlichem Unwohlsein oder zu Übelkeit führen. Befragte unter 19 Jahren zogen solche Auswirkungen für sich hingegen kaum in Betracht: Rund 81 Prozent der unter 19-Jährigen glaubten nicht, dass sie sich unwohl fühlen könnten. Die über 50-Jährigen gehen hingegen zu mehr als der Hälfte davon aus. Für dieses Ergebnis kann der Konflikt zwischen den Wahrnehmungen des Auges und dem Gleichgewichtssinn verantwortlich sein. Letzterer wird durch den 3D-Effekt irritiert und reagiert bei älteren Menschen empfindlicher als bei jüngeren. Zudem mag es älteren Menschen schwerer fallen, diese ungewohnte Seherfahrung einzuordnen und sich physisch darauf einzustellen.

Auf tatsächlichen 3D-Erfahrungen scheint die Antizipation gesundheitlicher Beeinträchtigen allerdings weniger zu beruhen. So finden sich hier kaum Unterschiede zwischen den Befragten, die schon einmal einen 3D-Film im Kino, im Freizeitpark oder in einer anderen Umgebung gesehen haben, und denjenigen, die solche Erfahrungen nicht vorweisen können.

Sieht man sich zusammenfassend die Einstellung der Befragten gegenüber negativen Begleiterscheinungen an wie Kopfschmerzen und Übelkeit einerseits sowie dem Tragen einer Brille andererseits, so ist es lohnenswert, unter dieser Perspektive noch einmal das Interesse an 3D-Filmen zu betrachten (Abbildung 2, S. 68). Befürchtet jemand, dass ihr oder ihm im 3D-Film körperlich unwohl werden könnte und empfindet gleichzeitig, dass eine 3D-Brille sehr stark stört, so ist das Interesse am 3D-Kino mit 35,6 Prozent äußerst gering. Werden aber negative körperliche Erfahrungen erwartet und gleichzeitig die Brille als weniger stark störend empfunden, dann ist das Interesse am 3D-Kino mit 74,5 Prozent ungleich höher. Damit ist es also weniger die Befürchtung vor negativen körperlichen Empfindungen, die den potenziellen Zuschauer vom Besuch eines 3D-Filmes abhält als vielmehr die anscheinend als unangenehm empfundene Notwendigkeit, eine 3D-Brille aufsetzen zu müssen, um die stereoskopische Darstellung betrachten zu können.

4.1.2.4 *Kauf- und Zahlungsbereitschaft gegenüber 3D-Medien*

Die Skepsis gegenüber 3D-Brillen und die Befürchtung, dass ein 3D-Film zu körperlichem Unwohlsein führen könnte, lassen Zweifel aufkommen, ob bei den Rezipienten die Bereitschaft besteht, für 3D-Produktionen höhere *Eintrittsgelder* zu zahlen. Offensichtlich ist dies aber durchaus der Fall: So wären mit 46,1 Prozent knapp die Hälfte aller Befragten bereit, einen höheren Eintrittspreis für das 3D-Erlebnis zu zahlen. Auch hier ist die Bereitschaft bei den unter 19-Jährigen besonders groß (68,3%). Mit zunehmendem Alter werden höhere Eintrittspreise hingegen weniger akzeptiert. So waren 63,2 Prozent der über 60-Jährigen *nicht* bereit, für einen 3D-Film einen höheren Eintrittspreis zu zahlen. Dass dieses Ergebnis in Zusammenhang mit dem grundsätzlichen Interesse an dreidimensionalen Darstellungen steht, das mit zunehmendem Alter schwindet, davon ist auszugehen (Tabelle 2).

Tabelle 2: »Sind Sie bereit, höhere Eintrittspreise für 3D zu zahlen?«

	Alter					
	<= 19	20 - 29	30 - 39	40 - 49	50 - 59	60+
Ja	68,3	49,3	49,7	45	43,3	31,6

Angaben in Prozent, n = 1.002.

Die Daten zeigen ferner, dass die Akzeptanz höherer Eintrittsgelder mit den 3D-Erfahrungen der Befragten korreliert. Wer schon einmal einen 3D-Film gesehen hat, ist eher bereit, beim nächsten Kinobesuch einen Aufschlag für dreidimensionale Darstellungen zu zahlen – so bekundete mehr als die Hälfte (53,6%) der 3D-Erfahrenen Bereitschaft, auch künftig einen höheren Preis für das 3D-Erlebnis zu bezahlen. Hingegen waren dies nur 40,2 Prozent derjenigen, die noch keine Erfahrungen mit dem 3D-Kino gemacht hatten. Die Zahlenwerte könnten ein Hinweis darauf sein, dass 3D-Filme einen Teil der Kino-Besucher von ihrer besonderen Qualität überzeugen können, die es mit einem höheren Eintrittspreis entsprechend zu bestätigen gilt. Männer sind etwas häufiger als Frauen bereit, einen höheren Eintrittspreis zu zahlen. Rund 49 Prozent von ihnen stimmen der Aussage zu, dagegen sind es nur rund 44 Prozent der Frauen. Nach oben offen ist die Preisskala allerdings nicht: 59 Prozent der 3D-Erfahrenen, die ein höheres Eintrittsgeld akzeptieren, würden für die Kinokarte 2 Euro mehr ausgeben und 40 Prozent waren sogar bereit, einen

Aufschlag von bis zu 5 Euro zu akzeptieren. Einen Aufschlag von mehr als 5 Euro allerdings hielten lediglich 17 Personen für gerechtfertigt.

Neben dem Alter der Befragten und ihren 3D-Erfahrungen stellt ihre grundsätzliche Technikaffinität einen weiteren Aspekt dar, der mit dem Interesse an 3D in Zusammenhang steht. So bekunden diejenigen, die sich selbst als an neuer Technik interessiert einstufen, auch ein größeres Interesse an 3D. Dies zeigt sich zudem an ihrer Bereitschaft, im Kino mehr Geld für 3D bezahlen zu wollen: 59 Prozent derjenigen, die sich für technikaffin halten, wären bereit, im Kino einen höheren Eintrittspreis zu zahlen. Bei den nicht-technikaffinen Befragten waren dies nur 41 Prozent.

Ausgesprochen zurückhaltend zeigen sich die Befragten in ihrem Interesse an einem 3D-tauglichen Fernsehgerät. Danach befragt, ob sie bereit wären, sich ein solches zu kaufen, wenn dies für die 3D-Nutzung notwendig wäre, antworten lediglich 19,4 Prozent mit Ja. Hingegen wären 78,7 Prozent nicht dazu bereit. Auch in diesem Punkt finden sich geschlechtsspezifische Unterschiede. So sind Männer signifikant häufiger dazu bereit, sich ein 3D-TV-Gerät zu kaufen. Tendenziell zeigen sich zudem Befragte mit einem formal niedrigeren Schulabschluss eher dazu bereit, ein 3D-TV-Gerät zu kaufen als solche mit einem formal höheren Schulabschluss. Personen mit einem hohen Einkommen von mehr als 5.000 Euro pro Monat signalisieren überdurchschnittlich häufig ihre Bereitschaft zum Kauf eines 3D-TV-Gerätes und damit gleichzeitig wohl auch ihr monetäres Potenzial. Wenig überraschend ist, dass Befragte mit einem starken Interesse an neuen Technologien signifikant häufiger angeben, sie würden sich ein 3D-taugliches Fernsehgerät kaufen wollen. Auffallend ist in diesem Zusammenhang die Diskrepanz zwischen dem grundsätzlichen Interesse an 3D-TV (s.o.) und dem konkreten Interesse an dem Erwerb eines entsprechenden Gerätes. Eine mögliche Erklärung hierfür könnte sein, dass sich das Publikum im Jahr 2009 tatsächlich noch nicht vorstellen konnte, wie 3D-TV in den heimischen vier Wänden umzusetzen sein sollte. Unklarheit herrschte sowohl über die Beschaffenheit der Geräte als auch über den notwendigen finanziellen Mehraufwand. Das mangelnde Angebot an entsprechendem Inhalt dürfte die Vorstellung von 3D-TV zudem erschwert haben.

4.1.2.5 Formate und Genre

Ob ein breites und dauerhaftes Interesse an dreidimensionalen Darstellungen entsteht, wird vor allem von den angebotenen Inhalten abhängig sein, die den Zuschauern in neuer Aufbereitung präsentiert werden. Die Befragungsteilnehmer sollten daher angeben, welche Formate und Genre sie bevorzugt mit 3D-Effekt sehen möchten (Abbildung 6). Wie sich herausstellte, eignen sich nach Meinung der Rezipienten vor allem Dokumentationen und Reportagen für dreidimensionale Darstellungen (72,2%). Dieses Ergebnis mag unterschiedliche Gründe haben. So zeigten IMAX-Kinos, lange Zeit die einzige Möglichkeit 3D zu sehen, vor allem Naturdokumentationen in dreidimensionaler Aufbereitung, und solche waren den Zuschauern aus diesem Kontext möglicherweise auch bekannt. Auch im Fernsehen fanden sich in den letzten Jahren Naturdokumentationen in 3D (z.B. »K1 Extra« 2004), womit sicherlich auch der hohe Bekanntheitsgrad entsprechender Darstellungen zu dieser großen Befürwortung des Formats geführt hat.

Abbildung 6: Frage: »Welche Formate sind für 3D sehr bzw. eher geeignet?«

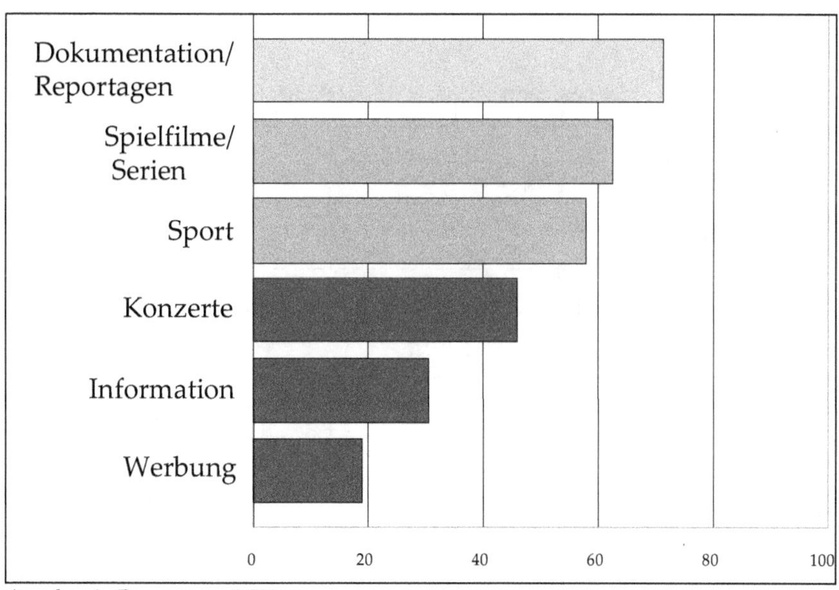

Angaben in Prozent, n = 1.002.

An zweiter Stelle sind es Spielfilme und Serien (62,3%), die sich nach Meinung der Befragten gut für eine dreidimensionale Aufbereitung eignen. Aus Sicht der Zuschauer bieten sich aber auch Sportübertragungen für eine 3D-Darstellung an (57,8%). Dynamik, Körperlichkeit und der verstärkte Live-Charakter der Darstellungen dürften hier Argumente für den Zuspruch sein. Dabei können sich vor allem Männer Sportsendungen sehr gut in einer 3D-Aufbereitung vorstellen, Frauen zeigen sich hier weniger interessiert. Es ist davon auszugehen, dass dieses Ergebnis mit einer allgemein höheren TV-Sportaffinität von Männern in Zusammenhang steht (vgl. Gerhard/Kessler/Gscheidle 2010).

Immerhin noch 46 Prozent der Befragten halten die Übertragung von Konzerten mit Blick auf eine 3D-Präsentation für interessant. Weitaus weniger Zuspruch finden Informationssendungen wie Nachrichten. Bei einem primär informationsorientierten Programm ist der 3D-Effekt für die Befragten offensichtlich irrelevant. Möglich ist, dass »technische Spielereien« dem Anspruch an Seriosität entgegenstehen, der mit Nachrichtensendungen in der Regel verbunden ist. Dass dreidimensionale Darstellungen von Reportagen auch innerhalb von Nachrichtensendungen die Glaubwürdigkeit des Dargestellten bekräftigen könnten, ziehen die Befragten hier offenbar nicht in Betracht.

Abbildung 7: Frage: »Welche Genres halten Sie sehr bzw. eher für 3D geeignet?«

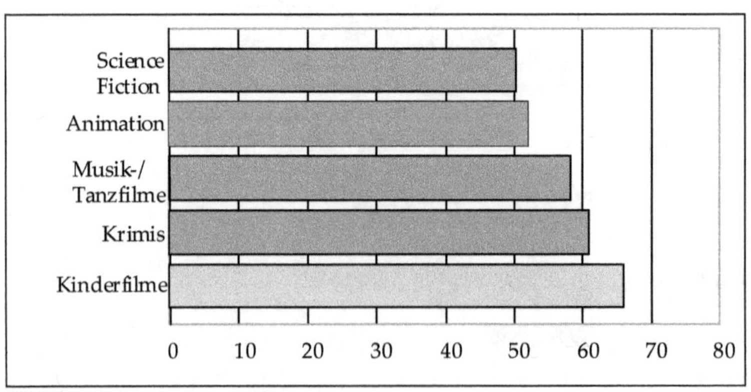

Angaben in Prozent, n = 1.002.

Neben Dokumentationen und Reportagen sind es damit vor allem fiktionale Formate, die sich aus Sicht der Zuschauer für eine dreidimensionale Aufbereitung anbieten. Dabei können sich die Zuschauer aber nicht alle Genres in gleicher Weise dreidimensional vorstellen (Abbildung 7). Danach befragt, inwieweit sich unterschiedliche Genres für den 3D-Effekt anbieten, sprechen sich die (potenziellen) Zuschauer vor allem für Science-Fiction-Filme und Animationsfilme aus. Insgesamt 66 Prozent aller Befragten halten Science-Fiction für sehr oder eher geeignet für den 3D-Effekt, bei Animationsfilmen sehen dies immerhin noch rund 61 Prozent der Befragten so.

Auch Musik- und Tanzfilme können sich die Befragten gut in einer dreidimensionalen Aufbereitung vorstellen. Zudem werden Krimis mehrheitlich in 3D befürwortet. Gleiches gilt für Kinderfilme, wobei einzuräumen ist, dass mit diesem Begriff eher eine zielgruppenspezifische Ausrichtung als ein Genre beschrieben wird. So könnten grundsätzlich auch Animationsfilme von Zuschauern als Kinderfilme klassifiziert werden. Dass die Befragten den Unterhaltungswert dreidimensionaler Darstellungen damit aber vor allem auch für jüngere Zielgruppen antizipieren, zeigt sich im Zuspruch zu dieser Kategorie.

Schaut man sich an, welche Genres von weniger als der Hälfte aller Befragten als 3D-tauglich eingeschätzt werden, fallen Western (47,2%), Horrorfilme (45,2%) und Komödien (42,2%) auf die hinteren Rangplätze. Den geringsten Zuspruch erhalten Erotikfilme, denen lediglich ein Drittel aller Befragten eine 3D-Tauglichkeit zuspricht. Bei der Geschlechterverteilung allerdings zeigen sich mit Blick auf die Erotikstreifen signifikante Unterschiede: Während sich 27,8 Prozent der Frauen Erotikfilme gut in dreidimensionaler Aufbereitung vorstellen können, sind dieses immerhin 38,9 Prozent der Männer. Größere Unterschiede finden sich auch bei Musik- und Tanzfilmen, die 65,5 Prozent der Frauen und nur 50,6 Prozent der Männer für 3D tauglich halten. Auch bei Horrorfilmen divergieren die Geschlechter in ihrer Meinung. So sehen 49,6 Prozent der männlichen Befragten und 40,7 Prozent der weiblichen die Gruselstreifen für den 3D-Effekt als geeignet an. Wie die Ergebnisse zeigen, wurden damit auch in der 3D-Rezeption geschlechtsspezifische Genrepräferenzen deutlich, die sich in gleicher Weise bei den zweidimensionalen Darstellungen finden. So bekunden Männer auch im traditionellen Mediengebrauch eher Zuspruch zu Horror- und Erotikfilmen, wogegen Frauen Tanz- und Musikfilmen den Vorzug geben (vgl. Treumann et al. 2007).

Aus den genannten Genres lassen sich kaum Kriterien für spezifische Inhalte ableiten, denen die Zuschauer eine 3D-Tauglichkeit zusprechen. Einerseits werden futuristische Erzählungen offensichtlich auch mit neuen Darstellungsformen verbunden, wodurch sich möglicherweise der Erlebnischarakter des Gezeigten für die Zuschauer erhöht. Andererseits sind es Darstellungsweisen wie Zeichentrick und Animation, die sich die Zuschauer gut in 3D vorstellen können. Damit schließen sie sicherlich auch an die ihnen bekannten Genres an, wie sie tatsächlich in den 3D-Kinos präsentiert werden. Auch gegenwärtig finden vor allem Animations-, Science-Fiction- und Fantasyfilme in dreidimensionaler Aufbereitung den Weg ins Kino. Zudem lehnen sich Animationsfilme wie beispielsweise MONSTERS VS. ALIENS an klassische Science-Fiction-Filme an, wodurch ein Genremix entsteht, der den vorgestellten Daten nach in besonderer Weise von den Zuschauern geschätzt werden müsste.

Ein Blick auf die verschiedenen Altersgruppen schließlich zeigt, dass die einzelnen Genres von den jüngeren Befragten insgesamt höhere Zustimmungswerte erhalten als von den älteren Teilnehmern. So können sich 86,6 Prozent der unter 19-Jährigen Science-Fiction-Darstellungen gut in 3D-Optik vorstellen. 76,8 Prozent der jüngsten Altersgruppe halten auch Horrorfilme für 3D-tauglich und auch bei den 20- bis 29-Jährigen sahen dies noch 59,6 Prozent der Befragten so. Damit bestätigte sich auch an dieser Stelle, dass der 3D-Effekt vor allem bei den jüngeren Zuschauern im Alter zwischen 19 und 29 Jahren auf besonders großes Interesse stößt.

4.1.2.6 Zur Gratifikation dreidimensionaler Darstellungen

Sieht man sich an, worin der Reiz dreidimensionaler Darstellungen für den Zuschauer liegt (Tabelle 3, S. 83), so fallen zwei Aspekte auf: Die Mehrheit der Befragten ist der Meinung, dass vor allem das Gefühl, stärker dabei zu sein, für eine dreidimensionale Aufbereitung der Filme spricht: Insgesamt sehen 64,3 Prozent der Befragten hier die Stärke des 3D-Kinos; 58,8 Prozent halten 3D-Darstellungen zudem für realistischer und natürlicher. Den Mehrwert von 3D sehen die Befragten damit vor allem in einem realitätsnahen und immersiven Filmerlebnis. Ziel der Entwicklung von Kino- und Heimkinotechnik war es immer, ein perfektes Erlebnis der Illusion oder der Teilnahme zu erschaffen. Die Befragten bestätigen den 3D-Effekt mit ihren Angaben in eben diesem Sinne. Auch sie sehen das »Involvement« des Zuschauers und seine Eingebundenheit in das mediale Geschehen durch den 3D-Effekt verstärkt. Dass eben dieses Gefühl das Vergnügen an Entertainment-Inhalten erhöhen kann, davon ist angesichts vorliegender Studien zum Thema auszugehen (vgl. Wirth et al. 2008).

Für die Wahrnehmung und Beurteilung der Inhalte, Handlungen und Charaktere hat 3D in den Augen der Studienteilnehmer hingegen keine überragende Bedeutung: Lediglich 26,7 Prozent der Befragten stimmen der Aussage zu, man könne bei dreidimensionalen Darstellungen mit den dargebotenen Personen und Handlungen besser mitfühlen, und nur 19,3 Prozent meinen, sie würden sich mit den Inhalten dreidimensionaler Filme eher identifizieren können.

Allerdings sprechen die Befragten der 3D-Optik einen Effekt auf die Rezeption eines Filmes nicht ab. Nur 9,1 Prozent aller Befragungsteilnehmer meinen, dreidimensionale Darstellungen hätten keinen besonderen Reiz und negieren den Mehrwert des 3D-Kinos damit gänzlich. Im Umkehrschluss lässt sich folgern, dass die große Mehrheit der Befragungsteilnehmer in der 3D-Darstellung einen Zusatznutzen sieht.

Tabelle 3: Gratifikation dreidimensionaler Darstellungen (Mehrfachnennungen möglich)

	Prozent der Fälle
Das Gefühl, dabei zu sein	64,3
Darstellungen wirken natürlicher und realistischer	58,8
Mit Personen und Handlungen besser mitfühlen	26,7
Mit den Inhalten besser identifizieren	19,3
Haben keinen besonderen Reiz	9,1
Sonstiges	7,8

Angaben in Prozent; n = 1.002.

Unterschiede in der Beurteilung zeigen sich auch hier in den verschiedenen Altersgruppen. Vor allem die bis 29-Jährigen glauben, der 3D-Effekt verstärke das »Involvement« und lasse Darstellungen natürlicher und realistischer erscheinen. Aber auch das Bildungsniveau führt zu signifikant unterschiedlichen Beurteilungen des »Dabei-Seins«. Befragte mit formal höherem Schulabschluss antizipieren das Gefühl, dabei zu sein deutlich stärker (71,4%) als diejenigen, die einen formal niedrigen Schulabschluss aufweisen (51,2%). Männer und Frauen hingegen schätzen den Reiz des 3D-Effektes in gleicher Weise ein und divergieren in ihren Antworten kaum.

Auch wenn das Interesse an 3D für TV-Darstellungen und PC-Anwendungen Anfang des Jahres 2009 eher schwach ausgeprägt war, zeigen die Auswertungen (Abbildung 8ff.) doch, dass sich die angenommenen Gratifikationen mit Blick auf Kino, TV und PC nur geringfügig unterscheiden. So meinen 72,7 Prozent derjenigen mit einem generellen Interesse an 3D-Darstellungen im TV, man habe bei 3D stärker das Gefühl, dabei zu sein. Bei den 3D-Kino-Interessierten liegt dieser Wert mit 73,2 Prozent nur geringfügig höher. Auch für den PC-Bereich liegt dieser Wert immerhin noch bei 69,3 Prozent. Ähnlich verhält es sich mit der Einschätzung, die Darstellungen würden in 3D natürlicher und realistischer wirken: 68,2 Prozent der Befragten mit Interesse an 3D im Kino empfinden dies so, ebenso 68,8 Prozent der an 3D-TV-Interessierten und 67,9 Prozent mit Interesse an 3D auf dem PC.

Auch bei den weiteren angenommenen Gratifikationen (»Man kann mit Personen besser mitfühlen«, »Man kann sich besser mit den Inhalten identifizieren«, »Dreidimensionale Inhalte haben keinen besonderen Reiz«)

Abbildung 8: Gratifikationen und Interesse an 3D-TV

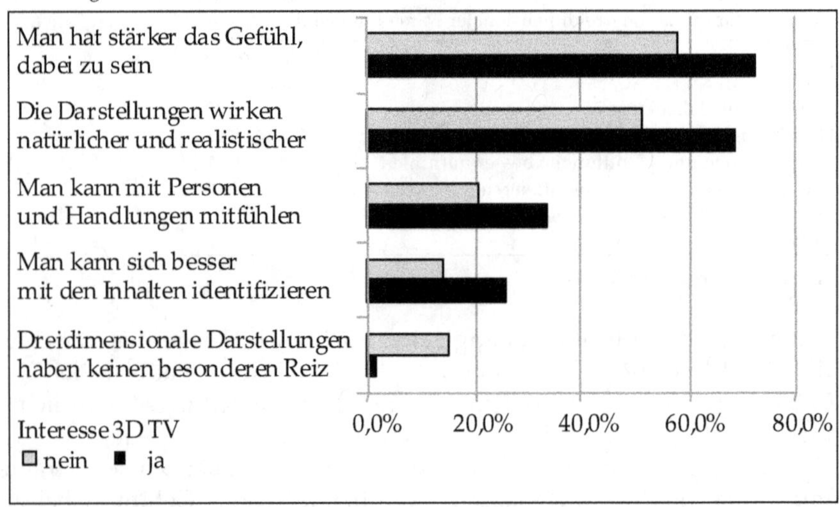

Angaben in Prozent; n = 1.002.

Abbildung 9: Gratifikationen und Interesse an 3D-Computerinhalten

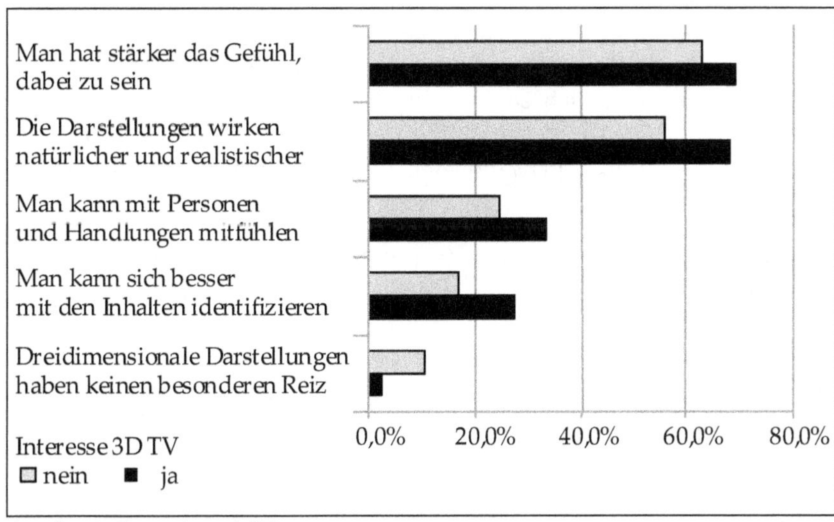

Angaben in Prozent; n = 1.002.

Abbildung 10: Gratifikationen und Interesse am 3D-Kino

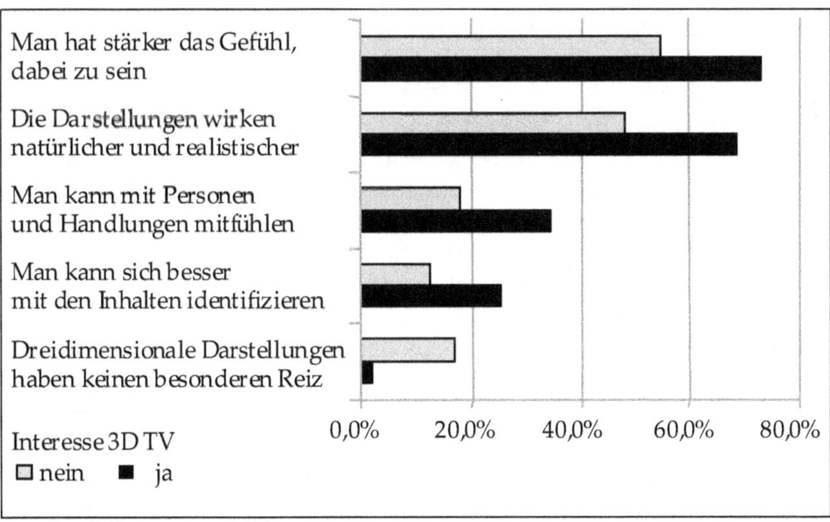

Angaben in Prozent; n = 1.002.

unterscheiden sich die Aussagen der Befragten nach Interesse an 3D in unterschiedlichen Medien nur geringfügig. Die angenommenen Gratifikationen differieren damit zwischen den unterschiedlichen medialen Plattformen kaum. Das grundsätzlich größere Interesse der Befragten an 3D im Kino im Vergleich zu TV oder PC ist damit Anfang 2009 möglicherweise eher auf die geringe 3D-Erfahrung außerhalb des Kinos zurückzuführen als auf eine grundsätzliche Skepsis gegenüber alternativen 3D-Plattformen.

4.1.3 Zusammenfassung

Die Ergebnisse der Befragung machen deutlich, dass das 3D-Prinzip bei den Befragten Anfang 2009 mehrheitlich bekannt ist. Etwas weniger als die Hälfte der Befragungsteilnehmer hat bereits einen Film in dreidimensionaler Darstellung gesehen. Dieses geschah mehrheitlich in einem Kino und damit im traditionellen Raum der 3D-Darstellung. Dass es sich dabei vor allem um IMAX-Kinos gehandelt haben dürfte, ist aufgrund der Verbreitung dieser Spielstätten bis zum Zeitpunkt der Befragung anzunehmen. Vor allem Dokumentationen und Reportagen können sich die Befragten gut in dreidimensionaler Aufbereitung vorstellen, aber auch Spielfilme und Serien eignen sich ihrer Meinung nach für den 3D-Effekt. Bei den fiktionalen Formaten sind es vor allem Science-Fiction- und Animationsstreifen, die sich aus Sicht des Publikums für eine Aufbereitung in 3D anbieten. Dabei zeigt sich, dass übliche Filmpräferenzen verschiedener Zielgruppen durch den 3D-Effekt nicht grundsätzlich neu definiert werden. Dennoch können Formate und Genres für die Zuschauer interessanter und erlebnisreicher werden, indem Filme in 3D dem Publikum das Gefühl vermitteln, Teilnehmer des mediatisierten Geschehens zu sein. Auffallend ist zudem das Interesse der 3D-Interessierten an alternativem Content. So sind es nicht nur die narrativen Formate, die auf Befürwortung stoßen. Zudem zeigen sich die Zuschauer offen für dreidimensionale Sportübertragungen und Konzerte. Vor allem das Interesse an Sport dürfte ein Faktor sein, der die weitere Entwicklung des dreidimensionalen Fernsehens beeinflussen wird. Dass die Zuschauer auch hier grundsätzlich Zustimmung zeigen, machen die Daten der Befragung deutlich. Vor der Kaufentscheidung eines 3D-fähigen Fernsehers aber stehen weitere Überlegungen, die vor allem den wenig geschätzten Gebrauch der notwendigen Brille betreffen. Die Entwicklung autostereoskopischer Geräte knüpft somit an das Bedürfnis der Zuschauer an eine komfortable Rezeptionssituation an. Dass eine Anschaffung aber mit einem verfügbaren Angebot entsprechender Inhalte verbunden sein muss, lässt sich aus den Daten der Befragung schlussfolgern.

Deutlich wird angesichts der Befragungsergebnisse aber auch, dass es vor allem die Jüngeren im Alter zwischen 14 und 29 Jahren sind, die als besonders 3D-affin eingestuft werden können. Sie bekunden großes Interesse an den neuen Darstellungsmöglichkeiten, fühlen sich durch eine 3D-Brille weniger beeinträchtigt als ältere Zuschauer, gehen deutlich seltener davon aus, ihnen könne angesichts des 3D-Effekts übel oder körperlich unwohl werden und sind eher bereit, einen höheren Preis für das 3D-Erlebnis zu bezahlen. Dass das 3D-Erleben vor allem das Gefühl des Betrachters verstärkt, tatsächlich dabei zu sein und sich als Teil des mediatisierten Geschehens zu empfinden, behaupten jüngere Befragte überdurchschnittlich häufig. Offensichtlich sind es vor allem die Teenager und jungen Erwachsenen, die als Zielgruppe dreidimensionalen Filmerlebens im Vordergrund stehen. Dabei machen die Daten aber auch deutlich, dass ältere Nutzergruppen durchaus am 3D-Fernsehen interessiert sind und hier möglicherweise den größeren Mehrwert sehen. Bei der Frage nach dem Interesse an dreidimensionalen Medien ist somit nicht nur der soziodemografische Hintergrund der Zuschauer zu berücksichtigen, sondern ebenso die Plattform, auf der dreidimensionale Inhalte zu betrachten sind. Die Frage nach der Akzeptanz seitens des Publikums ist somit weitreichend zu differenzieren. Dass grundsätzlich ein großes Interesse an der neuen Technologie besteht, konnten die Daten der Befragung deutlich machen.

4.2 Motivation und Gratifikation

Das folgende Kapitel fragt nach den Erwartungen der Zuschauer an dreidimensionale Filme im Zusammenhang mit den Gratifikationen, die die Rezipienten des 3D-Kinos durch die jeweils unterschiedliche Einbindung des 3D-Effektes im Film erhalten. Damit schließt das Forschungskonzept grundlegend an den Uses-and-Gratifications-Ansatz an (vgl. Blumler/Katz 1974). Dieser basiert auf der Annahme, der Rezipient wende sich den Medien aktiv aufgrund seiner Motive und Bedürfnisse zu und wähle zwischen verschiedenen funktionalen Alternativen aus (vgl. Schenk 2007).

Die Annahme der aktiven Selektion ist vor allem für den Kinobesuch von Bedeutung und als Grundlage für weitergehende Studien zur Rezeption dreidimensionaler Filme gewinnbringend. So wird der Kinobesuch üblicherweise geplant und ist nicht habitualisiert in die Routinen der alltäglichen Mediennutzung eingebunden. Häufig beschließen die Zuschauer bereits mehrere Tage vor dem Besuch, sich einen Film im Kino anzusehen (FFA 2011: 68). Der Film wird in der Regel reflektiert ausgewählt, womit vor der eigentlichen Filmrezeption eine hohe Präaktivität stattfindet. Es wird angenommen, dass die besondere Selektion mit einer höheren Aufmerksamkeit und Konzentration auch während der Filmrezeption verbunden ist (vgl. Rubin 1984). Unterstützt wird die Konzentration durch die besondere Situation im Kino. Die Aufmerksamkeit der Zuschauer ist stark fokussiert, es bestehen kaum Handlungsalternativen. Die Wahl des Inhaltes ist nunmehr temporär klar definiert – zappen ist ausgeschlossen. Auch die körperliche Bewegungsfreiheit ist eingeschränkt. Der Kinozuschauer setzt sich ganz bewusst und aktiv einem Medienerlebnis aus, das seine Aufmerksamkeit in besonderem Maße bündelt. Unterstützung finden die reflektierte Auswahl des Films und dessen konzentrierte Wahrnehmung auch durch die besondere Situation, in der sich der 3D-Film Ende des Jahres 2009 befand. Die Novität der Qualität stereoskopischer Produktion und Projektion sowie die steigende Anzahl entsprechender Filme mögen zu diesem Zeitpunkt das Bewusstsein für die Auswahl eines 3D-Films sowie dessen Wahrnehmung in besonderer Weise geschärft haben (vgl. Schweiger 2007).

Der Uses-and-Gratifications-Ansatz ist als Modell der aktiven Medienselektion somit gut geeignet, dem tatsächlichen Zugang des Publikums zum dreidimensionalen Film nachzugehen. Im Mittelpunkt stehen dabei nunmehr Fragen nach den Motiven der Auswahl sowie den erhaltenen Gratifikationen im Anschluss an die Filmrezeption. Wenn, wie Schenk (2007) es formuliert, das aktive, intentionale Medienhandeln besser mit dem Gratifikationsansatz harmoniert als die ritualisierte Mediennutzung, so ist auch aus diesem Grund davon auszugehen, dass die im Folgenden geschilderten Erhebungen dazu beitragen können, dreidimensionales Kino als neues Feld der Rezeptionsforschung explorativ zu erschließen und erste Antworten auf die Frage zu geben, in welcher Weise dreidimensionale Filme vonseiten der Zuschauer erlebt und beurteilt werden.

Die Forschung zum Uses-and-Gratifications-Ansatz erfährt eine Erweiterung, insofern sie um eine technologische Komponente ergänzt wird. Erweitert wird der Fundus vorliegender Studien auch, indem – in einem triangulativen Forschungsdesign analysiert und aufeinander bezogen – narrative, dramaturgische und ästhetische Formen der Filmgestaltung nunmehr in die Fragen von Nutzen und Belohnung einbezogen werden.

Die hier vorgestellten Studien knüpfen auf unterschiedliche Weise an den Uses-and-Gratifications-Ansatz an und zielen primär auf eine medienvergleichende Analyse (vgl. Schenk 2007). Der Vergleich wird allerdings nicht auf der Ebene unterschiedlicher Medien geführt, sondern vielmehr auf heterogene Formen des Einsatzes stereoskopischer Technologie bezogen. So geht es in einem ersten Schritt darum, die technologische Variation als funktionale Alternative zu betrachten und danach zu fragen, aufgrund welcher Motive sich Kinobesucher für die 3D-Version eines Films entscheiden und nicht für die 2D-Version. Im Sinne des Uses-and-Gratifications-Ansatzes steht dieser Aspekt im Zusammenhang mit dem Grundbegriff »Uses«, der sich auf die gesuchten Gratifikationen bezieht. Diesen stehen die tatsächlich erhaltenen Gratifikationen gegenüber, die sich erst infolge der Mediennutzung einstellen. Für die Analysen zum dreidimensionalen Kino bedeutet dieser erste Schritt, den funktionalen Zugang zum stereoskopischen Kino aus Sicht seiner Zuschauer nachzuzeichnen und auf einen intertechnologischen Vergleich abzuzielen (Kapitel 4.2.1). Es geht um die spezifischen Erwartungen, die das Publikum an den 3D-Effekt richtet, und die damit verbundenen Motive der Auswahl. Der konkrete Inhalt des Films ist dabei nachrangig. Wesentlich sind die Erwartungen, die das Publikum an den 3D-Effekt stellt sowie die Bewertung dieser Erwartungen in Form der Intensität ihrer Zustimmung. Die Wahl des Zuschauers bezieht sich auf denselben Film in drei- oder zweidimensionaler Umsetzung. Inhaltlich steht der jeweilige Film damit in Konkurrenz zu sich selbst, indem er eine technologische Alternative bietet.

Neben den vor der Rezeption formulierten Bedürfnissen der Zuschauer geht es im Weiteren um die erhaltenen Gratifikationen. Es ist davon auszugehen, dass die Zuschauer dem 3D-Film nach der Rezeption die Befriedigung auch solcher Bedürfnisse zuschreiben, die zu formulieren sie selbst vorher nicht in der Lage waren. Dies mag einerseits aus der Unbewusstheit der Bedürfnisse resultieren, andererseits aber auch aus der Tatsache, dass dem Film nach der Betrachtung ein Nutzen zugeschrieben wird, der für den Zuschauer in dieser Form vorher auch nicht absehbar war. Im Sinne dynamisch-transaktionaler Wirkungsmodelle (vgl. Früh 1994) kann die Mediennutzung selbst für ein Thema sensibilisieren oder – wie in diesem Fall – für den Einsatz eines Effektes, was aufseiten der Zuschauer zu einer größeren Aufmerksamkeit gegenüber den medialen Prozessen führt und mit einer Differenzierung und Modifizierung der Nutzenerwartungen verbunden ist. Daher werden mittels qualitativer Erhebungen erhaltene Gratifikationen analysiert und in der Bedeutungszuweisung durch die Rezipienten rekonstruiert. Dabei wird zunächst zwischen dem Einsatz der Stereoskopie in unterschiedlichen Filmgenres differenziert (Kapitel 4.2.2.). In diesem Inter-Genre-Vergleich geht es um die Bewertung der dreidimensionalen Darstellung in unterschiedlichen Filmgenres und den subjektiv wahrgenommenen Nutzen, den die Zuschauer tatsächlich aus der jeweiligen dreidimensionalen Umsetzung ziehen. Leitend ist die Frage, ob es aus Sicht der Zuschauer überhaupt eine genrespezifische Umsetzung des 3D-Effektes im Film gibt und wie eine solche von ihnen bewertet wird. Da hier die Filmbewertung im Anschluss an die Rezeption in den Blick kommt, geht es nunmehr nicht um Rezeptionsmotive, sondern um die tatsächlich erhaltenen Gratifikationen und deren Bewertung. Unterschiedliche Genres treten in ihrer dreidimensionalen Umsetzung in Konkurrenz zueinander und werben um solche Zuschauer, die grundsätzlich an dem jeweiligen Genre oder am 3D-Effekt interessiert sind. Der Mehrwert, den die dreidimensionale Umsetzung dem Publikum bietet, wird nunmehr als eine mögliche, zusätzliche Gratifikation verstanden.

Auch die Frage nach dem Mehrwert dreidimensionaler Darstellungen und der Bedeutung, die ihr die Zuschauer im Kontext von Narration und Dramaturgie zuschreiben, lehnt sich an den Uses-and-Gratifications-Ansatz an. Interdisziplinär übereinstimmend betonen aktuelle Forschungsarbeiten die Bedeutung der Inhalte und der Eigenschaften des Mediums einerseits sowie andererseits die Relevanz des Rezeptionsprozesses, der die Merkmale der Rezipienten und der Rezeptionssituation einschließt. Die in Kapitel 4.2.3 vorgestellte Studie schließt an eine solche Perspektive an, differenziert diese konzeptuell aber, indem sie sich im Sinne der Präsenzforschung einerseits mit dem Filmerleben der Rezipienten beschäftigt und danach fragt, auf welche Weise sich die für den 3D-Film offensichtlich relevante Gratifikation der Non-Mediation im Erleben der Zuschauer manifestiert (vgl. Lombard/Ditton 1997). Indem diese Manifestation auf den Film bezogen wird, soll andererseits das immersive Potenzial des 3D-Films unter Berücksichtigung seiner narrativen und ästhetischen Strukturen nachgezeichnet werden. Damit werden im klassischen Sinn sowie im medienpsychologischen Verständnis der Immersionsforschung[29] die Eigenschaften des Mediums herausgestellt, nunmehr aber nicht allein bezogen auf seine technologischen, sondern auch auf seine inhaltlichen und stilistischen Dimensionen. Eine Rekonstruktion des Filmerlebens und seiner damit verbundenen Bewertung filmstilistischer Elemente schließt die subjektive Bedeutungszuweisung durch den Rezipienten ein. In Anlehnung an theoretische Arbeiten zur Immersion und zur Präsenz ist die Frage nach dem Übergang von realer und medialer Welt in der Wahrnehmung des Films ein wesentlicher Aspekt für die Interpretation der Zuschaueraussagen und die Beurteilung des Nutzens, der dem 3D-Film von seinem Publikum zugesprochen wird.

Die hier angerissenen und im Weiteren ausführlich dargestellten Teilstudien sind nicht unmittelbar aufeinander bezogen und damit auch nicht als fortlaufende Analyse dynamischer Prozesse zu verstehen. Sie fokussieren unterschiedliche Fragestellungen, die mit der Akzeptanz und der Rezeption dreidimensionaler Filme in Zusammenhang stehen. Dabei ist es ihre Absicht, die Motive der Rezeption sowie die erhaltenen Gratifikationen auf unterschiedlichen Ebenen nachzuzeichnen. Einem intertechnologischen Vergleich folgt die Gegenüberstellung unterschiedlicher Filmgenres. Nachfolgend wird die Verbindung von Dreidimensionalität mit Narration und Dramaturgie in den Blick genommen. Auf diese Weise ist eine differenzierte Annäherung an den dreidimensionalen Film aus Sicht des Publikums möglich, aus der sich Konsequenzen für Filmproduktion und -gestaltung ableiten lassen. Für die Gratifikationsforschung insgesamt ergibt sich eine Erweiterung ihrer bisherigen Perspektive. So konstatiert Schenk: »Der Kernsatz der Gratifikationsforschung – ›Was machen die Menschen mit den Medien?‹ – ist im Übrigen bisher noch nicht vollständig ausgeschöpft worden, da eher selten untersucht wird, wie Personen den Inhalt der aufgenommenen Botschaften wahrnehmen und interpretieren« (Schenk 2007: 756). Noch seltener finden sich technologische Aspekte sowie Fragen der Filmstilistik in Studien der Gratifikationsforschung. Ein solcher Ansatz soll im Weiteren verfolgt werden.

29 Vgl. hierzu ausführlicher Kapitel 4.2.3.1.

4.2.1 3D statt 2D – Ein intertechnologischer Vergleich[30]

4.2.1.1 Methode

Für die nachstehende Untersuchung war die Frage nach der Motivation der Kinozuschauer leitend, einem 3D-Film den Vorrang vor einem 2D-Film zu geben. Damit ist vorausgesetzt, dass die Zuschauer tatsächlich auch die Möglichkeit haben, zwischen der zweidimensionalen und der dreidimensionalen Variante des gleichen Films zu wählen. Entsprechend wurden im November 2009 Zuschauer solcher Kinos befragt, die einen 3D-Film zeigten und diesen dem Publikum gleichzeitig auch in der 2D-Version zugänglich machten. Nur so war gewährleistet, dass sich die Zuschauer bewusst für eine der beiden Varianten des Films entscheiden konnten und den 3D-Effekt nicht lediglich billigend in Kauf nahmen. Die Befragung fand in drei ausgewählten Berliner Stadtteilen statt: Marzahn, Charlottenburg und Mitte. Damit konnten solche Stadtteile in die Untersuchung einbezogen werden, die sich im Jahr 2009 – gemessen an Bildungsabschluss, Einkommen und Erwerbstätigkeit der Stadtteilbewohner – durch eine unterschiedliche Bevölkerungsstruktur auszeichneten, (vgl. Amt für Statistik Berlin-Brandenburg 2011).

Insgesamt füllten 157 Personen den vorgelegten Fragebogen vollständig aus, davon waren 99 Personen weiblich und 58 Personen männlich. Im Vergleich der Stichprobe mit der Struktur der Gesamt-Kinobesucher 2009, die einen Frauenanteil von 56 Prozent ausgibt (vgl. FFA 2010: 15), finden sich Frauen in der hier vorgestellten Befragung mit einem Anteil von 63,1 Prozent damit leicht überrepräsentiert. Die Vorgabe nach dem Quotenplan konnte mit Blick auf das Geschlecht der Befragten damit nur annähernd erfüllt werden. Das Alter der Befragten lag zwischen zwölf und 68 Jahren. Jüngere Kinder wurden aus der Befragung ausgeschlossen, um ein einheitliches Verständnis des Fragebogens zu gewährleisten und die Untersuchungsgruppe in diesem Merkmal homogen zu halten. Beinahe die Hälfte der Befragten ist der Altersgruppe der Jugendlichen und jungen Erwachsenen im Alter von 12 bis 29 Jahren zuzuordnen, womit sich in der Stichprobe hier die Gesamtstruktur der Kinobesucher 2009 widerspiegelt. So waren im Jahr 2009 50 Prozent der Kinobesucher zwischen zehn und 29 Jahre alt (vgl.

30 Den Studierenden des Seminars »Publikumsforschung« der Hochschule für Film und Fernsehen »Konrad Wolf« im Wintersemester 2009/10 sei an dieser Stelle für ihre Unterstützung dieser Teilstudie gedankt.

FFA 2010: 16). Gleiches gilt für die älteren Altersgruppen: Die 30- bis 39-Jährigen waren in der Stichprobe mit 15,4 Prozent vertreten, im Gesamtjahr 2009 mit 17 Prozent unter den Kinobesuchern, die 40- bis 49-Jährigen in der Stichprobe mit 16,1 Prozent, im Gesamtjahr 2009 mit 17 Prozent, die 50- bis 59-Jährigen in der Stichprobe mit 10,9 Prozent, im Gesamtjahr 2009 mit 8 Prozent, und die über 60-Jährigen in der Stichprobe mit 3,8 Prozent, im Gesamtjahr 2009 mit 9 Prozent. Die befragten Kinobesucher bilden die Struktur der gesamten Kinobesucher des Jahres 2009 ihrem Alter nach weitgehend ab, sodass der Quotenplan nach diesem Merkmal erfüllt werden konnte.

Abbildung 11: Zusammensetzung der Stichprobe nach Alter

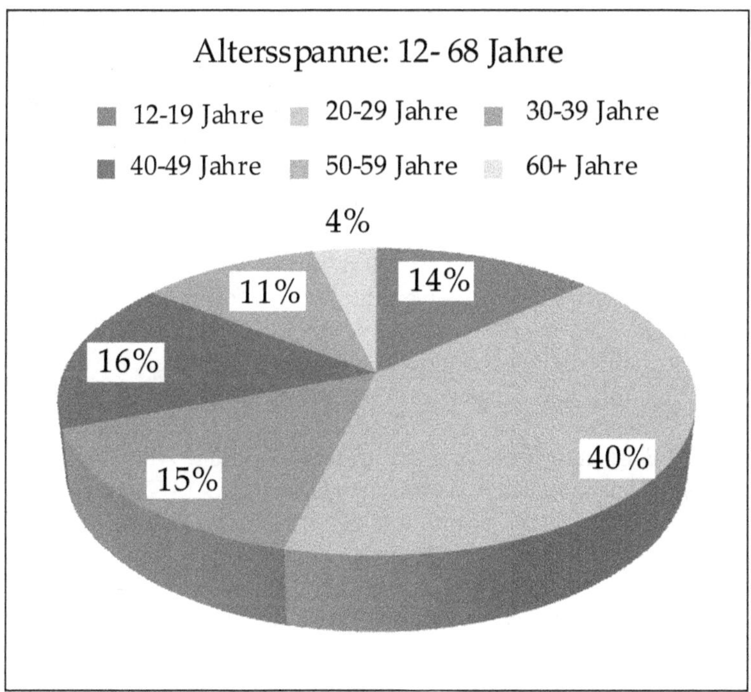

Die Befragung wurde vor dem Ansehen des Films im Foyer der ausgewählten Kinos von geschulten Interviewern durchgeführt. Der standardisierte Fragebogen umfasste Variablen, die insgesamt den folgenden drei Themenfeldern zugeordnet werden können:

1. Soziodemografische Angaben/Kinoaffinität
2. Fragen zur Motivation des 3D-Kinobesuchs
3. Allgemeine Fragen zur Mediennutzung

Fragen zur Motivation des Kinobesuchs wurden in solche Interessenbereiche differenziert, wie sie sich in zahlreichen Studien zum Uses-and-Gratfications-Ansatz als fruchtbar erwiesen haben. So lassen sich Medienbedürfnisse nach Katz, Gurevitch und Haas (1973) in kognitive, affektive, integrative und interaktive Bedürfnisse unterteilen. *Kognitive Bedürfnisse* zielen auf den Erwerb von Wissen und Informationsgewinn, *affektive Bedürfnisse* auf emotionale Erfahrungen. *Integrative Bedürfnisse* beziehen sich auf Glaubwürdigkeit und Zuverlässigkeit, schließlich implizieren *interaktive Bedürfnisse* den Nutzer als Mitglied einer sozialen Gemeinschaft und zielen auf den Wunsch nach Kontakt und Zugehörigkeit. Da sich der Nutzen des Mediums in dieser Teilstudie zum 3D-Kino nicht auf inhaltliche, sondern auf formal-technologische Aspekte bezog, konnten integrative Bedürfnisse in der Befragung vernachlässigt werden. Hingegen schien es durchaus möglich, dass der 3D-Kinobesuch durch Interesse an der Technologie und dem mit ihr verbundenen Erlebniswert motiviert oder durch soziale Motive, die sich auf 3D als möglicherweise relevantes Thema im Freundes- und Bekanntenkreis bezogen, ergänzt wurden. Die hier antizipierten Motive werden durch Studien bestätigt, die in der Tradition des Uses-and-Gratifications-Ansatzes stehen und sich in besonderer Weise den Motiven zuwenden, die grundsätzlich mit dem Kinobesuch verbunden sind (vgl. hierzu auch Austin 1986; Palmgreen et al. 1988; Tesser/Millar/Wu 1988). *Identitätsbezogene Bedürfnisse,* die ebenfalls in zahlreichen Studien zum Uses-and-Gratifications-Ansatz abgefragt werden (vgl. McQuail 1972), sind nicht explizit berücksichtigt, da sie primär auf den Inhalt und nicht auf dessen filmstilistische Umsetzung bezogen sind. Aus den oben angeführten Themenfeldern und der quantitativen Vorstudie ergaben sich drei Hypothesen zur Motivation des 3D-Kinobesuchs, die für die Untersuchung leitend waren:

H1: Für einen 3D-Film entscheiden sich Ende des Jahres 2009 vor allem solche Kinobesucher, die grundsätzlich als kinoaffin zu bezeichnen sind, sich also überdurchschnittlich häufig Filme im Kino ansehen.

H2: Die Entscheidung für einen 3D-Film ist durch unterschiedliche Beweggründe motiviert, die gleichermaßen affektive, soziale und kognitive Motivationen abbilden.

H3: Für die 3D-Version eines Films entscheiden sich vor allem solche Besucher, die grundsätzlich an Neuen Medien interessiert sind und diese überdurchschnittlich häufig nutzen.

4.2.1.2 *Ergebnisse*

4.2.1.2.1 *Kinoaffinität*

Die Daten machen deutlich, dass es sich bei den befragten Kinobesuchern tatsächlich um eine filmaffine Gruppe handelt, die das Kino überdurchschnittlich häufig besucht. So haben lediglich 7,1 Prozent der Befragten bis zum Jahresende 2009 nur einen Film im Kino gesehen. Demgegenüber weisen die Daten der FFA 35 Prozent der Besucher als einmalige Kinogänger des Jahres 2009 (vgl. FFA 2010: 38) aus, sodass es sich bei den befragten Besuchern offensichtlich um besonders engagierte Kinogänger handelt. Ein Viertel der Befragten hatte im Verlauf des Jahres zwei bis drei Filme gesehen; ihnen stehen 33 Prozent aller Besucher des gesamten Kinojahres gegenüber, die bis zu drei Filme gesehen haben. Während nur 19 Prozent aller Kinobesucher im Jahr 2009 vier bis sechs Filme gesehen haben, waren dies in der vorliegenden Stichprobe 29,3 Prozent. Schließlich hat ein Drittel (32,7%) der Befragten nach eigenen Angaben sieben und mehr Filme gesehen, wogegen nur 13 Prozent aller Kinogänger des Jahres 2009 eine so große Anzahl für sich in Anspruch nehmen können. Dass Wenigseher in der befragten Stichprobe unterrepräsentiert sind, Vielseher hingegen deutlich überrepräsentiert, verweist auf das besonders große Interesse der Befragten am 3D-Film und am Kino als seinem klassischen Abspielort. Die zuvor aufgestellte Hypothese, nach der sich Ende des Jahres 2009 vor allem solche Kinobesucher für einen 3D-Film entscheiden, die sich überdurchschnittlich häufig Filme im Kino ansehen, kann damit als belegt gelten.

Denkbar ist angesichts der vorliegenden Daten, dass es vor allem die intensiven Kinogänger und Filminteressierten sind, die auch den neuen Produktions- und Projektionsverfahren zu Beginn ihrer »Wiedereinführung« im Jahr 2009 besonders interessiert gegenüberstehen und sich von diesen einen Mehrwert versprechen. Gleichermaßen kann es ihr Interesse sein, sich als »Early Adopter« schnell ein Bild von den neuen technologischen Möglichkeiten der Darstellung zu machen und hier sachkundig mitzureden. Zudem mögen besondere Experimentierfreude und Aufgeschlossenheit gegenüber dem Kino den 3D-Besuch motivieren. Dafür spricht auch, dass mehr als zwei Drittel der Befragten (69,4 Prozent) vor diesem Kinobesuch bereits einen 3D-Film gesehen haben, wogegen nur 30,6 Prozent angaben, am Tag der Befragung zum ersten Mal einen 3D-Film zu sehen. Wirft man einen Blick auf die Filme, die sich die 3D-Mehrfachbesucher zuvor angeschaut haben, so stehen auch hier die im Jahr 2009 erfolgreichen Blockbuster der neuen 3D-Ära auf den ersten Plätzen: Unter den offenen Nennungen findet sich insgesamt 35-mal der Titel ICE AGE 3 – DIE DINOSAURIER SIND LOS, 23 Nennungen fallen auf die Trickfilmproduktion der Pixar Animationsstudios OBEN und 13-mal wird der Horrorfilm FINAL DESTINATION 4 genannt, zehn Personen sahen bereits das Disney-Comedy-Abenteuer G-FORCE – AGENTEN MIT BISS, den US-amerikanischen Animationsfilm MONSTERS VS. ALIENS besuchten sechs Personen. Weitere Nennungen verweisen auf Naturdokumentarfilme, wie sie zu diesem Zeitpunkt bereits seit Längerem in den IMAX-Kinos zu sehen waren. Von insgesamt 111 Filmnennungen können lediglich 24 nicht den populären Blockbusterproduktionen des Jahres 2009 zugeordnet werden.

Mit den vorliegenden Daten zum Kinobesuch wird somit nicht nur die grundsätzliche Kinoaffinität der Stichprobe belegt. Sie zeigen darüber hinaus, dass sich die Befragten mehrheitlich bereits einen 3D-Film angesehen haben und ihre im Weiteren formulierten Erwartungen an stereoskopische Filme demnach auf ihrer tatsächlichen Erfahrung mit 3D-Effekten beruhen. Bei der Frage, warum sich die Kinogänger am Tag der Befragung einen 3D-Film anschauen, kommen somit Nutzenerwartungen zum Tragen, die mehrheitlich auf der Grundlage vorhergehender 3D-Erfahrungen gebildet und entwickelt sind. Dass die Zuschauer primär positive Erwartungen an den am Tag der Befragung ausgewählten Film richten, ist angesichts ihres wiederholten 3D-Kinobesuchs anzunehmen.

4.2.1.2.2 Motive der Filmauswahl

Der Kinobesuch ist der nicht-ritualisierten und damit nicht-habitualisierten Mediennutzung zuzurechnen. Kinobesucher entscheiden sich in der Regel bewusst für den Kinobesuch, planen diesen und reflektieren über den Film, den sie sich ansehen werden. So gab im Jahr 2009 mehr als die Hälfte aller Kinobesucher an, sie hätten den Kinobesuch bereits mehrere Tage zuvor geplant (57 Prozent), nur 17 Prozent planten den Kinobesuch einen Tag vorher (vgl. FFA 2010b: 62). Entsprechend ist davon auszugehen, dass mit der Filmauswahl – neben der sozialen Komponente des Kinobesuchs – spezifische Bedürfnisse der Medienrezeption sowie des Filmerlebens verbunden sind, mit denen sich die Zuschauer an das jeweilige Genre, dessen Dramaturgie und seine jeweilige spezifische Ästhetik richten. Durch die neue stereoskopische Filmproduktion wird dem Zuschauer nunmehr nicht allein die Selektion auf inhaltlicher Ebene ermöglicht. Darüber hinaus gilt es beim Kinobesuch, das spezifische Verfahren der Darstellung zu berücksichtigen und zu überlegen, ob die zweidimensionale oder die dreidimensionale Filmversion im Mittelpunkt der Kinovorführung stehen soll. Damit ist im Sinne der Uses-and-Gratifications-Forschung ein intertechnologischer Vergleich impliziert. Unklar muss dabei an dieser Stelle bleiben, ob die Filmauswahl tatsächlich vor der Entscheidung für die technische Umsetzung steht oder ob es dem Zuschauer zum Zeitpunkt der Befragung im Jahr 2009 nicht primär darum ging, grundsätzlich einen 3D-Film zu sehen, sodass Genre und Inhalt in den Hintergrund traten.

Wie die Daten zeigen, war die dreidimensionale Umsetzung des Films für die Zuschauer ein wesentliches Moment bei der Entscheidung, sich den Film tatsächlich auch in 3D anzusehen. Insgesamt 86 Prozent der Befragten gaben an, sich bewusst für den 3D-Film entschieden zu haben, obwohl der gleiche Film im aufgesuchten Kino auch in der 2D-Version projiziert worden ist.

Abbildung 12: »Sie haben sich heute für einen 3D-Film entschieden, der auch als 2D-Film in diesem Kino gezeigt wird. Haben Sie diese Entscheidung bewusst getroffen oder nicht?«

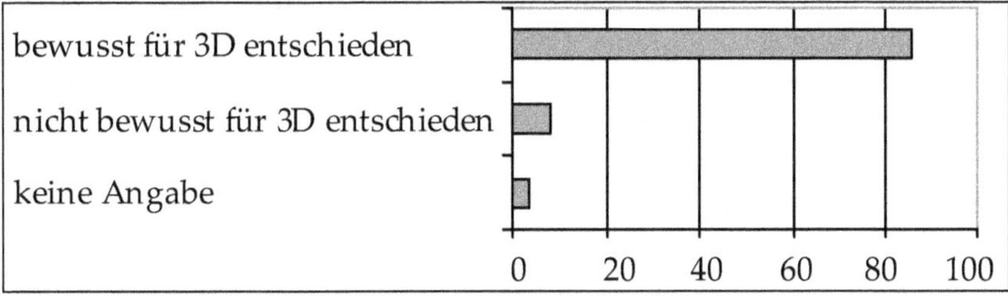

Angaben in Prozent, n = 157.

Abbildung 13: »Bitte geben Sie an, welche Gründe zu Ihrer Entscheidung geführt haben. ›Ich habe mich für einen 3D-Film entschieden, weil ...‹« (Angabe ›trifft voll zu/trifft eher zu‹)

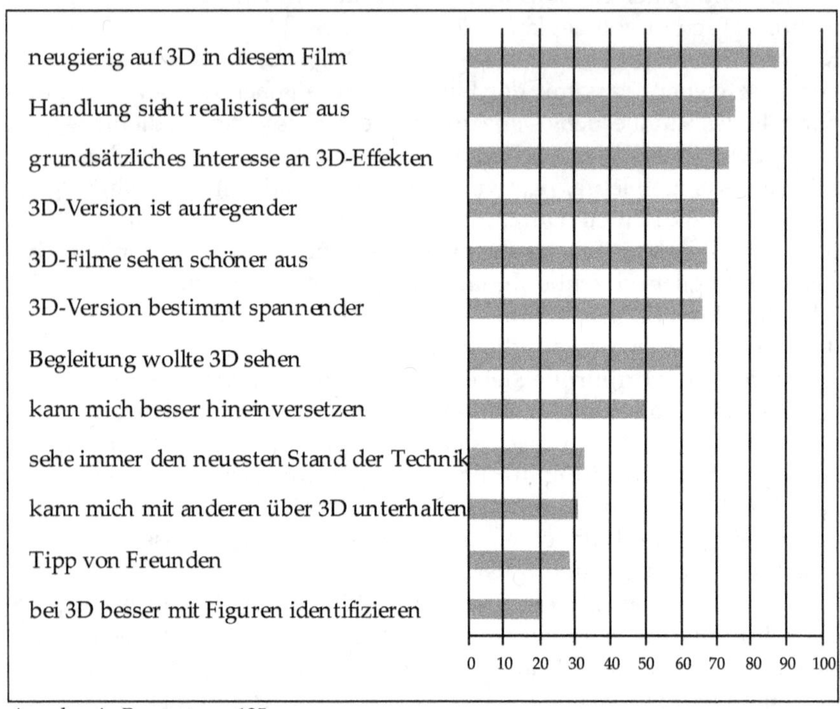

Angaben in Prozent, n = 135.

Lediglich 11,5 Prozent meinten, sie hätten über die Auswahl des Films mit Blick auf seine dreidimensionale Umsetzung nicht weiter nachgedacht, demnach war ihnen offensichtlich gleichgültig, ob sie sich einen 2D- oder einen 3D-Film ansehen werden. Mehrheitlich aber ist der 3D-Effekt ein wesentliches Moment für die Filmauswahl gewesen. Dabei ist freilich zu berücksichtigen, dass die neue Welle des dreidimensionalen Kinos, deren Anfang Mitte 2009 auszumachen war, auch zum Zeitpunkt der Befragung Ende 2009 noch einen hohen Attraktivitätswert für den Zuschauer gehabt haben dürfte, allein schon aufgrund des Neuigkeitswertes von 3D zu diesem Zeitpunkt. Der 3D-Effekt hatte im Jahr 2009 das Potenzial, die Zuschauer neu für das Kino zu begeistern, und tatsächlich zeigen die Daten der Filmförderungsanstalt FFA, dass der 3D-Effekt im Jahr 2009 das Interesse des Publikums für einen Kinobesuch offenbar positiv beeinflusst hat. So lag die Anzahl der Kinobesucher im Jahr 2009 um 13,1 Prozent über der des Vorjahres. Damit verbunden waren 22,8 Prozent mehr Umsatz an den Kinokassen (vgl. FFA 2010). Es ist davon auszugehen, dass hierfür nicht allein die Filminhalte verantwortlich waren, sondern ebenso deren stereoskopische Umsetzung.

Im Weiteren wurden die Zuschauer, die sich bewusst für die 3D-Variante entschieden hatten, nach den Motiven ihrer Auswahl gefragt. Insgesamt zwölf Items waren aufgeführt, die unterschiedliche Motive der Filmauswahl abbildeten. Diese Motive sollten affektive, soziale und kognitive Beweggründe der Filmauswahl widerspiegeln. Anhand einer Vierer-Skala konnten die Befragten einordnen, ob das jeweilige Motiv auf sie persönlich voll, eher, eher nicht oder gar nicht zutrifft.

Den Daten nach ist es vor allem die spezifische Umsetzung des 3D-Effektes in dem jeweiligen Film, die zu der bewussten Entscheidung für die dreidimensionale Variante geführt hat. Dabei mögen Aspekte der genrespezifischen Umsetzung hier eine besondere Rolle spielen. Der von den Kinobesuchern gewählte Film DISNEY'S – EINE WEIHNACHTSGESCHICHTE entwirft entsprechend seiner literarischen Vorlage eine fantastische Welt, die nunmehr mittels neuer Technologie zum Leben erweckt wird. Der Schauplatz ist London in der Mitte des 19. Jahrhunderts, die Figuren sind u.a. übersinnliche Gestalten und Geister, deren Fähigkeiten die Möglichkeiten menschlichen Handels übersteigen. Entsprechend nachvollziehbar ist das Interesse der Kinobesucher, sich gerade diese fantastische Welt, die für 3D-Filme grundsätzlich nicht unüblich ist, auch in der 3D-Variante des Films anzusehen. Damit einher geht die Erwartung, die Filmhandlung möge in 3D realistischer aussehen. Hier ist ein Aspekt genannt, der auch in den folgenden Studien des dokumentierten Projektes immer wieder zum Tragen kommt und auch durch vorhergehende Studien der empirischen 3D-Forschung bestätigt wird (vgl. Kapitel 3). Mehr als 70 Prozent der Befragten geben zudem an, sie seien grundsätzlich an 3D-Effekten interessiert. Damit gehören sie zu einem Teil des Publikums, bei dem technisches Interesse und die neuartige Umsetzung der Stereoskopie sicherlich ein weiteres grundlegendes Motiv für den 3D-Kinobesuch gewesen sein dürften.

Darüber hinaus spielen affektive Motive der Filmrezeption für die befragten Besucher eine Rolle, die eng mit Narration, Dramaturgie und Ästhetik des Films verbunden sind. So gehen 70,9 Prozent der Befragten davon aus, die 3D-Version sei aufregender und verbinden damit wohl ein höheres persönliches Erregungsniveau, das auf das Zusammenspiel von 3D-Effekten und der dramaturgischen Filmgestaltung zielt. Mit insgesamt 67,5 Prozent nehmen zwei Drittel der Befragten an, der Film sähe in 3D schöner aus und beziehen sich damit auf emotionales Filmerleben im Zusammenspiel von Dreidimensionalität und Filmästhetik; 66,1 Prozent meinen, der 3D-Film sei sicherlich spannender, womit nochmals der affektive Aspekt des Filmerlebens mit Blick auf die Dramaturgie angesprochen ist. Der 3D-Effekt findet aus Sicht der Zuschauer hier nicht nur seine Bestätigung als filmstilistisches Mittel. Der 3D-Film scheint zudem in der Lage zu sein, das immersive Potenzial des Films auf unterschiedlichen Ebenen seiner Gestaltung zu intensivieren. Aufseiten der Rezeption schließen die Aussagen an das im Rahmen der Uses-and-Gratifications-Forschung formulierte Escape-Konzept an (vgl. Katz/Foulkes 1962), wonach die Medien eine besonders gute Möglichkeit bieten, den Alltag zu vergessen und dem Zuschauer Gelegenheit verschaffen, in die mediale Welt, hier des Kinos, einzutauchen.

Neben dem technischen Interesse sind es damit affektive und somit emotionale Motive des Filmerlebens, welche die Erwartung der Zuschauer an den 3D-Film maßgeblich mitbestimmen. Die Wahrnehmung des Films als immersives Erlebnis findet sich hier bestätigt, und eben diese wird aus Sicht des Zuschauers durch den 3D-Effekt intensiviert – zumindest in seiner Erwartungshaltung und seiner subjektiven Nutzenerwartung. Eher nachrangig waren für den Zuschauer solche Motive, die mit einer größeren Empathie gegenüber der Filmhandlung und deren Protagonisten verbunden sind. Die Hälfte der Befragten ging davon aus, sie könnten sich bei einem 3D-Film besser in die Handlung hineinversetzen und lediglich 20,9 Prozent erwarteten, sich bei einem 3D-Film besser in die Figuren hineinversetzen zu können. Für parasoziale Prozesse scheint der 3D-Effekt in der Erwartung der befragten Kinogänger somit eher nachrangig zu sein.

Und auch soziale Beweggründe gelten nicht primär als Motivator für den 3D-Kinobesuch. So fühlt sich ein knappes Drittel der Befragten zum Filmbesuch motiviert, um sich mit anderen darüber zu unterhalten. Entsprechend sind 28,7 Prozent der befragten 3D-Kinogänger dem Rat Gleichgesinnter gefolgt und haben sich den Film auf Empfehlung von Freunden angesehen. Wenn soziale Gründe auch nicht hauptsächlich zum Ansehen eines 3D-Films im Jahr 2009 geführt haben, so zeigen die Werte dennoch, dass der neuartige 3D-Effekt durchaus als Gesprächsstoff unter Kinointeressierten taugt und entsprechend wahrgenommen wird. Der Aspekt, sich auszukennen, mitreden zu können und im Freundeskreis etwas zur gemeinschaftlichen Diskussion beizutragen, ist ein Grund für die Auswahl des Filmes in seiner dreidimensionalen und nicht in seiner zweidimensionalen Form.

Lediglich vier Personen konnten weitere Beweggründe für die Filmauswahl ausmachen, die nicht in der vorgegebenen Itemliste erwähnt waren. So hat sich eine Person den Film angesehen, weil sie im Kino arbeitet, eine weitere nahm den erwarteten Überraschungseffekt als besonders reizvoll wahr und zwei Personen sind schlicht einer Einladung gefolgt. Die geringe Anzahl der Einträge spricht dafür, dass die gewählten Items offensichtlich erschöpfend waren und die mögliche Spannbreite der Rezeptionsmotive abgedeckt ist. Die oben aufgestellte Hypothese, nach der affektive, soziale und kognitive Motive bei der Entscheidung für die 3D-Version eine Rolle spielen, kann damit als bestätigt angesehen werden, wenn auch nicht alle Motive in gleicher Weise Zustimmung erfahren. So sind Ende 2009 vor allem kognitive Motive für die Auswahl leitend, die sicherlich auf die Novität der Darstellungsform in nunmehr massentauglicher und qualitativ hochwertiger Weise zurückzuführen sind. Auch spielen affektive Motive eine Rolle, mit denen die narrative, dramaturgische und ästhetische Einbindung des Effektes verbunden ist. Soziale Motive erscheinen demgegenüber vergleichsweise nachrangig.

4.2.1.2.3 Bedürfniskomponenten

In den vorangegangenen Ausführungen konnte der Grad der Zustimmung zu den einzelnen Items aufgezeigt werden. Unterschiedliche Motive für den Besuch eines 3D-Films wurden abgefragt. Dabei zeigte sich, ob und mit welcher Intensität sich die einzelnen Motive des 3D-Kinobesuchs in den Antworten der Befragten widerspiegeln. Im Folgenden geht es nun darum, über das univariate Verfahren hinausgehend zu fragen, inwieweit sich die einzelnen Items, die mit Blick auf die Motivation zur Filmauswahl abgefragt wurden, ihren korrelativen Beziehungen entsprechend in voneinander unabhängige Gruppen klassifizieren lassen. So kann angesichts der unterschiedlich gelagerten Motive angenommen werden, dass sich diese tatsächlich auch zu Gruppen zusammenfassen lassen, die inhaltlich unterschiedliche Bedürfniskomponenten abbilden. Die mögliche faktorielle Binnenstruktur der Motivation lässt sich mittels des Verfahrens der Hauptkomponentenanalyse prüfen. In deren Rahmen ist darüber hinaus festzustellen, wie die voneinander unterscheidbaren Motivlagen jeweils dimensioniert sind.

Nach dem Bartlett-Test auf Sphärizität wurde ein Chi-Quadrat-Wert von 395 mit einem Signifikanzwert von 0,000 ausgewiesen, was auf einer ersten Stufe die Eignung der zwölf Variablen für weitere Hauptkomponentenanalysen anzeigt. Das Kaiser-Meyer-Olkin-Maß der Stichprobeneignung bestätigte zudem mit einem Wert von 0,752, dass die gegebene Variablenauswahl für ein faktorenanalytisches Modell verwendet werden kann. Im Zuge der Analyse ergab sich als beste Rekonstruktion der Daten ein Modell mit drei Faktoren, auf dessen Grundlage insgesamt 58,4 Prozent der Varianz der den Analysen zugrunde gelegten Korrelationen aufgeklärt werden konnte.

Abbildung 14: Screeplot

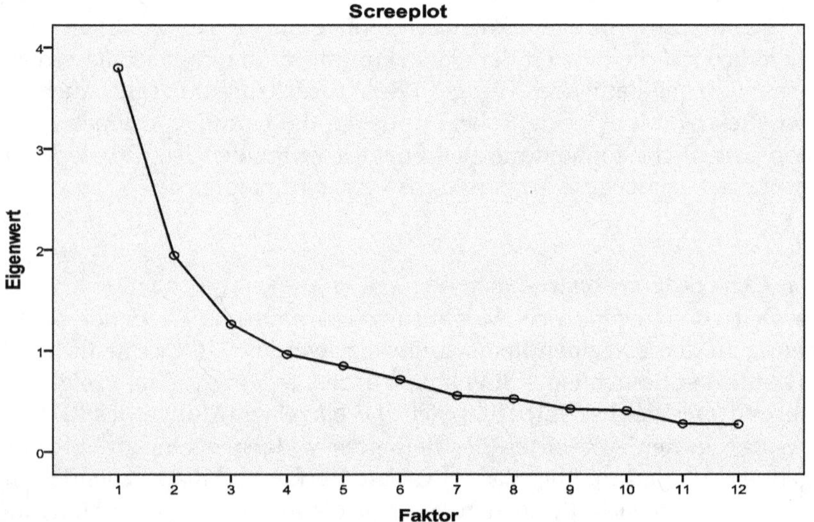

Durch die vorgegebenen Items konnten drei Bedürfniskomponenten ausgemacht werden, aufgrund derer sich die Zuschauer den Film in der 3D-Version und nicht in der 2D-Version angesehen haben. Demnach lassen sich unterschiedliche Motivationen erkennen, die den Kinobesuch leiten und die voneinander getrennt zu interpretieren sind (Tabelle 4).

Tabelle 4: Bedürfniskomponenten des 3D-Filmbesuchs (Faktorenanalyse)

Ich habe mich für einen 3D-Film entschieden, weil …	Affektive Motivation	Soziale Motivation	Kognitive Motivation
… ich mich in einen 3D-Film besser hineinversetzen kann	,80		
… Filme in 3D schöner aussehen	,67		
… die 3D-Version bestimmt spannender ist	,67		
… die Handlung durch 3D realistischer aussieht	,66		
… ich mich beim 3D-Film mit den Figuren besser identifizieren kann	,65		
… ich mir immer den neuesten Standard ansehe	,64		
… die 3D-Version bestimmt aufregender ist	,60		
… mir Freunde gesagt haben, ich solle mir den 3D-Film ansehen		,66	
… ich mich dann mit anderen über 3D-Filme unterhalten kann		,59	
… ich grundsätzlich an den technischen 3D-Effekten interessiert bin			,67
… ich neugierig war, wie 3D in diesem Film aussieht			,60

Hauptkomponentenanalyse: Vorgabe: 3 Faktoren, 58,4 Prozent erklärte Varianz.

Erstens ist eine affektive Komponente der Motivation zu erkennen, die zum Besuch des 3D-Films führt. Diese Komponente umfasst insgesamt sieben Items, die sich auf den subjektiven Erlebniswert des Films beziehen wie auch auf filmästhetische Erwartungen, die mit der Dreidimensionalität verbunden sind. Daraus lässt sich schlussfolgern, dass sich diejenigen, die einen hohen subjektiven Erlebniswert erwarten, auch durch 3D als filmstilistisches Merkmal einen Mehrwert bei der Filmrezeption versprechen. *Zweitens* ist es eine soziale Komponente der Motivation, die zum Besuch eines 3D-Films führt. Diese Komponente vereint die Items, »Ich sehe mir den Film an, weil mir Freunde gesagt haben, ich solle mir den 3D-Film ansehen« und »… weil ich mich dann mit anderen über 3D-Filme unterhalten kann«. Der 3D-Film spielt demnach, wie Filme im Übrigen ja grundsätzlich, eine Rolle in der Interaktion mit Freunden und Bekannten. Es ist davon auszugehen, dass 3D-Filme zudem aufgrund ihres Neuigkeitswertes in besonderer Weise als Gegenstand von Unterhaltungen taugen und ein gemeinsames Thema konstituieren, mit dem man sich Ende des Jahres 2009 auskennen sollte. Wer sich den Film aufgrund einer Empfehlung von Freunden ansieht, ist demnach ganz besonders geneigt, sich anschließend auch mit freundschaftlich verbundenen Personen darüber zu unterhalten. Die soziale Komponente des Kinobesuchs findet hier – neben der inhaltlichen und filmstilistischen Bezogenheit des kommunikativen Austauschs – nicht nur ihre Bestätigung, sie wird zudem um das Moment der technologischen Bezogenheit erweitert. *Drittens* ergibt sich eine kognitive Komponente der Motivation, die zum Besuch eines 3D-Films führt. Diese Komponente umfasst die Items »Ich habe mich für den Film entschieden, weil ich grundsätzlich an den technischen 3D-Effekten interessiert bin« und »... weil ich neugierig war, wie 3D in diesem Film aussieht«. In dieser kognitiven Motivation vereint sich das grundsätzliche Interesse für die neue Technologie mit der je spezifischen Form ihrer Ausprägung in dem entsprechenden Film. Es ist davon auszugehen, dass diese Motivation in besonderer Weise mit der Reflexion der technologischen Umsetzung zusammenhängt und den Möglichkeiten der filmischen Gestaltung. Wie auch bei der sozialen Motivation stellt der 3D-Effekt hier ein Alleinstellungsmerkmal für den Filmbesuch dar, der sicherlich auch auf dessen Neuigkeitswert zum Zeitraum der Befragung zurückzuführen ist. Jenseits filmstilistischer Feinheiten geht es zunächst einmal darum, das dreidimensionale Kino zu erleben und die Möglichkeiten des Machbaren technologisch auszuloten. Dabei mag der jeweilige Film eher nachrangig sein; es könnte auch eine andere Produktion sein, die zur Erfüllung der Rezeptionsbedürfnisse taugt.

In der Hauptkomponentenanalyse bestätigen sich damit die unterschiedlichen Komponenten der Motivation. Die jeweiligen Items weisen eine Binnenstruktur auf, in der sich affektive, soziale und kognitive Beweggründe widerspiegeln. Perspektivisch ist davon auszugehen, dass sich der 3D-Film künftig nicht allein auf die kognitive und die soziale Motivation seiner potenziellen Zuschauer verlassen kann. Vor allem diese beiden Bedürfnislagen dürften auf der Neuheit des technologischen Effektes basieren, seiner massenhaften Verbreitung und sicherlich auch seiner massiven Bewerbung. Auf Dauer kann das technologische Interesse jedoch schnell befriedigt werden. Wer mehrere Filme gesehen hat, weiß, was möglich ist. Sollte sich 3D im Kino etablieren, wird die Einbindung des 3D-Effektes als filmstilistisches Mittel künftig immer stärker den Mehrwert bestimmen, den der Zuschauer aus dieser Form der Darstellung zieht. Der Film muss den Eigenwert der dreidimensionalen Darstellung erkennen und herausstellen, um an die affektiven Bedürfnisse des Zuschauers zu appellieren. Die Daten weisen darauf hin, dass es vor allem affektive Bedürfnisse sind, die tragfähig leitend sein werden und die den intertechnologischen Vergleich aus Sicht der Zuschauer zugunsten des 3D-Films entscheiden. Dass die beiden Items, welche die kognitive Motivation bestimmen, eine besonders hohe Zustimmung vonseiten der Kinobesucher erfahren, macht die Herausforderung deutlich, mit denen das dreidimensionale Kino künftig konfrontiert sein wird. Technisches Interesse ist schnell zu befriedigen und wird auf Dauer kaum leitend sein für den Kinobesuch in 3D.

4.2.1.2.4 Allgemeine Mediennutzung

Um das Interesse für den dreidimensionalen Film in einen größeren Kontext der Mediennutzung einzuordnen, wurden die Kinobesucher schließlich zu ihrer Nutzung weiterer Medien befragt. Dabei zeigte sich, dass die befragten 3D-Kinobesucher hierin zumindest in ihren Prioritäten dem Bevölkerungsdurchschnitt so weit entsprechen, als sie die meiste Zeit dem Fernsehen widmen, gefolgt von Hörfunk und Internet (vgl. ARD/ZDF-Onlinestudie 2010). Eben diese Rangfolge weist auch die ARD/ZDF-Onlinestudie für das Jahr 2009 aus; die 3D-Kinobesucher fallen also mit ihren Prioritäten nicht durch eine besonders eigenwillige Mediennutzung auf.

Auffallend ist hingegen der ausgesprochen hohe Wert für die Nutzung des Internets, wie er sich in der Befragung darstellt. So nutzen über 77 Prozent der Befragten das Internet täglich oder mehrmals in der Woche. Nimmt man diejenigen hinzu, die mehrmals im Monat im Netz surfen, kumuliert sich der Wert auf 83,7 Prozent. Die ARD/ZDF-Onlinestudie zeigt demgegenüber, dass 64,7 Prozent der gesamten Bevölkerung »innerhalb ›der letzten vier Wochen‹ auf das Internet zugegriffen haben« (van Eimeren/Frees 2009: 335). Auf den ersten Blick weisen die Zahlen die Kinobesucher damit als besonders internetaffine Gruppe aus. Andererseits ist zu berücksichtigen, dass es sich bei den befragten Kinobesuchern um eine überdurchschnittlich junge Population handelt, bei der die unter 50-Jährigen im Vergleich zur bundesdeutschen Bevölkerung deutlich überrepräsentiert sind. So haben auch 90,9 Prozent der 20- bis 29-Jährigen in der Gesamt-Bevölkerung das Internet 2009 innerhalb der letzten vier Wochen genutzt, bei den 30- bis 39-Jährigen sind es 85,4 Prozent, bei den 14-bis 19-Jährigen sogar 95,5 Prozent, womit gerade die jungen Mediennutzer als onlineaffin bestätigt sind. Die überdurchschnittliche Nutzung des Internets in der befragten Stichprobe ist damit relativiert.

Abbildung 15: »Wie häufig gehen Sie in Ihrer Freizeit den folgenden Medienbeschäftigungen nach?« (Angabe »täglich/mehrmals in der Woche«)

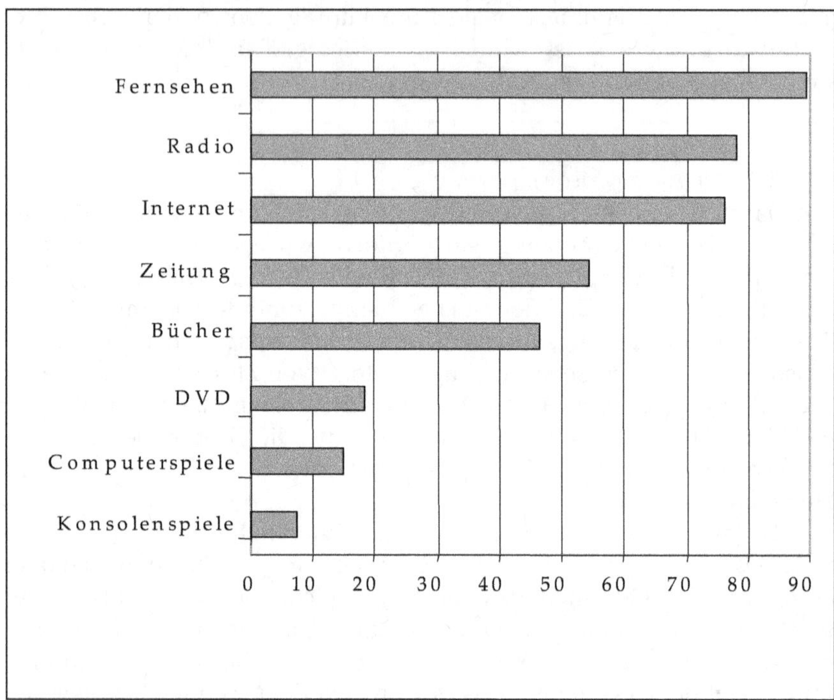

Angaben in Prozent, n = 157.

Für die – im Vergleich zur bundesdeutschen Gesamtbevölkerung – recht junge Altersgruppe der befragten Kinobesucher erscheint die Priorität der Spielenutzung hingegen vergleichsweise durchschnittlich: 15,2 Prozent geben an, täglich bzw. mehrmals in der Woche Computerspiele zu spielen. Addiert man diejenigen hinzu, die mehrmals im Monat spielen, so steigt der Wert auf 31,1 Prozent an. Knapp ein Drittel der Befragten kann angesichts dieser Daten als Computerspieler bezeichnet werden, ungeachtet der Intensität ihrer Nutzung. Dem stehen die Daten der GfK für das Jahr 2000 gegenüber, wonach 21 Prozent der Kinobesucher des Untersuchungsjahres häufig, nämlich mindestens einmal in der Woche

Computerspiele spielen (Neckermann 2001: 518). Dabei ist angesichts des Alters der Umfrage davon auszugehen, dass sich dieser Wert in den vergangenen Jahren deutlich gesteigert haben dürfte. Obgleich Frauen, die grundsätzlich eher seltener am PC spielen, in der Gruppe der befragten Kinobesucher überrepräsentiert sind, lässt sich festhalten, dass die Kinobesucher der vorliegenden Studie – gemessen an ihrer Altersgruppe – insgesamt keine überdurchschnittlich hohe Affinität zu Internet und PC-Spielen aufweisen. Die dritte Hypothese, nach der der 3D-Kinobesuch mit einer ausgeprägten Nutzung Neuer Medien korreliert, lässt sich für die untersuchte Stichprobe so nicht aufrechterhalten. Diese Aussage wird auch durch die oben getätigte Feststellung gestärkt, nach der sich nur ein knappes Drittel der Befragten nach eigenen Aussagen immer den neuesten Stand der Technik im Kino ansieht.

4.2.2 3D-Nutzen im Inter-Genre-Vergleich

Wie in Kapitel 4.1 dargestellt zeigte die im März 2009 in Deutschland durchgeführte repräsentative Umfrage (vgl. auch Wegener/Jockenhövel 2009), dass in der Bevölkerung mehrheitlich ein Interesse an 3D besteht. Die Umfrage machte zudem klare Genrepräferenzen bei dreidimensionalen Filmen deutlich, die auch von anderen wissenschaftlichen Studien bestätigt werden (vgl. Kapitel 3). Vor allem Action-, Science-Fiction- und Animationsfilme stehen in der Gunst des 3D-interessierten Publikums vorne. Bei Horror-, Erotik, Tanz- und Musikfilmen ergaben sich erwartungsgemäß geschlechtsspezifische Differenzen. So sprachen sich die männlichen Befragten stärker für Horrorstreifen und Erotikfilme in 3D aus, Frauen hingegen präferierten den Tanz- und Musikfilm.

Sieht man sich das tatsächliche Angebot an 3D-Kinofilmen für die Jahre 2009 und 2010 an, so zeigen sich eindeutig Schwerpunkte in der Genreauswahl, sodass sich bei Weitem nicht alle möglichen Genres in dreidimensionaler Aufbereitung finden und sich auch rein quantitativ das Angebot auf wenige Sparten beschränkt. Auffällig ist vor allem die Anzahl von Animationsfilmen im Bereich des Family Entertainments (u.a. MONSTERS VS. ALIENS, OBEN, ICE AGE 3, WOLKIG MIT AUSSICHT AUF FLEISCHBÄLLCHEN), mit der Kinder und Erwachsene gleichermaßen als Zuschauer angesprochen werden. Auf der anderen Seite finden sich immer wieder Horrorfilme (MY BLOODY VALENTINE 3D, FINAL DESTINATION 4, PIRANHA

3D, HUMPTY DUMPTY 3D, SAW VII), die allein durch ihre jeweiligen Altersbeschränkungen die Zielgruppe eingrenzen. Hinzu kommen Blockbusterproduktionen wie AVATAR, ALICE IM WUNDERLAND, KAMPF DER TITANEN sowie HARRY POTTER UND DIE HEILIGTÜMER DES TODES, TEIL 2, Musikfilme (STREETDANCE 3D, STEP UP 3D) und primär auf Kinder ausgerichtete Produktionen wie G-FORCE oder DRACHENZÄHMEN LEICHT GEMACHT.

Im folgenden Abschnitt soll nun der Einsatz dreidimensionaler Effekte nach unterschiedlichen Genres differenziert werden. Dabei geht es um die Bewertung der dreidimensionalen Darstellung durch den Zuschauer in unterschiedlichen Filmgenres sowie ferner um den subjektiv wahrgenommenen Mehrwert, den die Zuschauer tatsächlich aus der jeweiligen dreidimensionalen Umsetzung ziehen. So stellt sich die Frage, ob es aus Sicht der Zuschauer eine genrespezifische Umsetzung des 3D-Effektes im Film gibt und welche Aufmerksamkeit diese von den Kinobesuchern erhält. Daran schließen Fragen zur Bewertung des 3D-Effektes in den verschiedenen Genres an. Wesentlich ist in diesem Zusammenhang zudem, anhand welcher Kriterien eben diese Bewertung erfolgt. Schließlich ist zu analysieren, in welcher Weise sich diese Bewertungen des 3D-Effektes im Hinblick auf unterschiedliche Genres voneinander unterscheiden. Im Sinne des Uses-and-Gratifications-Ansatzes geht es darum, die durch den zusätzlichen 3D-Effekt erhaltenen Gratifikationen nachzuzeichnen und herauszufinden, ob es aus Sicht der Zuschauer möglicherweise Genres gibt, in denen sich dreidimensionale Effekte eher »lohnen« als in anderen Genres, ob sich somit eine »Genrekompatibilität« des 3D-Kinos herausarbeiten lässt. So treten unterschiedliche Genres in ihrer dreidimensionalen Umsetzung in Konkurrenz zueinander und werben um solche Zuschauer, die grundsätzlich an dem jeweiligen Genre oder am 3D-Effekt interessiert sind. Der Mehrwert, den die dreidimensionale Umsetzung dem Publikum bietet, kann dabei als eine zusätzliche Gratifikation verstanden werden.

4.2.2.1 Family Entertainment und im Horrorfilm

Die folgenden Analysen zum Genrevergleich sollen anhand der in ihren Zielgruppen höchst differenten Genres »Family Entertainment« und Horrorfilm« erfolgen. Die Gegenüberstellung dieser Genres erlaubt Aufschlüsse über die Bewertung von 3D vor einem konkreten Genrehintergrund. Anhand eines Vergleichs dieser für das 3D-Kino durchaus dominanten Genres lässt sich beurteilen, auf welche Weise 3D in spezifischen Genres und Narrationszusammenhängen vom Publikum wahrgenommen und legitimiert wird. Statt alle Filmgattungen gleichermaßen zu betrachten, ergeben sich so Vergleichsmöglichkeiten für die Genres, die im Jahr 2009/2010 den 3D-Filmmarkt prägten, die vom Publikum angenommen werden und auch künftig sicherlich im 3D-Kinomarkt eine besondere Rolle spielen werden. Zudem werden damit zwei Genres gegenübergestellt, die eine dramaturgisch unterschiedliche Einbindung des 3D-Effektes nahelegen und von heterogenen Publika rezipiert werden.

Das Horrorfilmgenre nutzte bereits in den 1950er-Jahren dreidimensionale Effekte, um Zuschauer in Angst und Schrecken zu versetzen. Es lassen sich einige B-Horrorfilme in der 3D-Welle der 1950er-Jahre finden wie zum Beispiel HOUSE OF WAX oder CREATURE FROM THE BLACK LAGOON. Auch in der kurzen Produktionsphase von 3D-Filmen in den 1980er-Jahren entstanden wiederum 3D-Horrorfilme wie FRIDAY THE 13TH PART III und JAWS 3-D. In den 1990er-Jahren entwickelte sich das Horror-Genre an sich mit dem Erfolg der »Scream«-Reihe zunehmend hin zum Slasher-Film, in dem ein Serienmörder im Mittelpunkt steht. Unter dem Einfluss der erfolgreichen »Saw«-Reihe wiederum, deren siebter Teil 2010 in 3D in die Kinos kam, nahm das Genre eine Wendung hin zu drastischeren Gewaltdarstellungen, was zur Bezeichnung als *torture-porn*-Filme (vgl. Edelstein 2006) führte. Häufig stehen hier sadistische Gewaltdarstellungen im Mittelpunkt der Handlung. Die beiden hier für die Rezeptionsanalyse ausgesuchten Filme weisen in diesem Sinne sowohl Elemente des Slasher-Films (eher MY BLOODY VALENTINE) als auch des *torture porn* (eher FINAL DESTINATION 4) auf.

Für die Affinität zwischen dreidimensionalen Darstellungen und dem Horrorfilm lassen sich sowohl ästhetische als auch narrative Gründe anführen, die neben den historischen eine Rolle spielen.[31] Auf ästhetischer Ebene wendet Robnik (2008) Walter Benjamins Begriff der »taktilen Wahrnehmung« explizit auf *body genres* und insbesondere den Horrorfilm mit seinen »Bildern, die uns schock- oder projektilhaft zustoßen« (ebd.: 123) an. Wie Crary dem »erwünschten Effekt des Stereoskops

31 Geht man über die Anfänge der Filmgeschichte hinaus, lassen sich erstaunliche Parallelen zwischen heutigen Horrordarstellungen und frühen Laterna-magica-Vorführungen zeigen, bei denen es auch um das Erzielen von Schockeffekten ging. Diese wurde unter anderem durch bewegliche Projektoren erreicht, um den Eindruck eines näher kommenden Objekts zu erzielen – ganz wie in der 3D-Darstellung (vgl. Grau 2007: 143-145).

nicht nur Naturähnlichkeit, sondern unmittelbar scheinbare *Greifbarkeit*« (1996: 128, Herv. i.O.) attestiert, so geht auch die »Taktilität von Horrorfilmbildern [auf] eine emphatisch *verkörperte* Filmwahrnehmungsweise« zurück (Robnik 2008: 125, Herv. i.O.). Schockwirkungen oder ein Gefühl von Enge und Klaustrophobie können ebenso aufgrund des Spiels mit Nähe und Distanz im 3D-Film und dem daraus resultierenden Taktilitätsempfinden zu einem wirksamen narrativen und ästhetischen Mittel im stereoskopischen Film werden.

Gleichzeitig ist es das Ziel der meisten Horrorfilme, emotionale Reaktionen beim Publikum hervorzurufen, etwa Angst- oder auch Lustempfinden, dies aber in einem kontrollierten Umfeld zu vermitteln: »Angst wird erzeugt, dann kontrolliert« (Giles 1984: 39). In keinem anderen Genre außer dem Melodram erfolgt ein ähnlich starker »viewing contract« (ebd.) zwischen den Zuschauern, die eben dieses Angstempfinden erwarten, und dem Film. Es ist davon auszugehen, dass dieser »viewing contract« insbesondere im Horrorfilm auf die stereoskopische Darstellung ausgedehnt und 3D in diesem Sinne als Mittel der Angsterzeugung verwendet werden kann. Wenn in Suspense-Situationen jederzeit die Möglichkeit besteht, dass der Film die ästhetische Grenze der Leinwand durchbricht und damit die Distanz zum Zuschauer nicht mehr respektiert, besteht die Möglichkeit gesteigerter Spannungs- bzw. Schockwirkungen. Die Gratifikation des modernen Horrorfilms liegt also weiterhin in »Spannung, Angst, Beklemmung, Sadismus und Masochismus« (Brophy 2000: 279).

Der Familienfilm hingegen kann nicht als in sich geschlossenes Genre bezeichnet werden. Vielmehr zeichnet er sich durch seine zielgruppenübergreifende Ansprache aus, die Kinder und Erwachsene gleichermaßen einschließt. Damit sind Themen und vor allem Darstellungen ausgeschlossen, die Kinder ängstigen könnten, Gewalt beinhalten oder zu einer sozialethischen Desorientierung führen. Die Definition des Family-Entertainments erfolgt über narrative, visuelle und konzeptuelle Strategien, die auf unterschiedliche Genres abzielen können (vgl. Wegener 2011). Das Drama ist hier ebenso denkbar wie eine Komödie oder ein Dokumentarfilm. Dass sich Elemente des Horror-Films hier hingegen verbieten, ist konstitutiv für die anvisierte Spannbreite der Altersgruppe. Wesentlich für die Filme des Family-Entertainments ist die Mehrschichtigkeit der Handlungsperspektiven, durch die Identifikationsangebote für ein heterogenes Publikum geschaffen werden. Zusätzlich zeichnen sich solche Filme häufig durch den Einsatz von Humor aus, der Sprachwitz und Slapstick gleichermaßen impliziert. Die Opulenz der Bilder beeindruckt durch intensive Farbgebung häufig die jüngeren Zuschauer, intertextuelle Verweise können hingegen nur von Kinobesuchern mit Film- und Fernseherfahrung entschlüsselt werden. Im Gegensatz zum Horrorfilm lässt sich aus den Merkmalen des Family-Entertainments keine explizite narrative oder dramaturgische Funktion des 3D-Effektes ableiten. Vielmehr handelt es sich um ein Spiel mit der überwiegend jungen Zielgruppe, womit sich 3D vor allem auf seine Effekthaftigkeit konzentrieren dürfte. Die Absichten des Horrorfilms, die in der Schockwirkung sowie dem Spiel mit Nähe und Distanz liegen, schließen sich für den Familienfilm in dieser Form aus. Hier wird eher ein spielerischer Umgang mit 3D gesucht, in dem es aus Produzentensicht vielmehr darum gehen muss, mehrere Generationen für den Film zu begeistern und dabei vor allem auch die Rezeptionsbedürfnisse der jüngeren Zuschauer zu bedienen (vgl. Kapitel 4.3).

Entsprechend dieser unterschiedlich konstituierten Genres ist zu erwarten, dass auch die Beurteilung des Effektes durch das Publikum in den je spezifischen Kontexten unterschiedlich ausfallen wird. So ist zu fragen, ob 3D-Effekte aus Sicht der Zuschauer eher für ein spezifisches Zielpublikum mit besonderem Interesse am Nervenkitzel geeignet sind, ob sie massentauglich sind und vom überaus heterogenen Publikum des Family Entertainments akzeptiert werden oder ob ein Mehrwert unabhängig vom jeweiligen Genre entsteht, der sich aus einer spezifischen narrativen und dramaturgischen Einbindung des dreidimensionalen Effektes ergibt.

Im Sinne des Uses-and-Gratifications-Ansatzes ist davon auszugehen, dass von den Zuschauern an die Rezeption eines Horrorfilms andere Erwartungen und Bedürfnisse gestellt werden als an Filme aus dem Bereich Family Entertainment. Der Ansatz beschäftigt sich mit der Frage, warum welche Medien von Menschen bewusst gewählt werden, um bestimmte Bedürfnisse zu erfüllen. Das Publikum wird dabei generell als aktiv angesehen. Im klassischen Uses-and-Gratifications-Ansatz werden die Bedürfnisse und Erwartungen mit der Medienauswahl abgeglichen. »Der Rezipient stellt bei gegebenen psychischen Dispositionen und sozialen Rollen Erwartungen an die Massenmedien« (Schenk 2007: 681). Der Erwartungsbegriff wurde im Rahmen des Uses-and-Gratifications-Ansatzes konzeptualisiert.

> »Verhalten bzw. Verhaltensabsichten […] ergeben sich demnach 1. als Funktion einer *Erwartung* (oder Vorstellung) – d.i. die Wahrscheinlichkeit, dass ein Objekt eine bestimmte Eigenschaft besitzt […] und 2. [aus] einer *Bewertung* – der Stärke einer affektiven Einstellung, positiv oder negativ, gegenüber dieser Eigenschaft« (ebd.: 692).

Der Uses-and-Gratifications-Ansatz ist keine einheitliche Theorie, sondern wurde fortlaufend ergänzt. So wurden die Bedürfnisse auf der Rezipientenseite ausdifferenziert und Rückwirkungen der Gratifikationen auf die Rezipienten berücksichtigt. Im GS/GO-Modell[32] werden die erwarteten und die tatsächlichen Gratifikationen getrennt und so vergleichbar. Da es sich bei 3D-Filmen für die heutige Kino-Generation um ein neues Filmerleben handelt, spielen die erwarteten und die tatsächlich eingetroffenen Gratifikationen – sowie die Spannung zwischen beiden – in der Auswertung eine hervorgehobene Rolle. Die Diskrepanz zwischen erwarteten und eingetroffenen Gratifikationen entscheidet letztendlich darüber, welche Gratifikationsangebote die Rezipienten bei der nächsten Entscheidungsfindung wählen werden. So werden sie eher solche wählen, die den erwarteten Gratifikationen entsprechen, es sei denn, die Erwartungen werden durch die Medienrezeption selbst verändert und den Inhalten entsprechend modifiziert.

Im Rahmen der verschiedenen Ansätze der Uses-and-Gratifications-Forschung ist die im Folgenden dokumentierte Forenanalyse zunächst in Anlehnung an eine medienvergleichende Analyse (Intermediavergleich) zu klassifizieren.

> »Diese Forschungsrichtung zeigt auf, welche kommunikative Leistung die verschiedenen Medien […] für die Rezipienten erbringen, d.h. auch, welche Bedürfnisse diese Medien aus der Perspektive ihrer Nutzer befriedigen« (ebd.: 696f.).

Dabei bezieht sich der Vergleich hier allerdings nicht auf zwei unterschiedliche Medien, sondern auf unterschiedliche Genres, die den Zuschauern im selben Medium und in derselben technologischen Umsetzung zugänglich gemacht werden. Der Intermediavergleich stellt sich hier in einer spezifischen Umformulierung als Inter-Genre-Vergleich dar. Dieser erfolgt nicht aus der Perspektive einer Nutzergruppe, sondern aus Sicht unterschiedlicher Publika, die das jeweilige Genre im Kontext ihrer jeweiligen Rezeptionserfahrungen bewerten. Der Mehr-

32 Gratification Sought/Gratification Obtained (vgl. Schenk 2007).

wert des 3D-Effektes für ein spezifisches Genre lässt sich auf diese Weise nachzeichnen und im Vergleich bewerten.

4.2.2.2 *Methode*

Die Analyse der Bewertung von 3D-Effekten in unterschiedlichen Genres soll anhand einer Forenanalyse durchgeführt werden. Die Untersuchung von Onlineforen stellt eine Möglichkeit dar, Aussagen von Zuschauern zu analysieren, die sich bereits mit dem Gegenstand – hier: dreidimensionalen Kinofilmen – auseinandergesetzt haben und die bereit sind, sich zu ihren Erfahrungen zu äußern. Gleichwohl ist den Forschern bewusst, dass die Gruppe der Untersuchten damit tendenziell auf einen spezifischen Personenkreis eingeschränkt ist. So handelt es sich bei den Nutzern von Onlineforen in der Regel um jüngere Personen, die den Neuen Medien grundsätzlich sehr offen gegenüberstehen (vgl. van Eimeren/Frees 2010). Entsprechend werden auch Gesprächsforen und Newsgroups vorwiegend von Jüngeren genutzt; die ab 30-Jährigen nehmen diese Dienste deutlich seltener in Anspruch (vgl. Fisch/Gscheidle: 361). Gerhards et al. (2008) weisen zudem darauf hin, dass Nutzer von Web 2.0-Diensten überwiegend männlich sowie überdurchschnittlich gebildet sind (vgl. Gerhards et al. 2008: 134f.). Zudem sind Forenteilnehmer sowohl produzierende als auch kommunizierende Nutzer (vgl. ebd.: 137) und können hier in Anlehnung an Gerhards et al. als »spezifisch Interessierte« bzw. »Infosucher« klassifiziert werden (vgl. ebd.: 137).

Auch wenn quantitative Studien allgemeine Aussagen über Onlinenutzer erlauben, bieten konkrete Untersuchungen ausgewählter Onlineforen, anders als in den klassischen Erhebungen der Sozialforschung wie beispielsweise dem Leitfadeninterview, kaum Informationen über die Textproduzenten. Eine Einordnung etwa nach Alter, Bildung oder in vielen Fällen auch nach Geschlecht entfällt damit (vgl. Dresing/Kuckartz 2007: 145). Stattdessen kann sich aus der Analyse verschiedener Beiträge eines Forennutzers oder einer Forennutzerin ein Spektrum der Interessen dieses Nutzers oder dieser Nutzerin ergeben, wie Schenk et al. (2008) betonen, da auch »Produkte, Marken und Konsumerlebnisse [...] oftmals Thema von Beiträgen in Blogs und Foren [sind]. Diese Informationsfülle kann wertvolle Aspekte für die Forschung enthalten« (Schenk et al. 2008: 244). Die Anonymität eines Internetforums kann dabei auch als Vorteil gewertet werden, wenn sie dazu führt, dass sich die Nutzer unbefangener äußern, als sie dies in einem direkten Gespräch tun würden, da Menschen hier »räumlich entgrenzt in Kontakt [treten] und sich annähernd synchron oder asynchron« (Schuegraf/Meier 2005: 425), also zeitgleich oder nicht, austauschen.

Methodisch ist festzuhalten, dass die Forenanalyse keinem Einzelinterview gleichkommt, sondern eher mit einer Gruppenbefragung zu vergleichen ist, in der sich die Teilnehmer gegenseitig zur Aussage animieren und inspirieren. Entsprechend können die Mitglieder einer Kinoforenseite als Gemeinschaft verstanden werden, deren Mitglieder ähnlichen Interessen nachgehen und das Internet mit seinen Webforen zum Austausch und zur Diskussion nutzen. Auf diese Weise wird die Meinung einer Gruppe transparent, die auf den persönlichen Erfahrungen ihrer Teilnehmer beruht, die sich aber auch im Diskurs erst herausbilden und modifizieren kann. »Allgemeiner umschrieben wird unter einer Online-Gruppe eine Gruppe von Menschen verstanden, die computervermittelte Kommunikationsmedien benutzen, um miteinander als Gruppe durch das Internet [...] Nachrichten zu wenigstens einem gemeinsamen Thema auszutauschen« (Matzat 2005: 175). Webforen können auch als Ad-hoc-Gruppen verstanden werden, die sich gleichzeitig durch den Zusammenhalt über ein Thema sowie Ungebundenheit bzw. Flüchtigkeit ausdrücken. Bezogen auf das Internet werden diese als computergestützte Ad-hoc-Gruppen oder virtuelle Gruppen bezeichnet (Schelske 2007: 114).

Die Auswahl der Foren für die Analyse stellt einen bewussten Prozess dar (Schuegraf/Meier 2005: 428). So wurde auch im Rahmen der hier dokumentierten Studie gezielt nach solchen Kino- und Filmforen gesucht, in denen Forenteilnehmer über 3D-Filme und deren Effekte diskutieren. Insgesamt wurden 15 Kino-Internetseiten bzw. Filmforen in die Analyse einbezogen.[33] Wesentlich für die Aufnahme in die Analyse war die Thematik der Foren bzw. der Webseiten. Diese sollten primär die Themen Film und Kino zum Inhalt haben. Die Forensuche und -auswahl erfolgte aufgrund ihrer hohen Benutzerzahlen, durch Verlinkung untereinander, durch ihre Medienpräsenz (z.B. Cinema.de, Heise.de) sowie durch Recherche durch Internet-Suchmaschinen. Es ist davon auszugehen, dass auf diese Weise die 15 wichtigsten filmbezogenen

33 Die 15 Webforen sind im Einzelnen: Kino.de, Filmstarts.de, Zelluloid.de, Kinoforen.de, Filmvorführer.de, Heise.de, Cinema.de, Ounow.ch, Stereoforum.de, Moviemaze.de, Gemeinschaftsforum.com, Tweaker.ch, Hifi-Forum.de, Moviereporter.net, Filmmag.de.

Seiten – gemessen an der Anzahl ihrer Diskussionsteilnehmer und ihrer öffentlichen Beachtung – im deutschsprachigen Raum aufgenommen werden konnten. Entscheidend für die Aufnahme eines Kommentars oder eines Threads in die Analyse war, dass der Beitrag aus dem nichtredaktionellen Teil einer Webseite stammte. Dabei wurden nur solche Beiträge in die Auswertung aufgenommen, in denen die Diskussionsteilnehmer explizit auf den Einsatz von 3D Bezug nahmen. Beiträge, die sich nur mit der 2D-Version eines Films beschäftigten, blieben unberücksichtigt. Vonseiten der Forscher wurden keine Impulse gesetzt oder Fragen gestellt, womit die Erhebung als non-reaktiv bezeichnet werden kann.

Alle 15 Webseiten wurden im Zeitraum vom 20. August 2009 bis zum 24. Februar 2010 systematisch nach Beiträgen zum Thema 3D durchsucht. Sofern eine Suchfunktion zur Verfügung stand (teilweise nur nach Anmeldung), wurde zunächst über die automatische Suche nach den im Jahr 2009 angelaufenen Filmen recherchiert,[34] um über die Gesamtzahl der Beiträge die Forschungsfrage nach der Akzeptanz und der Bewertung des 3D-Effektes zu präzisieren. Nach unseren Suchkriterien fanden sich 290 Beiträge mit 3D-Bezug. Stand keine automatisierte Suche zur Verfügung, wurden die einzelnen Begriffe manuell in den Foren gesucht.

In einer explorativen Sichtung des Materials kristallisierte sich die Gegenüberstellung der Genres Family Entertainment und Horrorfilm als lohnende Auswertungsstrategie heraus, sodass die Forschungsfrage im Weiteren eingegrenzt werden konnte. Mit ICE AGE 3 und OBEN auf der einen Seite, MY BLOODY VALENTINE 3D und FINAL DESTINATION 4 auf der anderen Seite, boten sich vier Filme für einen Genre-Vergleich an, auf die sich die weiteren Analysen bezogen. Ausschlaggebend für den Vergleich war die Anzahl der gefundenen Beiträge, mit denen sich die Popularität beider Genres zum Zeitpunkt der Analyse bestätigte. So konnten zu ICE AGE 3 51 Forenbeiträge gefunden werden, die sich auf den 3D-Effekt bezogen, zu OBEN 40 Beiträge, zu FINAL DESTINATION 4 45 Beiträge und zu MY BLOODY VALENTINE 3D 61 Beiträge. Ferner sprach die Heterogenität beider Genres für einen Vergleich, die einen unterschiedlichen Einsatz des 3D-Effektes impliziert (s.o.).

34 Suchbegriffe: BOLT, DIE REISE ZUM MITTELPUNKT DER ERDE, MONSTERS VS. ALIENS, MY BLOODY VALENTINE 3D, CORALINE, FINAL DESTINATION 4 und OBEN sowie als Sammelbegriff »3D«.

Die Auswertung der Beiträge erfolgte genrebezogen entsprechend dem Ablauf der qualitativen Inhaltsanalyse (vgl. Mayring 1994). Sie beansprucht keine Repräsentativität. Vielmehr ist es ihre Absicht, explorativ einen ersten Einblick in die genrebezogene Bewertung dreidimensionaler Effekte zu erhalten und dabei in der hier beschriebenen Analyse folgende Fragen zu beantworten:

- Wie wird der 3D-Effekt in Bezug auf den jeweiligen Film bewertet?
- Welche Kriterien stellen die Forenteilnehmer in ihren Bewertungen heraus? Wie werden diese Bewertungen begründet?
- In welcher Weise unterscheidet sich die Bewertung des 3D-Effektes nach Genre, hier am Beispiel von Horrorfilmen und Filmen des Family Entertainments?

Die Auswertungen der Forenanalyse können nicht auf das Gros der Kinobesucher bezogen werden. Sie zeigen vielmehr, wie neue technologische Entwicklungen von Early Adopters aufgenommen und bewertet werden. Es besteht Grund zu der Annahme, dass diese Personen angesichts ihres Status als kommunikativ Informierte dazu beitragen, die Vor- und Nachteile des 3D-Kinos in breiter Öffentlichkeit zu diskutieren und so auch als Opinion Leader in weitere Zuschauerkreise wirken. Insgesamt können die Ergebnisse der Analyse von Forengemeinschaften und ihrer Bewertung dreidimensionaler Effekte im Film einen ersten Einblick in das neue Forschungsfeld geben und Gratifikationen aufzeigen, die Ausgangspunkt der weiteren 3D-Nutzung sein können. Darüber hinaus wird deutlich, wie 3D-Effekte in verschiedenen Filmen, die unterschiedlichen Genres zuzurechnen sind, vom Publikum bewertet werden, welche Erwartungen vonseiten des Publikums damit verbunden sind und welchen Mehrwert der 3D-Effekt im Kontext seiner narrativen und dramaturgischen Einbindung bietet.

4.2.2.3 *Ergebnisse*

Die Nutzer der ausgewerteten Internetforen haben eine Affinität gegenüber dem Medium Film oder zumindest eine ausgeprägte Meinung zu einem filmbezogenen Thema, wenn sie sich in einem Forum dazu äußern. Dies lässt sich auch aus der großen Anzahl von Beiträgen ableiten, die von den einzelnen Nutzern verfasst worden sind – nur wenige Forenteilnehmer haben sich lediglich einmal zu Wort gemeldet. Die Annahme von Schenk et al. (2008: 259) findet hier ihre Bestätigung, wonach »sich Schreiber in Internetforen und Blogs zu einem bestimmten Thema durch ein hohes Involvement, ein großes Interesse und breites Anwendungswissen auszeichnen«. Gleichzeitig ist eine große Affinität zu Neuen Medien insgesamt festzustellen, da sich die Forenteilnehmer gleichermaßen zu Computerspielen oder zum Heimkinobereich äußern, also solche technologischen Medien in die Diskussion einbeziehen, die auf eine aktive und immersive Mediennutzung schließen lassen.

Die für die Forenanalyse ausgewählten Genres verwenden die 3D-Ästhetik aus Sicht der Zuschauer auf unterschiedliche Art und Weise, und die Bewertungen des Publikums spiegeln dies wider.

4.2.2.3.1 *3D im Family-Entertainment*

ICE AGE 3: DIE DINOSAURIER SIND LOS startete am 1. Juli 2009 in den deutschen Kinos. Der computeranimierte Film war der fünfte Film, der im Jahr 2009 als 3D-Spielfilm in die Kinos kam und der dritte Animationsfilm. Die ersten beiden Teile der Reihe, die die Erlebnisse unterschiedlicher Tiere in der Eiszeit auf humorvolle Weise erzählen, waren in Deutschland Publikumserfolge. Sie konnten sieben Millionen (Teil 1) bzw. 8,7 Millionen Besucher (Teil 2) in den Kinos erreichen und spielten alleine in Deutschland 38 Millionen Euro (Teil 1) bzw. 48 Millionen Euro (Teil 2) ein. Die durch den erfolgreichen Start der Reihe gesetzten hohen Erwartungen konnte auch der dritte Teil erfüllen, den insgesamt 8,7 Millionen Besucher sahen. Nicht zuletzt aufgrund des 3D-Zuschlags spielte ICE AGE insgesamt 56 Millionen Euro in Deutschland ein.[35]

Neben ICE AGE 3 starteten 2009 eine Reihe weiterer Family-Entertainment-Filme, darunter OBEN von Disney/Pixar. Der Film erzählt von dem achtjährigen Russel, der sich auf einer ungewöhnlichen Reise mit dem kauzigen alten Senior Carl Fredriksen befreundet. Der will sich nach dem Tod seiner Frau den eigentlich gemeinsamen Lebenstraum erfüllen und auf eine Abenteuerreise nach Südamerika fahren. Da er aber in ein Altenheim abgeschoben werden soll, macht er sich mit seinem ganzen Haus, das er mithilfe von Luftballons flugfähig gemacht hat, auf die abenteuerliche Reise. Mit Russell als blindem Passagier hat

35 Vgl. http://www.mediabiz.de/film/firmen/programm/ice-age-3-die-dinosaurier-sind-los/106464 (27. 09. 2011)

er allerdings nicht gerechnet. Der Film war bei der Kritik äußerst erfolgreich. Jens Balzer (2009) schrieb etwa in der Berliner Zeitung: »Ein überaus intelligenter und komplex durchkonstruierter Film«. OBEN hatte insgesamt 2,9 Millionen Besucher[36] und damit deutlich weniger als ICE AGE 3. Dennoch war der Film international viel beachtet und im Jahr 2009 der erste Animationsfilm in der Geschichte des renommierten Filmfestivals in Cannes, der als Eröffnungsfilm gezeigt wurde. Ein Jahr später wurde OBEN als bester Animationsfilm mit dem Oscar prämiert.

Die Reaktionen in den Foren auf ICE AGE 3 und OBEN stellen den *Zusatznutzen* heraus, den 3D für den jeweiligen Film mit sich bringt, aber auch die *Qualität* des jeweiligen Films aus Sicht seiner Zuschauer. Diese wird einerseits über das subjektive Filmerleben definiert, andererseits im Vergleich zu solchen Filmen ausformuliert, die der gleichen Reihe oder demselben Genre zuzuordnen sind. Die Meinungen der Besucher – vor allem zu ICE AGE 3 – liegen weit auseinander und reichen von großer Enttäuschung bis zu großer Begeisterung. Positive Bewertungen beziehen sich hier vor allem auf den Humor des Films und seine »Gags«. Der Film sei unterhaltsam, kurzweilig und optisch beeindruckend: *»Gute, flotte, witzige Kinounterhaltung«* (D., Stereoforum, 03.08.2009).[37] Der 3D-Effekt und dessen Mehrwert werden seitens der Forenteilnehmer hingegen ambivalent bewertet. Ob 3D positiv oder negativ eingeschätzt wird, ist u.a. eine Frage der Referenz. Die Erwartungen der Zuschauer beziehen sich auf die Bewertung bereits vorhandener Medien und den Mehrwert, den das 3D-Kino ihnen gegenüber verspricht, aber auch auf den Film mit seiner jeweiligen Geschichte und den Gratifikationen, die mit Narration und Dramaturgie verbunden sind.

Viele Diskussionsteilnehmer sehen 3D vor allem als eine visuelle Attraktion. Mehrere Forennutzer geben an, aufgrund dieser Attraktion würden sie sich auch künftig weitere 3D-Filme ansehen und machen den Mehrwert vor allem im Vergleich zum Heimkino aus, das diese Technik im Jahr 2009 noch nicht geboten hat. Der Beitrag von einem Nutzer der Seite Kinofenster.de zielt in diese Richtung und bezieht sich auch auf die technischen Aspekte des Kinofilms, mit denen sich die 3D-Version vom Heimkino abhebt: *»Nach langer Zeit haben wir uns mal wieder ins Kino*

---

36 Vgl. http://www.mediabiz.de/film/firmen/programm/oben/charts/112460?open=Mlohited (22.09.2010).

37 Im Folgenden werden die Forenteilnehmer auf diese Weise zitiert: Abgekürztes Synonym, Name des Forums, gesamte Anzahl aller Beiträge innerhalb des Forums (wenn angegeben), Geschlecht (wenn angegeben).

begeben. Mit DVD und Beamer zu Hause hat man sonst keine Lust dazu. Aber dieser Film lohnt sich« (H., Filmstarts.de, 08.07.2009, Beiträge 1, männlich). Ein anderer Teilnehmer betont entsprechend: *»Der Film macht im normalen Hauskino bestimmt auch ohne 3D-Effekt Spaß, aber in 3D bekommt der Film dann nochmal seine eigene Note«* (P. Filmstarts.de, 09.07.2009).

Auch Diskussionsteilnehmer anderer Foren meinen, dass 3D für sie einen Mehrwert hat, der das Filmerlebnis intensiviert. Die Aussagen wie: *»Der Film ist witzig und technisch auf ganz hohem Niveau. Man ist bei dem 3D Erlebnis in einer anderen Welt«* (H., Cinema.de, 08.07.2009, Beiträge 1, männlich), sind dabei allerdings sehr allgemein gehalten und betonen generell das immersive Erlebnis, das mit dem Film verbunden ist. Die Forennutzer erläutern selten anhand konkreter Szenen den Eindruck, den sie vom 3D-Effekt gewonnen haben. Sofern der Mehrwert durch 3D beispielhaft erläutert wird, heben die Zuschauer vor allem solche Szenen positiv heraus, die sich durch Schnelligkeit und Bewegung auszeichnen. So meint ein Diskussionsteilnehmer: *»... hauptsächlich konnten die Verfolgungsjagden und Totalen am meisten in dieser Hinsicht überzeugen«* (T., Moviemaze.de, 10.07.2009, Beiträge 5028), ein anderer bestätigt: *»... ich muss sagen es war der Hammer, manche Szenen bekommen eine ganz neue Bedeutung so! Verfolgungsjagden sind ganz speziell!«* (D., Tweaker.ch, 17.07.2009, Beiträge 380, männlich), und der Besucher eines dritten Forums räumt ein: *»Aufgrund der genialen 3-D-Technik wird man mit noch mehr Action konfrontiert, die zuweilen zwar ein wenig erschlagend wirken kann, aber eine zusätzliche Achterbahnfahrt garantiert und somit den Spaß«* (M., Cinema.de, 03.07.2009). In allen drei Kommentaren wird deutlich, dass im Film ICE AGE 3 der 3D-Effekt in aktionsreichen Sequenzen seine volle Wirkung entfalten kann und damit das emotionale Erleben intensiviert. Dass der 3D-Effekt den »untrainierten« Zuschauer mitunter überfordern kann und auch im Sinne einer Reizüberflutung wahrgenommen wird, ist vereinzelt aus Kommentaren herauszulesen. Für die Diskussionsteilnehmer der Foren, die mehrheitlich kinointeressiert und damit filmerfahren sein dürften, scheint sich dieser Effekt bei ICE AGE 3 mehrheitlich aber nicht einzustellen.

Andere Diskussionsteilnehmer wiederum äußern sich enttäuscht über ICE AGE 3 in 3D und sehen ihre Erwartungen an die neue Technologie nicht erfüllt. Von einer 3D-Vorstellung haben sich viele offensichtlich mehr versprochen. Die Kommentatoren beschreiben, dass sie sich schnell an das 3D-Bild gewöhnt haben. Wie einzelne Beiträge zu ICE AGE

3 zeigen, haben sie dies letztendlich kaum noch bewusst wahrgenommen: »*Schlimm ist sie [die 3D-Technik] nicht, nur irgendwie überflüssig. Hatte so gut wie gar keine, ja eigentlich überhaupt keine ›Jetzt-kann-ich's-jeden-Augenblick-anfassen-Momente‹. Hatte sogar vor 20 Jahren im Walt Disney Orlando viel bessere Tricks gesehen*« (P., Moviemaze, 09.07.2009, Beiträge 2061). In eine ähnliche Richtung zielt die Aussage eines anderen Forenteilnehmers, dessen Erwartungen an den 3D-Effekt ebenfalls nicht erfüllt wurden: »*Ich muss ehrlich sagen, halte nicht viel von der 3D Technologie. War am Samstag mit der Freundin Ice Age in 3D schauen. Am Schluss fragt sie mich Tod ernst ›kommt das 3D noch?‹*« (H., Tweaker.ch, 17.07.2009, Beiträge 180, männlich).

In beiden Aussagen spiegelt sich die Diskussion um den »richtigen« Einsatz von 3D wider, den diese Diskussionsteilnehmer eher mit den theatralischen Effekten des 3D-Films verbinden, mit Bildern und Objekten, die quasi aus der Leinwand heraustreten, oder wie es ein Zuschauer formuliert: »*Die Szenen, in welchen etwas auf die Kamera zukommt*« (T., Moviemaze.de, 10.07.2009). ICE AGE 3 setzt – wie auch der Film OBEN – die stereoskopische Aufnahmetechnik hingegen relativ dezent ein und zielt mehr auf einen Tiefeneindruck sowie auf die wahrgenommene Plastizität der Figuren. Die Ebene vor der Leinwand wird kaum bespielt. Mitunter werden die Gesichter einiger Figuren etwas vor die Leinwand gesetzt, damit sie dem Zuschauer näher erscheinen. Wie es einige Besucher aus IMAX-Kinos gewohnt sein könnten, hat der Zuschauer hier aber kaum den Eindruck, die Gegenstände oder Personen kämen aus der Leinwand heraus und man könne sie gleichsam anfassen. Der für den Film gewählte visuelle Stil passt damit durchaus in das Konzept der ICE AGE-Reihe. Der Animationsstil legt Wert auf die facettenreiche Darstellung der Figuren und weniger auf landschaftliche und räumliche Hintergründe, die häufig einfach gestaltet sind. Die Figuren hingegen werden mit vielen Details ausgestattet, wie beispielsweise einem fein animierten Fell oder langen, sehr fein gezeichneten Wimpern. Aufgrund des durch die dreidimensionale Darstellung entstehenden Tiefeneindrucks wirken die Figuren plastischer. Sie stehen in der Regel im Mittelpunkt der Darstellung und lenken den Blick des Zuschauers.

Die Erwartungen der enttäuschten Zuschauer an das 3D-Kino waren zum Zeitpunkt der Analysen aber wohl eher durch einen offensiven 3D-Einsatz geprägt, wie er sich bislang in den 3D-Kinos der Freizeitparks (s.o. Walt Disney Orlando) und der IMAX-Kinos fand. Entsprechend gingen diese Besucher auch hier von einer solchen 3D-Verwendung aus. Zudem bestätigen sich die Ergebnisse der quantitativen Befragungen (vgl. Kapitel 4.1), nach denen der Mehrwert des 3D-Effektes kaum in einer stärkeren Identifikation mit den Charakteren liegt, sodass die Figurenzeichnung für den 3D-orientierten Zuschauer eher nachrangig ist. Der zurückhaltende Einsatz von 3D, bei dem die Leinwand als Fenster in eine andere Welt erscheint, wird von einigen, die sich in den analysierten Foren dazu geäußert haben, explizit nicht goutiert: *»Das Ganze wirkt, als würde man in eine Art Pappkasten schauen. Man kann sich das ein bisschen wie ein Aquarium vorstellen«* (O., Heise.de, 14.07.2009, Beiträge 799). Die Erwartungen solcher Zuschauer an 3D waren offensichtlich mit einem Gebrauch des Effektes verbunden, der diesen immer wieder in Erinnerung ruft, stetig überrascht und offensiv herausstellt, dass das Kino durch 3D spektakulärer wird.

Auch in der Diskussion um den Film OBEN ist 3D nur ein Beurteilungskriterium unter vielen. Die überwiegend positiven Bewertungen der Forenteilnehmer beziehen sich primär auf die Geschichte des Films, auf Narration und Dramaturgie. So sprechen die Kommentatoren dem Animationsstreifen *»Tiefgang«* zu und das Potenzial, seine Zuschauer emotional zu berühren: *»Die Geschichte ist so fein, dass sie im Vordergrund steht«* (O., Filmvorführer.de, 20.09.2009). Der Film entwickelt eine emotionale Spannbreite und vermittelt Trauer und Witz gleichermaßen. Von den Diskussionsteilnehmern wird er vor allem dafür gelobt. In diesem Kontext wird die 3D-Technik überwiegend positiv aufgenommen. Negative Bewertungen lassen sich kaum finden. Als besonders angenehm empfinden es die Kommentatoren, dass 3D nicht als reiner Effekt um seiner selbst willen eingesetzt wird, sondern eher dezent und dramaturgisch hinter der Geschichte zurücksteht: So stellt der Teilnehmer eines Forums anerkennend fest: *»Die Technik ordnet sich der Geschichte unter«* (S., Kino.de, 17.09.2009, Beiträge 1467), und ein anderer argumentiert in ähnlicher Weise, wenn er meint: *»Der Film nutzt die Technik für die Geschichte. Hier und da kleine Effekte und sonst so ziemlich das Beste was ich in 3D gesehen habe«* (K., Stereoforum, 21.09.2009, Beiträge 46).

Die Verwendung von 3D wird aus Sicht der Zuschauer narrativ legitimiert. Dabei wird die 3D-Technik durchaus gelobt: *»Die Computeranimation ist 3-D für Pixar nur ein weiteres Handwerkszeug um den Filmgenuß zu erhöhen, nie Mittel zum Zweck«* (J., Heise.de, 22.09.2009, Beiträge 902). Während das Heraustreten von Objekten aus der Leinwand bei ICE

AGE 3 von einigen Zuschauern als durchaus wünschenswert, mitunter als wesentlich für den 3D-Effekt empfunden wird, geben sich die OBEN-Besucher kritischer und bevorzugen einen eher defensiven Einsatz der neuen Technik. In ihrem Selbstverständnis weisen sich die Diskussionsteilnehmer selbst als anspruchsvoller aus, wenn sie den offensiven Einsatz dreidimensionaler Elemente als *»billig«* und *»effekthascherisch«* kennzeichnen und zudem deutlich machen, dass sie über ein breites Filmwissen verfügen: *»das Beste, was ich in 3D gesehen habe«*. Die Beurteilung des 3D-Effektes wird damit Bestandteil cineastischer Selbstdefinition und Kennzeichen dessen, was aus Sicht der Filmliebhaber eher als kulturell anspruchsvoll zu definieren ist. Damit wird eine Diskussion geführt, die auch auf der Produktionsseite eine Rolle spielt.[38] So wird im Jahr 2009 in der Fachöffentlichkeit diskutiert, ob 3D-Effekte so eingesetzt werden sollen, dass die Zuschauer vor allem ein Gefühl für Raumtiefe und Plastizität der Figuren erhalten und der stereoskopische Effekt eher dezent eingesetzt wird, während von anderer Seite gefordert wird, 3D solle verstärkt den Zuschauerraum bespielen. Die bisherigen 3D-Filme verwenden den ihnen zur Verfügung stehenden Raum daher sehr unterschiedlich. Während die Animationsfilme ICE AGE 3 und OBEN Stereoskopie relativ unauffällig verwenden und die Leinwand eher als Fenster in eine andere Welt erscheint, gehen vor allem die Horrorfilme MY BLOODY VALENTINE 3D und FINAL DESTINATION 4 offensiv mit 3D um und setzen den Effekt auch ein, um den Zuschauer zu schockieren. Der defensive 3D-Einsatz im Animationsbereich kann zu Enttäuschungen führen, aber auch dazu, dass er schlicht für überflüssig gehalten wird. So findet sich vor allem zu OBEN häufig die Meinung, der Animationsfilm würde sowohl in 2D als auch in 3D funktionieren und wäre in beiderlei Versionen sehenswert. Die inhaltliche und gestalterische Qualität des Films überwiegt hier den Zusatznutzen, den die neue 3D-Technologie bietet. Entsprechend sind die 3D-Effekte auch nicht der entscheidende Diskussionspunkt unter den Kinobesuchern. So führt ein Zuschauer aus:

> »Also ich habe mir diesen Film angesehen, weil ich mal 3D-Kino erleben wollte, und ich habe es nicht bereut. Die Geschichte und die Charaktere überzeugen. Emotional auf ganz hohem Niveau. Teilweise sogar sehr, sehr traurig. Aber durch die vielen witzigen Elemente ist das ganze rund geworden. Der Film ist sehr kurzweilig, was in der Tat für ihn spricht« (W., cinema.de, 02.10.2009, Beiträge 95).

38 http://www.variety.com/article/VR1118008671.html?categoryid=3731&cs=1&query=3d+gimmick (21.09.2009).

Für die Diskussion um den Pixar-Streifen ist dieser Beitrag typisch. Obwohl der Verfasser des Kommentars besonders neugierig auf einen Filmbesuch in 3D war und ihm dieser anscheinend auch gefallen hat, wird die Zufriedenheit nicht mit dem 3D-Effekt, sondern mit der gelungenen Geschichte und den Charakteren begründet. Auf die dreidimensionalen Bilder geht der Kommentator nicht weiter ein. In ähnlicher Weise schildern andere OBEN-Besucher, sie hätten mit der Zeit kaum mehr wahrgenommen, dass es sich überhaupt um einen 3D-Film handelt. Anders als bei den Diskussionen um ICE AGE wird dies aber nicht als Defizit wahrgenommen, sondern vielmehr als eine Erfahrung, die für die Belanglosigkeit des 3D-Effektes bei OBEN spricht. Aussagen wie »*Es stimmt, dass der 3D-Effekt nach einer Weile ›verblasst‹*« (T., Moviegod.de, 20.09.2009) oder »*allerdings fiel mir doch auf, dass ich mich nach einiger Zeit an das 3D-Bild so sehr gewöhnt habe, dass es mir irgendwann gar nicht mal als was Besonderes aufgefallen ist*« (M., kino.de, 24. 09. 2009) machen dies deutlich. Der Film funktioniert ganz offensichtlich auch ohne 3D-Effekte, und diese werden vonseiten der Zuschauer auch nicht als zwingend erachtet. So betonen unterschiedliche Forenteilnehmer ganz explizit: »*ohne 3D ist der Film nicht weniger gut*«, der Mehrwert sei »*kein großer*«, »*schöner ist es in 3D, aber anders als bspw. Monsters oder Avatar braucht es nicht unbedingt 3D*« oder »*der Film ist in 2D garantiert genau so toll*«. Ganz offensichtlich ist auch die Erwartungshaltung der Zuschauer bei OBEN eine andere, als sie sich bei ICE AGE zeigte. Der zurückhaltende und weniger auffallende Einsatz der 3D-Ästhetik wird ausdrücklich gelobt. Auch begrüßen es die Zuschauer von OBEN, dass das Bild kaum in den Zuschauerraum vordringt und stattdessen »*dem Zuschauer ein intensiveres Gefühl von Räumlichkeit*« vermittelt wird, das einzelne Zuschauer als »natürlich« empfinden. Action, Schnelligkeit und Bewegung spielen hier keine Rolle.

Nur ganz vereinzelt fühlen sich Zuschauer durch den 3D-Effekt bei Oben tatsächlich in ihrem Filmerlebnis gestört. Dies resultiert aber weniger aus einer Kritik am spezifischen Einsatz von 3D in diesem Animationsfilm als vielmehr aus einer grundsätzlichen Präferenz für 2D-Filme. So empfindet ein offensichtlich älterer Zuschauer den 3D-Effekt als ungewohnt und fühlt sich in seiner Konzentration auf den Film gestört:

> »Die 3D-Version vom Film fand ich nicht gut, da kann man sich nicht so gut konzentrieren auch wenn 3D heut zu Tage besser ist als in meiner Zeit der Roten und Grünen Brillen, mit 3D konzentriert man ich weniger auf die Story, ich mag sowieso

> lieber 2D und Digital. Und so habe ich den Film dann auch noch Mal gesehen und ich muss sagen, er ist viel besser, er wirkt stärker, er wirkt ruhiger, er wirkt effizienter, die Gefühle kommen mehr raus« (T., kino.de, 16.02.2010).

Der 3D-Effekt wird hier als ein störender Zusatzeffekt wahrgenommen, dem keinerlei Bedeutung für Narration und Ästhetik zuzusprechen ist. Im Gegenteil nimmt er dem Film aus Sicht des Zuschauers seinen Eigenwert, verstellt den Blick auf die intendierten Gefühle und verschleiert die Essenz seiner Aussagen. 3D ist aus dieser Sicht ein ablenkendes Gimmick, dessen Mehrwert für Narration und Ästhetik im Dunkeln bleibt. Es ist nicht auszuschließen, dass in dieser Aussage eine Form der Sehsozialisation zum Ausdruck kommt, deren 3D-Wahrnehmung durch den zweitklassigen und eher auf oberflächliche Effekte heischenden 3D-Einsatz in den Filmen der 1980er-Jahre geprägt ist. Um 3D als filmstilistisches Mittel wahrzunehmen, das in Kongruenz zu Narration, Dramaturgie und Ästhetik steht, bedarf es einer entsprechenden Wahrnehmung in eben einem solchen Kontext. Dass das Angebot solcher Filme, die 3D in dieser Weise einsetzen, dafür eine notwendige Voraussetzung ist, ist evident.

Vergleicht man die Aussagen der Forenteilnehmer, die sich über ICE AGE 3 und OBEN in 3D geäußert haben, ergibt sich ein widersprüchliches Bild hinsichtlich des Einsatzes von 3D in den Animationsfilmen des Family-Entertainments. Neben vielen positiven Beiträgen finden sich zahlreiche Aussagen, die den Einsatz von Stereoskopie im Prinzip positiv bewerten, hier aber keinen besonderen Mehrwert erkennen. Nur selten zeigt sich große Begeisterung, die vor allem bei ICE AGE 3 auf das Zusammenspiel von 3D und Bewegung abzielt. So werden von den Diskussionsteilnehmern des Family-Entertainments auch keine Forderungen erhoben, mehr Filme in 3D zu produzieren. In diesem Zusammenhang ist darauf hinzuweisen, dass der dritte »ICE AGE«-Film in 3D und 2D in etwa genau so viele Besucher verzeichnen konnte wie der zweite Teil der Reihe. Durch 3D konnten somit nachweislich keine neuen Besuchergruppen erschlossen werden, wenngleich der Umsatz durch erhöhte Eintrittspreise und 3D-Aufschlag gesteigert wurde. Für die Besucher von ICE AGE 3 und OBEN scheint 3D damit ein angenehmer Zusatzeffekt zu sein, der insgesamt aber keine Notwendigkeit und auch keine deutliche Verbesserung für die familientauglichen Animationsfilme impliziert. Ihre Qualität rührt aus Sicht der Zuschauer im Wesentlichen aus humoresken Elementen, Emotionalität und charakteristischen Figuren.

Dennoch machen die Aussagen deutlich, dass der 3D-Effekt beim Family-Entertainment für unterschiedliche Filme zumindest aus Sicht erwachsener Zuschauer auch verschieden bewertet wird. Weniger entscheidend als das Genre sind offenbar die Narration des Films, seine spezifische Zielgruppenausrichtung und die Erwartungshaltung der Zuschauer, die sich dem einen oder anderen Film zuwenden. So wird der Mehrwert des 3D-Blockbusters ICE AGE 3 von den Teilnehmern der analysierten Foren mehrheitlich als größer empfunden als es bei den Zuschauern von OBEN der Fall ist. Als erfolgreichster Film des Jahres 2009 zielt ICE AGE 3 auf ein breites Publikum, indem Kinder und Erwachsene gleichermaßen angesprochen sind. Humor und Slapstick sind für den Film ebenso charakteristisch wie eine leicht zu verstehende Handlung und tierische Charaktere, die vor allem für ein jüngeres Publikum interessant sind. Den Mehrwert des 3D-Effektes sehen die Zuschauer vor allem bei solchen Szenen, die sich durch Action und Bewegung auszeichnen, wie beispielsweise Verfolgungsjagden, die nicht allein genretypisch für das Family-Entertainment oder den Animationsfilm sind, sondern von genreübergreifender Bedeutung. Kein Mehrwert ergibt sich aus ihrer Sicht hingegen für die für den Animationsfilm wesentliche Wahrnehmung der Figuren, fein gezeichnete Charaktere, auch nicht für die Emotionalität, die durch Narration und Charaktere zum Ausdruck gebracht wird. Eben diese Aspekte sind es, die den Film OBEN nach Ansicht seiner Zuschauer auszeichnen. Dass sich hier kaum ein Mehrwert aus seiner dreidimensionalen Darstellung ergibt, haben die Kommentare der Forenteilnehmer deutlich gemacht.

Neben den filminhärenten Merkmalen, die für die Beurteilung des 3D-Effektes von Bedeutung sind, ist der Mehrwert auch eine Frage der Referenz. So spielt die Seherfahrung der Zuschauer eine Rolle, sofern sich durch sie eine bestimmte Erwartungshaltung gegenüber dreidimensionalen Darstellungen ausgebildet zu haben scheint. Damit verbunden ist die Frage, mit welchen Eigenschaften 3D attribuiert wird. Wenn Zuschauer das 3D-Kino mit ihren Erlebnissen in Freizeitparks und Trickshows vergleichen, 3D als Kino der Attraktionen wahrnehmen und mit dem Kinoerlebnis Nervenkitzel und Tricktechnik verbinden, dann muss der 3D-Effekt die Erwartung des Spektakulären erfüllen, offensiv sein und theatralische Effekte bieten. Wenn es primär um Geschichten geht, um Gefühle und eine Ästhetik, die diese zum Ausdruck bringt, bietet der 3D-Effekt offensichtlich auch beim Animationsfilm keinen herausgehobenen Mehrwert und kann lediglich als filmstilistisches Mittel neben anderen die Intention der Narration unterstützen. In diesem Sinne ist die Dreidimensionalität des Films für die Forenteilnehmer ein Nebeneffekt, der im besten Fall nicht stört, im schlechtesten Fall den Blick auf »das Wesentliche« des Films verstellt. Dabei wird deutlich, dass die Wahrnehmung des Family-Entertainments nicht pauschal ist, sich dieses Segment also nicht zwangsläufig als Genre klassifizieren lässt. Gleiches gilt für den Animationsfilm, der in sich unterschiedliche Genres vereint. Daher lässt sich folgern, dass sich die Erwartungshaltungen hier auch nicht genrespezifisch formulieren lassen, sondern vielmehr von der jeweiligen Geschichte und ihrer dramaturgischen Umsetzung abhängig sind sowie von der jeweiligen Referenz der Bewertung. Der mögliche Nutzen wird zudem in Anbetracht bisheriger Seherfahrungen formuliert, die Gratifikation ebenso im Vergleich mit dieser ausgewertet. Dabei bleibt abzuwarten, inwieweit ein innovativer Gebrauch der dreidimensionalen Darstellung in der Lage wäre, bisherige Seherfahrungen zu modifizieren und eine neue Erwartungshaltung dem dreidimensionalen Kino gegenüber zu statuieren. Eine Voraussetzung dafür aber sind Filme, die es verstehen, dem 3D-Effekt in Kongruenz zu Narration, Dramaturgie und Ästhetik einen Mehrwert zu verleihen. Die im Jahr 2009 populären Filme des Family-Entertainments konnten dies offensichtlich nicht.

4.2.2.3.2 3D im Horrorfilm

Im Mai 2009 lief der Film MY BLOODY VALENTINE ohne Jugendfreigabe als Remake des gleichnamigen kanadischen Horrorthrillers aus dem Jahr 1981 an. In der dem Genre üblichen Art finden Massaker in schneller Folge statt, zahlreiche Morde geschehen. Im Mittelpunkt steht eine Gruppe Jugendlicher, die, ebenfalls für das Genre üblich, mit dem jeweiligen Gemetzel konfrontiert ist. MY BLOODY VALENTINE ist der erste in 3D projizierte Horrorfilm, der in den deutschen Kinos auch ausschließlich in 3D zu sehen war.[39] Sieht man sich die Forenbeiträge zu MY BLOODY VALENTINE 3D an, so fällt zunächst die Fülle der Beiträge

39 http://www.digitaleleinwand.de/2009/05/26/my-bloody-valentine-3d-mit-bestem-3d-start-in-deutschland/ (27.09.2011).

auf. 61 Beiträge stehen 51 Beiträgen zu ICE AGE 3 gegenüber, obwohl in den deutschen Kinos nur rund 242.000 Zuschauer[40] den Horrorstreifen gesehen haben. ICE AGE 3 erreichte demgegenüber 8,7 Millionen Besucher. Dafür gibt es sicherlich mehrere Gründe, die sich nur teilweise aus den Kommentaren selbst erschließen lassen. Zum einen wurde der Film in Deutschland ausschließlich in 3D vorgeführt[41] und erhielt damit als originärer 3D-Film einen anderen Status als die anderen 3D-Kinofilme. Der 3D-Effekt stellt hier keinen Zusatz dar, der optional gewählt werden konnte, der Film wurde im Wesentlichen als 3D-Film wahrgenommen.

Ein weiterer Grund für die vergleichsweise vielen Beiträge zu MY BLOODY VALENTINE 3D mag darin liegen, dass sich das Zielpublikum des Films mit der Gruppe in der Bevölkerung überschneidet, die am stärksten das Internet und insbesondere Communitys und Foren im Netz nutzt. Der Film ist für ein junges und damit gleichermaßen online-affines Publikum produziert, auch wenn er die unter 18-Jährigen aufgrund seiner Altersbeschränkung nicht zulässt. Ein dritter und wichtiger Grund für die hohe Anzahl an Beiträgen mag zudem in der Genrezugehörigkeit des Films liegen. Horrorfilme können auf eine treue, in Teilen aber auch sehr kritische Anhängerschaft zählen, die sich häufig auf der Grundlage eines fundierten Filmwissens austauscht und auf unterschiedliche Weise engagiert miteinander kommuniziert (vgl. Winter 1995: 220ff.). Dass die Horror-Fans dementsprechend auch das Internet nutzen, um über den Genrefilm in neuer 3D-Optik zu fachsimpeln, liegt nahe.

Der zweite in die Stichprobe einbezogene Film FINAL DESTINATION 4 startete in Deutschland im September 2009 und konnte insgesamt eine Million Besucher verzeichnen, also mehr als MY BLOODY VALENTINE 3D, allerdings mit deutlich mehr Kopien (circa 400). Im Unterschied zu MY BLOODY VALENTINE 3D wurde der Film in 2D und in 3D gezeigt, wobei besonders die 3D-Fassung des Films beim Publikum gefragt war. Während die zweidimensionale Version im Durchschnitt 420 Besucher pro Kopie erreichte, verzeichnete die 3D-Version 1.350 Zuschauer pro Kopie.[42]

40 Vgl. http://www.mediabiz.de/film/firmen/programm/my-bloody-valentine-3d/charts/117323?open=Mlohited (22.09.2010).

41 Vgl. http://www.digitaleleinwand.de/2009/05/26/my-bloody-valentine-3d-mit-bestem-3d-start-in-deutschland/ (22.09.2010).

42 http://www.mediabiz.de/film/news/wochenendgewinner-3-d/279227 (22.09.2010).

Vor allem theatralische Effekte, bei denen Gegenstände quasi aus der Leinwand heraustreten, verschaffen dem 3D-Film die Möglichkeit, die durch die Leinwand bestehende Barriere zwischen Zuschauern und Filmgeschehen aufzuheben und dadurch zusätzliche Überraschungsmomente anzubieten. Dies kommt besonders dem Horrorfilm zugute, in dem viele Szenen darauf ausgelegt sind, den Zuschauer zu überraschen, zu schockieren und in der Rolle des möglichen Opfers in den Film einzubeziehen. Entsprechend konzentrieren sich zahlreiche Forenbeiträge auf die Frage, welche neuen Impulse 3D für den Horrorfilm bringen kann und ob dreidimensionale Effekte den Film tatsächlich attraktiver machen. Unter den Kommentatoren des Films MY BLOODY VALENTINE 3D zeigen sich einige zunächst einmal grundsätzlich von den 3D-Effekten beeindruckt und sprechen diesen das Potenzial zu, den sonst wenig beeindruckenden Film zu einem besonderen Kinoerlebnis zu machen. So meint ein Kinobesucher: *»Mein Urteil wäre noch vernichtender ausgefallen, hätte es nicht die sehenswerte 3D-Techologie gegeben«* (D., Filmstarts.de, 21.05.2009). In inhaltlich ähnlicher Weise fasst es der Teilnehmer eines anderen Forums zusammen: *»In 3D hui, ansonsten eher pfui!!!«* (M., cinema.de, 19.06.2009, Beiträge 169, männlich). Während der erste Zuschauer den Mehrwert etwas unpräzise darin sieht, dass der Film schlicht »beeindruckender« oder »sehenswerter« wird, sieht der zweite Forenteilnehmer den Spaß zudem deutlich intensiviert, den ihm das dreidimensionale Horrorspektakel bereitet:

> »Sei es drum, die 3D-Effekte sorgen für ein wunderbares Splattervergnügen, das es in dieser Form noch nicht gegeben hat. Die teils recht drastischen Szenen springen einem förmlich ins Gesicht, wirken auch gewollt witzig, was für reichlich Spaß sorgt. Einer absoluten Kinopartyachterbahnfahrt für Slasherfans steht also nichts im Weg« (ebd.).

In diesem Beitrag wird das Vergnügen deutlich, das der Horrorfilm dem versierten Fan des Genres bietet. Dass sich der Autor als »Slasherfan« bezeichnet, unterstreicht nicht nur seine besondere Vorliebe für das Genre. Über die Definition des Subgenres wird seine Filmkenntnis zudem deutlich. Der 3D-Effekt unterstreicht das Vergnügen, das der Horrorfilm seinem Fan üblicherweise bietet. Das starke Erregungspotenzial des Genres und drastische Szenen werden durch den 3D-Effekt potenziert. Diese Darstellungen führen nicht nur zu Angst und Schrecken, sondern bereiten dem versierten Horrorfan Spaß und Vergnügen. Dabei wird die Komik des Horrorfilms, die dieser mitunter auch impliziert, durch einen 3D-Einsatz betont, der mit dem Wissen des Produzenten über die Rezeptionserwartungen seiner Zuschauer spielt. Indem Effekte »gewollt« wirken, versichern sich Rezipient und Produzent ihrer gegenseitigen Lust am schrecklichen Spektakel. Die schnellen, aufeinanderfolgenden, emotionalen Höhepunkte des Films, die sich häufig in den Schreck- und Ekelbildern zeigen, führen bei dem zitierten Kinobesucher nach eigenen Aussagen zu einer »Kinopartyachterbahnfahrt«. Der 3D-Effekt intensiviert ganz offensichtlich den Nervenkitzel bis hin zu einer körperlichen Intensität, die den Horror psychisch und quasi physisch erlebbar macht.

Auch andere Forenbeiträge zeigen, dass der Horrorfilm nach Ansicht seiner Zuschauer tatsächlich vom 3D-Effekt profitieren kann. Begründet wird dies mit den theatralischen Effekten des Films, die auch der oben zitierte Eintrag betont, mit der durch den 3D-Effekt erzielten Raumtiefe sowie dem immersiven Erleben, das mit diesen Effekten verbunden ist. Die Möglichkeit des 3D-Effektes, den Raum vor der Leinwand zu bespielen, kann dem Horrorfilm unmittelbar zugutekommen. So meint ein Zuschauer: »*Wenn Dinge auf einen zugeflogen kommen oder Objekte bzw. Personen von irgendwelchen Gegenständen durchbohrt wurden, dann spielte die 3D-Technologie ihre besten Karten aus*« (C., Moviemaze, 23.05.2009, Beiträge 5639). Der Horrorfilm kann den Zuschauer so noch stärker in Handlungen einbeziehen, in denen es um die Bedrohung und Zerstörung des Körpers geht. Er spielt mit deren besonders detailreicher Darstellung und adressiert den Beobachter im Kinosaal damit emotional ebenso wie physisch. In der dritten Dimension wird diese Bedrohung für den Zuschauer erfahrbar, wenn die bedrohlichen Gegenstände und Werkzeuge aus der Leinwand heraustreten und den Zuschauer selbst damit quasi körperlich attackieren. Dass dieser Effekt allerdings nicht von allen Zuschauern in gleicher Weise goutiert wird, zeigt sich in den unterschiedlichen Kommentaren. So meint ein anderer Kinobesucher: »*Etwas billig, immer dieselben Sachen, die einem ins Gesicht fliegen*« (W., outnow.ch, 15.08.2009, Beiträge 233). Auch in dieser Aussage wird die Kritik deutlich, dass der Film die 3D-Technik vor allem als Gimmick verwendet, wenn Gegenstände aus der Leinwand herauskommen, um lediglich die Zuschauer zu erschrecken. Die Eintönigkeit und damit wohl auch die Berechenbarkeit des Effektes werden damit möglicherweise beanstandet.

Der Horrorfilm zielt grundsätzlich auf den Sehwert des Kinos, indem das Zerlegen menschlicher Körper lustvoll und detailreich inszeniert wird. Das Spiel mit Schockbildern, Ekel und der Ästhetik des spritzenden Blutes (vgl. Mikos 2002) ist für das Horrorgenre konstitutiv. Der Reiz für den Kenner ergibt sich aus dem Aushalten der Bilder, dem Fachsimpeln über tricktechnische Effekte und der Lust am Wissen über die Ausweglosigkeit des Opfers, die im Horrorfilm zelebriert wird. Auch diese Schaulust kann durch den 3D-Effekt intensiviert werden. Fasziniert stellt ein Forenteilnehmer fest: »*Man [hat] da wirklich das Gefühl als würden die sich einen Meter vor deiner Nase abschlachten*« (K., Moviemaze, 09.07.2009, Beiträge 13321), und ein anderer begeistert sich: »*Der ganze Film wirkt total plastisch und man fühlt sich regelrecht mitten im Geschehen …*« (D., ForumFilmmag.de, 21.05.2009, Beiträge 2621, männlich). Der Horrorfilm, für den nach Pinedo (1997) »das gewaltsame Durchbrechen und Übertreten von allen Grenzen« (zit. n. Mikos 2002: 14) ohnehin kennzeichnend ist, kann durch den 3D-Effekt eine neue Grenze öffnen: die Grenze zwischen der Leinwand und dem Zuschauer.

Nicht nur die theatralischen Effekte werden von Zuschauern als Bereicherung des Filmerlebens benannt. So verweist ein Zuschauer auf die wahrgenommene Raumtiefe: »*Ich betone, dass mir ›Valentine 3D‹ ausgesprochen gut gefallen hat … nicht unbedingt wegen der fliegenden Holzstämme und Spitzhacken, sondern eher wegen der Minenschächte, Supermarkt-Korridore und dem allgemeinen Gefühl von Raum und Tiefe*« (D., Kino.de, 26.05.2009, Beiträge 3080), und auch ein anderer stellt fest: »*Das enge Minen-Setting passt hervorragend zu dieser Technologie*« (G., outnow.ch, 19.08.2009, Beiträge 1228). Während dem ersten Fan die theatralischen Effekte möglicherweise zu offensichtlich sind, stellt er die Möglichkeit des 3D-Effektes heraus, die Tiefe des Raumes zu betonen. Die Raumwahrnehmung kann das immersive Erleben des Kinofilms verstärken und den Zuschauer damit quasi leiblich in die Handlung hineinziehen. Tiefe Gänge und Fluchten verstärken das Gefühl der Ausweglosigkeit, das Ausgeliefertsein an den Raum und seine Bedingungen von Enge, Dunkelheit und Eindimensionalität. Der Blick verengt sich, das Ausweichen wird auch imaginär beschränkt. Eben diese Bedingungen sind es, die ein Gefühl von Beklemmung hervorrufen, das zum Nervenkitzel des Horrorfans gehört. Die Dunkelheit am Ende eines Ganges unterstreicht den Weg ins Ungewisse, das Lauern der Gefahr, die nicht sichtbar ist, verbunden mit dem (Genre-)Wissen um ihre Existenz. Der

3D-Effekt hat das Potenzial, diese Wahrnehmung zu verstärken, und aus Sicht des zitierten Zuschauers nutzt er dieses auch.

Negative Bewertungen beziehen sich bei MY BLOODY VALENTINE 3D primär auf technische Aspekte der dreidimensionalen Projektion und Darstellung. Diese Beiträge zielen vor allem auf technische Unzulänglichkeiten oder Probleme wie beispielsweise die irritierende Tiefenschärfe: »*Man muss aufpassen, immer dorthin zu schauen, wo grad die Action abgeht, ansonsten ist das Bild in den Ebenen, wo grad nix passiert, unscharf*« (G., outnow.ch, 19.08.2009, Beiträge 1228) oder auf ein zu dunkles Bild. Dabei zeigt sich das Fachwissen einzelner Fans, das mit der kompetenten und detaillierten Reflexion technologischer Bedingungen verknüpft ist, wie der folgende Beitrag deutlich macht:

> »Mein Eindruck war:
> - Der Effekt ist nicht stufenlos. Vielmehr hat man das Gefühl, dass jedes Bild in 2-3 Tiefenebenen eingeteilt ist, die gegeneinander verschoben werden. So wie man es auch von den 3D-Hologram-Bildern her kennt.
> - Die Ebenen, die nicht im Fokus liegen, wirken deutlich unschärfer als in echt.
> - Bei Kamerafahrten über Landschaften, Gebäude etc. geht irgendwie der Größeneindruck verloren. Irgendwie hatte ich immer das Gefühl, dass die Kamera kein echtes Gebäude gefilmt hat, sondern nur ein Miniatur-Modell eines Gebäudes.
> - Bewegungsdarstellung ist unscharf und nicht fließend.«
>
> (Reelyator, Hifi-Forum.de, 06.07.2009, Beiträge nicht einsehbar, Status: ist öfters hier).

Der Kommentator geht damit auf die Schwierigkeiten in der technischen Umsetzung von 3D-Filmen und insbesondere deren wahrnehmungspsychologischen Aspekt ein. Wie in Kapitel 2.2 (S. 39ff.) ausgeführt, ergibt sich häufig ein Miniaturisierungseffekt, der ganze Szenerien wie eine Modellbaulandschaft und Figuren wie Puppen wirken lassen kann. Zudem hat bereits Crary darauf hingewiesen (vgl. 1996: 129), dass das stereoskopische Bild eigentlich flächig angeordnet ist (auch »Cardboard Effekt« genannt). Diesem wahrnehmungspsychologischen Phänomen wird eben mit »multi-rigging« versucht entgegenzuwirken (vgl. Kapitel 2.2.3). Bewegungsunschärfen scheinen darüber hinaus, auch aufgrund fehlender Seherfahrung, in 3D deutlich irritierender zu sein als in 2D. Seine detaillierten Ausführungen weisen den Kommentator nicht nur als Experten und Horrorfan aus, sondern grundsätzlich als Kenner von (3D-) Filmen und deren technischen Bedingungen. Damit zeigt sich eine überaus reflektierte Wahrnehmung und Beurteilung des 3D-Films, die mit dem Horror-Genre sicherlich eher korreliert als mit der Begeisterung für Filme des Family Entertainments (vgl. Winter 1995).

Auch der Film FINAL DESTINATION 4 erhält unabhängig von der 3D-Technik insgesamt negative Bewertungen. Dabei schreiben einige Besucher in ihren Beiträgen explizit, dass sie sich den Film nicht wegen der Handlung oder der Schauspieler ansehen, sondern diesen als kurzweilige Unterhaltung verstehen, bei der der 3D-Effekt schlicht amüsiert – und offensichtlich ist das für einige Zuschauer auch ausreichend: »*Sinn? Nö. Story? No Way. Kurzweilige Horror-Komödie in Hochglanz-3D-Optik? Absolut*« (J., Filmforführer.de, 05.09.2009, Beiträge 41). Wie auch bei MY BLOODY VALENTINE 3D lässt sich häufig die Meinung finden, der Film werde nur durch 3D sehenswert, und allein dieser Effekt mache ihn zu einem unterhaltsamen Erlebnis: »*Die 3D Effekte sind der einzige Grund, wieso ich diesen Film nicht als den schlechtesten Film, den ich je gesehen habe, abstemple. 3D ist neu, macht Spaß und der Film ist auf die Effekte ausgelegt*« (M., Filmstarts.de, 12.09.2009). Unterhaltungserleben definiert sich demnach über Spaß, Ästhetik und Effekt. Narration und Dramaturgie scheinen nachrangig. Damit zeigen sich die Zuschauer recht genügsam in der Beurteilung des Kinoerlebnisses. Offensichtlich soll der Film nicht allen erwartbaren Qualitätsansprüchen genügen: »*Die schwache und aufgesetzte Story wird erheblich von den 3D Effekten aufgewertet, weil man sich hin und wieder mal erschrickt, weil vielleicht mal gerade etwas mal auf einen zugeflogen kommt. Aber unterhalten hat es mich allemal und war das erste Mal sehr, sehr erstaunt und fasziniert vom 3D Kino … also schon sehenswert!*« (O., Filmstarts.de, 06.09.2009, Beiträge 9). Neben dem Spaß am Effekt sind es wohl auch das technische Interesse und die Faszination neuer technischer Möglichkeiten, durch die sich das Kinoerlebnis für einzelne Horrorfans rechtfertigt. Im letzten Beitrag wird deutlich, dass für viele Besucher besonders der Effekt aufgewertet wird, den die Zuschauer von einem Horrorfilm erwarten: Das Filmerlebnis wird intensiver. Dabei stehen meist die vermeintlich brutalen Szenen im Vordergrund. Auch finden sich Stimmen, die dem Film durch den Einsatz von 3D eine dichtere Atmosphäre bescheinigen. Damit wird einerseits gelobt, dass 3D so genutzt wird, dass Gegenstände scheinbar aus der Leinwand heraus in den Zuschauerraum ragen oder fliegen, andererseits, dass auch der Raum hinter der Leinwand bespielt wird. Daneben wird der immersive Effekt durch Teilnehmer in den Foren betont, also das Gefühl, stärker in den Film involviert zu sein und ihn einem realen Erlebnis gleich zu empfinden.

Andere Forenteilnehmer hingegen meinen, auch 3D könne den sehr schlechten Film nicht mehr aufwerten. Sie kritisieren ein unscharfes Bild und dass man sich im Laufe des Films zu schnell an den 3D-Look gewöhnt. Die übrigen Kritiken sind auf die Bewertung des Films an sich zurückzuführen. Dabei befürchtet ein Kinobesucher, gerade ein Film wie FINAL DESTINATION 4 könne mit seinen negativen Kritiken schnell für einen schlechten Ruf von 3D sorgen. Indirekt wird damit die Sorge geäußert, dass – ähnlich wie bei früheren 3D-Wellen zu Beginn der 1950er- sowie der 1980er-Jahre – 3D auch an der Qualität der Filme scheitern könnte: *»Ich hoffe nicht, dass das die Zukunft des 3D-Films ist, nach dem Motto ›Inhalt völlig schnuppe Hauptsache dreidimensional‹ […] Keine gute Werbung fürs 3D Kino«* (J., Filmforführer.de, 04.09.2009, Beiträge 41).

4.2.2.4 *Zusammenfassung*

Vergleicht man die Reaktionen, die zu Filmen des Family Entertainments und des Horrorfilms in den unterschiedlichen Foren veröffentlicht wurden, fällt auf, dass der Einsatz von 3D bei Horrorfilmen stärker gerechtfertigt wird und die Horrorfans den Film durch den 3D-Effekt offensichtlich auch eher aufgewertet sehen. So betonen die Verfasser der verschiedenen Forenbeiträge zu MY BLOODY VALENTINE 3D vor allem den Unterhaltungs- und Spaßfaktor, der durch 3D für sie entsteht. In den Augen vieler dieser Kinobesucher wird MY BLOODY VALENTINE 3D durch den Einsatz dieser Technik zu einem besseren und unterhaltsameren Film als dies ohne deren Einsatz der Fall wäre. Gleiches gilt für den Horrorfilm FINAL DESTINATION 4, in dem nach Meinung zahlreicher Forenteilnehmer durch 3D ein zusätzlicher Anreiz geschaffen wird. Dabei werden der Inhalt eines Films und der Einsatz von 3D häufig getrennt voneinander bewertet. So gibt es viele abwertende Beiträge zur inhaltlichen Qualität von MY BLOODY VALENTINE 3D, der Film werde aber durch den guten Einsatz von 3D aufgewertet. Diese Aussagen lassen sich auch zu FINAL DESTINATION 4 finden, womit vor allem die Horrorfilm-Fans dem 3D-Effekt jenseits von Narration und Charakteren einen eigenständigen Erlebniswert zusprechen. Hier ist zu vermuten, dass dies aus den spezifischen dramaturgischen Konventionen des Genres wie auch aus einer Technikaffinität seiner Fans resultiert.

Bei ICE AGE 3 hingegen ist keine solch große Unterstützung zu erkennen. 3D wird hier als zusätzliche visuelle Attraktion gesehen, die allerdings ambivalent bewertet wird. Im Gegensatz zur Diskussion um MY BLOODY VALENTINE 3D finden sich kaum Verweise auf einzelne Szenen, in denen der Effekt einen Mehrwert bietet. So ließe sich schlussfolgern, dass der Film weniger 3D-Szenen beinhaltet, die einen starken visuellen Eindruck hinterlassen haben. Die Technik bietet einen Mehrwert vorwiegend in actionbezogenen Szenen und solchen, die Bewegung und Schnelligkeit implizieren. Im Mittelpunkt der Forenbeiträge stehen neben dem Thema 3D aber vor allem der Humor und die Geschichte des Films sowie der Vergleich mit anderen Filmen der »Ice Age«-Reihe. 3D ist nur ein Thema, das neben anderen diskutiert wird. Beim zweiten Film des Family-Entertainment-Genres OBEN steht die inhaltliche Qualität des Films in den Diskussionen im Vordergrund. Für viele Kommentatoren ist 3D ein schöner Zusatznutzen, aber es überwiegt die Einschätzung, der Film würde auch in 2D gut funktionieren.

Aufgrund der Aufpreise für den 3D-Kinofilm wird 3D als Premiumprodukt angesehen, mit dem hohe Erwartungen verbunden sind. Vor diesem Hintergrund können die enttäuschten Beiträge der ICE AGE 3-Besucher interpretiert werden, von denen sich einige einen deutlich offensiveren Einsatz des 3D-Effektes erhofft hatten. Bei den Filmen des Family-Entertainments zeigt sich aber auch, dass die Erwartungen an 3D an den jeweiligen Filminhalt angepasst werden und nicht grundsätzlich auf das Genre bezogen sind. Wie die Auswertung der Beiträge zu OBEN zeigt, erwarten die Kommentatoren nicht, dass die 3D-Ästhetik besonders auffällt, sondern vielmehr die Narration unterstützt. Entsprechend sollte sie sich verhalten zeigen, nicht mit Effekten spielen und im Hintergrund verbleiben. Damit allerdings besteht durchaus das Risiko, dass die Zuschauer bei der Auswahl des nächsten Films, der in diese Kategorie fällt, die 2D-Version wählen und in 3D grundsätzlich keinen großen Zusatznutzen erkennen.

Im Sinne des Uses-and-Gratifications-Ansatzes ergeben sich in Bezug auf 3D unterschiedliche Erwartungshaltungen, die erfüllt oder enttäuscht werden, und die sowohl vom Genre als auch vom individuellen Film abhängig sind. Demnach verstärkt die Verwendung von 3D im Horrorfilm die ohnehin an das Genre gestellten Erwartungen: Der Film soll Spannung erzeugen, überraschen und schockieren. Auch wenn die Bewertungen des Films an sich negativ ausfallen, wie es vor allem bei

FINAL DESTINATION 4 der Fall ist, erfüllt und unterstützt 3D doch die grundsätzlich an den Film gestellten Erwartungen und wertet das Kinoerlebnis damit auf. Bezogen auf die ausgewerteten Kommentare zu Filmen aus dem Bereich des Family Entertainments ist von anderen Erwartungshaltungen auszugehen, in denen wie bei ICE AGE 3 der Humor eine Rolle spielt oder wie bei OBEN die Entwicklung der Geschichte und ihrer Charaktere. Dabei ist auch zu berücksichtigen, dass es sich beim Family Entertainment nicht im eigentlichen Sinn um ein Genre handelt, sondern eher um eine auf das mögliche Publikum bezogene Klassifikation und den hier spezifischen intergenerativen Aspekt. Bei der Frage nach der Erlebnisqualität des Films ist der 3D-Effekt hier nur ein Punkt unter vielen. 3D wird damit in diesen Filmen von den Zuschauern eher als ein zusätzliches Angebot angesehen, das entweder den Film unterstützen oder einen eigenständigen Mehrwert bieten soll. Für die grundlegende Bewertung des Films ist der 3D-Effekt nachrangig.

4.2.3 *3D-Effekt und Filmstilistik*[43]

In welcher Weise sich dreidimensionale Effekte tatsächlich auf das Filmerleben auswirken, ist eine Frage, die bislang weitgehend unbeantwortet blieb. Wie ein Überblick über Studien zur Wahrnehmung und Bewertung dreidimensionaler Inhalte zeigt, sind Arbeiten mit dieser Forschungsperspektive lediglich vereinzelt in unterschiedlichen disziplinären Kontexten durchgeführt worden (vgl. Kapitel 3, S. 45ff.). Eine Absicht dieser Arbeiten war es, die vorhandene 3D-Technik zu verbessern. So wurde die Auswirkung von Bildfehlern auf die Zuschauerwahrnehmung oder die Auswirkung verschiedener Kameraeinstellungen bei der Aufnahme getestet (vgl. Freeman et al. 1999; Ijsselsteijn et al. 2000; Kooi et al. 2004). Vor allem Gerätehersteller versuchten, mittels unterschiedlicher Methoden die Bildqualität von 3D-Displays bewerten zu lassen und dem Empfinden der Zuschauer beim Sehen von stereoskopischem 3D nachzugehen (vgl. Meesters 2003 et al.; Seuntiens 2006). Andere Arbeiten setzten sich mit mobilem 3D-TV auseinander und erhoben die darauf bezogenen Nutzungserwartungen ebenso wie die Erfahrungen der Anwender mit dreidimensionalen Inhalten (vgl. Stroh-

43 Das Kapitel entspricht ganz überwiegend einem Beitrag, der in der Zeitschrift Medien & Kommunikationswissenschaft 2/2011 veröffentlicht worden ist.

meier et al. 2008). Jüngere Forschungen betrachten die in 3D präferierten Genres. So konnten auch die im Rahmen des hier dokumentierten Projektes durchgeführten Befragungen (vgl. Kapitel 4.1) bestätigen, dass die Erwartungen des Publikums den aktuellen Kinoangeboten entsprechen: Nach Ansicht der Zuschauer bieten sich vor allem Fantasy-, Action-, Animations- und Dokumentarfilme für den 3D-Effekt an, Nachrichten und wortbasierte Formate werden hingegen als ungeeignet empfunden (vgl. auch Freeman/Avons 2000; Mazanec et al. 2008). Dass die Wahrnehmung und Bewertung dreidimensionaler Effekte dabei je nach ihrer genrespezifischen Einbindung variieren können, haben explorative Analysen gezeigt (vgl. Kapitel 4.2.2).

Dominiert wird die Forschungslandschaft bislang aber von Studien, die sich dem unterschiedlichen Sehempfinden bei 2D- und 3D-Darstellungen widmen und dabei eine Präferenz für eine der jeweiligen Darstellungsweisen herausarbeiten (vgl. besonders Häkkinen et al. 2008; Seuntiens et al. 2005; Freeman et al. 2000). Sofern 3D-bezogene Studien einen theoretischen Zugang wählen, wird häufig auf Konzepte zum Präsenzerleben zurückgegriffen (vgl. Lombard/Ditton 1997). So gingen Studien von Ijsselsteijn et al. (2001) der Frage nach, inwieweit sich Bildbewegung, Stereoskopie und Bildgröße auf das Empfinden von Präsenz auswirken (vgl. auch Ijsselsteijn et al. 1998). Die Autoren verglichen die Ergebnisse besonders hinsichtlich der Bildgröße mit den Resultaten einer früheren Studie (vgl. Freeman et al. 2000), in der eine kleinere Leinwandgröße verwendet wurde. Wie die Ergebnisse zeigten, haben Stereoskopie, Bewegung im Bild und die Bildgröße einen Effekt auf die subjektiven Bewertungen von Präsenz. Auch Freeman et al. (2000) wiesen in Gruppendiskussionen nach, dass 3D-Inhalte ein stärkeres Präsenzerleben als 2D-Inhalte evozieren. Dabei wurde die gefühlte Präsenz ihrerseits mit Begriffen wie Involviertheit, Realismus und Natürlichkeit (involvement, realism, naturalness) beschrieben. Häufig wurde zudem der Ausdruck des »Daseins« (being there) verwendet, womit die Aussagen explizit an eine Operationalisierung von Präsenz anschließen, wie sie von Lombard und Ditton (1997) in ihren grundlegenden theoretischen Ausführungen zum Thema konzeptualisiert worden ist. Hervorzuheben ist, dass alle Befragtengruppen in der Studie von Freeman et al. (2000) das Gefühl »being there« ohne eine entsprechende Aufforderung durch den Moderator formulierten.

Auch wenn einzelne Studien die Frage nach den Inhalten und damit den konkreten Darstellungen dreidimensionaler Produktionen in ihr Forschungsprogramm einbeziehen, wird dieser Aspekt doch in der Regel vernachlässigt. Primär stehen Aspekte der Bildqualität und des 2D/3D-Vergleichs im Mittelpunkt empirischer Untersuchungen. Dabei werden den Teilnehmern überwiegend kurze Sequenzen vorgeführt, teilweise ohne Kamerabewegung und ohne Bewegung in der Szenerie (vgl. S. 49ff.). Häufig fanden die Vorführungen zudem ohne Ton statt. Ferner handelte es sich primär um dokumentierende Bilder ohne Handlung, womit eine Übertragung der Ergebnisse auf Spielfilme unzulässig ist. Freeman et al. (2000) führten ihren Untersuchungsteilnehmern zwar eine Theaterinszenierung als stereoskopische Aufnahme vor, diese war aber nicht für die Kamera entworfen. Bezüge zwischen den Erwartungen und Bewertungen der Rezipienten einerseits sowie der Narration und der dreidimensionalen Ästhetik andererseits lassen sich aus den bislang durchgeführten Studien zum 3D-Film nicht ableiten. Entsprechend ließ die Forschungslage bislang keine Aussagen über die Beurteilung dreidimensionaler Effekte in unterschiedlichen narrativen Kontexten zu. Die Frage nach den Motiven, aufgrund derer sich Zuschauer den aktuellen 3D-Blockbustern zuwenden, sowie nach den jeweiligen Gratifikationen, die die Zuschauer durch die narrative und ästhetische Verknüpfung des 3D-Effektes im Film erhalten, blieb mit Blick auf die gegenwärtige Erfolgsserie des 3D-Kinos offen. Die im Weiteren dokumentierte Studie zielt auf eben diese Perspektive. Sie fragt nach den *Erwartungen* der Zuschauer an dreidimensionale Filme und nach den *Gratifikationen,* die die Rezipienten des 3D-Kinos durch die jeweils unterschiedliche Einbindung des 3D-Effektes im Film erhalten. Im Vordergrund steht die Frage nach dem 3D-Effekt als filmsprachliches Mittel aus Sicht der Zuschauer und seiner Legitimation.

4.2.3.1 *Theoretischer Hintergrund*

Wie in Kapitel 4 einleitend dargestellt, schließt damit auch diese Teilstudie an den Uses-and-Gratifications-Approach an (vgl. Blumler/Katz 1974). Dieser basiert auf der Annahme, der Rezipient wende sich den Medien aufgrund spezifischer Motive und Bedürfnisse zu. Dabei haben die vorhergehenden Analysen deutlich gemacht, dass der Film nicht nur seinem Inhalt entsprechend ausgewählt wird, gleichermaßen entscheiden sich die Zuschauer bewusst für (oder gegen) die 3D-Version einer Produktion, sodass auch diese Auswahl nicht zufällig oder beiläufig erfolgt und offensichtlich mit spezifischen Erwartungen verbunden ist (vgl. Kapitel 4.2.1).Weitere Studien konnten auf die Bedeutung des Genres für die Beurteilung dreidimensionaler Filme verweisen.

Eine Zuspitzung erfährt die Frage nach Motiven und Gratifikationen der Kinozuschauer im Folgenden durch die Einbeziehung von Forschungskonzepten zu Immersion und Präsenz. Wie sich in den ersten explorativen Auswertungen qualitativer Interviews (s.u.) zeigte, spielt das Präsenzerleben bei der Rezeption dreidimensionaler Filme aus Sicht der Zuschauer eine besondere Rolle. Damit bestätigen sich vorliegende Studien, die eben diesen Ansatz in der Rezeption stereoskopischer Darstellungen herausstellen (vgl. Kapitel 3). Aus diesem Grund rekurrieren die folgenden Ergebnisdarstellungen und Interpretationen im Wesentlichen auf medientheoretische Konzepte zum Präsenzerleben sowie – als disziplinär benachbartes Konzept – zur Immersion und schließen damit an vorliegende Studien zum Thema an. Immersion und Präsenz (presence) werden in Zusammenhang mit anderen Konzepten wie Involvement (vgl. Klimmt et al. 2005), Diegese (vgl. Schweinitz 2006) oder Transportation (vgl. Lombard/Ditton 1997) diskutiert. Sie haben sich im vergangenen Jahrzehnt einander ergänzend in der Kommunikations- und in der Medienwissenschaft als zwei Begriffe etabliert, die eine spezifische Form des affektiven Medienhandelns beschreiben. Curtis (2008: 89) bezeichnet Immersion als »Synonym einer Illudierungserfahrung«. Wirth et al. (2008: 71) sehen mit Präsenzerleben ein Phänomen benannt, »bei dem Mediennutzer vergessen, dass die rezipierten Inhalte medienvermittelt sind«. Damit schließen beide Definitionen an ein Verständnis von Medienerleben an, das Lombard und Ditton (1997) als »Non-Mediation« bezeichnet haben. Die Verbindung beider Konzepte wird durch die Annahme markiert, die Grenze zwischen dem medial Dargestellten und dem tatsächlich Erlebten, der realen Umgebung, sei im Zuge der Medienrezeption scheinbar aufgehoben. Dennoch finden sich in interdisziplinär unterschiedlichen Kontexten heterogene Konzeptualisierungen beider Begriffe.

Der Begriff der Immersion wird interdisziplinär uneinheitlich verwendet. Grundlegend geht es um das Aufmerksamkeitspotenzial eines Mediums sowie – in den Konzeptualisierungen allerdings weniger präsent – dem damit aufseiten des Rezipienten verbundenen Rezeptionsmodus. Nach Curtis ist »Immersion als Ergebnis komplexer Rahmenbedingungen der Rezeption zu verstehen, die die Konfrontation mit textlichen Eigenschaften, Wahrnehmungsstrukturen und den Leerstellen dazwischen voraussetzen« (Curtis 2008: 92). Eine solche Perspektive steht im Gegensatz zu älteren Ansätzen, die sich auf apparative Aspekte der Immersionserfahrung konzentrieren (vgl. dazu Minsky 1980; Curtis 2008). Diese Ansätze beziehen sich auf Phänomene wie *Telepräsenz* oder *Virtual Reality*. Bei beiden Techniken geht es um eine Deplatzierung des Nutzers und die Frage, welche apparativen Voraussetzungen für diese technologische Ergänzung des Körpers notwendig sind (vgl. Curtis 2008). Ursprünglich wurde der Begriff Immersion für die Rezeptionserfahrung bei Büchern verwendet, ehe einerseits im Rahmen der Virtual-Reality-Forschung, andererseits durch die Konzeptualisierung von Telepräsenz eine Umwidmung auf technische Apparate erfolgte (ebd.). Zudem wurden die immersiven Eigenschaften des (zweidimensionalen) kinematografischen Dispositivs in der Filmtheorie immer wieder betont. Bereits 1916 spricht Hugo Münsterberg dem Film in der Studie »Das Lichtspiel« (1916) durch seine spezifischen filmischen Mittel eine immersive Kraft zu, da er »mentale Operationen wie Erinnerungen, Fantasie, emotionale Aktivierung und die Konzentration der Aufmerksamkeit vorausnimmt« (Schweinitz 2006: 146). Vor allem in medienpsychologischen Forschungsarbeiten wird der Immersionsbegriff stringent auf die Eigenschaften des Mediums bezogen. Entsprechend formulieren Wirth und Hofer (2008: 161): »Medien mit besonders vielen das Präsenzerleben begünstigenden Merkmalen werden als immersiv bezeichnet«.

Auch das Präsenzerleben wird in der Literatur vielfach differenziert. So finden sich Unterscheidungen von Präsenz als »Spatial Presence«, als »Social Presence« oder als »Copresence« (vgl. Ijsselsteijn et al. 2001; Lee 2004; Wirth et. al. 2008; Schubert 2009). Lombard und Ditton (1997) haben einen Überblick über die wesentlichen Varianten von Präsenz gegeben und unterscheiden dabei u.a. zwischen Präsenz als Realismus und Präsenz als Transportation. Transportation wird differenziert in »You are there«, also das Gefühl, sich in der mediatisierten Welt zu befinden, »It is Here«, den Eindruck, das Dargestellte sei Teil der Welt der Rezipienten, und drittens »We are together«. Letzteres drückt die Einschätzung aus, die Medienwelt und die reale Welt befänden sich an einem dritten Ort, der weder durch die erste noch durch die zweite konstituiert ist. Immersion sehen die Autoren selbst als eine Form der

Präsenzerfahrung, womit die Konzepte mitunter zur gegenseitigen Erklärung verwendet werden. Interdisziplinär übereinstimmend betonen aktuelle Forschungsarbeiten die Bedeutung der Inhalte und der Eigenschaften des Mediums einerseits, sowie andererseits die Relevanz des Rezeptionsprozesses, der die Merkmale des Rezipienten und der Rezeptionssituation einschließt. Die in diesem Abschnitt vorgestellte Studie schließt an eine solche Perspektive an, differenziert diese konzeptuell aber, indem sie sich im Sinne der *Präsenzforschung* einerseits mit dem Filmerleben der Rezipienten beschäftigt und danach fragt, auf welche Weise sich die für den 3D-Film offensichtlich relevante Gratifikation der Non-Mediation im Erleben der Zuschauer manifestiert (vgl. Lombard/ Ditton 1997). Indem diese Manifestation auf den Film bezogen wird, soll andererseits das immersive Potenzial des 3D-Films unter Berücksichtigung seiner narrativen und ästhetischen Strukturen nachgezeichnet werden. Damit werden im klassischen Sinn sowie im medienpsychologischen Verständnis der *Immersionsforschung* die Eigenschaften des Mediums herausgestellt, nunmehr aber nicht allein bezogen auf seine technologischen, sondern auch auf seine inhaltlichen Dimensionen. Eine Rekonstruktion des Filmerlebens und seiner damit verbundenen Bewertung filmischer Elemente schließt die subjektive Bedeutungszuweisung durch den Rezipienten ein. In Anlehnung an theoretische Arbeiten zur Immersion und zur Präsenz ist die Frage nach dem Übergang von realer und medialer Welt in der Wahrnehmung des Films ein wesentlicher Aspekt für die Interpretation der Zuschaueraussagen.

4.2.3.2 Methode

Die Frage nach den Motiven der Besucher dreidimensionaler Filme sowie der Bedeutung, die sie dreidimensionalen Effekten im Film zuschreiben, lehnt sich – wie oben bereits ausgeführt – an den Uses-and-Gratifications-Ansatz an und zielt mit der hier formulierten Absicht der Rekonstruktion von Bedeutungszuweisung auf ein qualitatives Forschungsdesign. Halb strukturierte Leitfadeninterviews geben den Befragten die Möglichkeit, Motive offen zu formulieren und Bedeutungszuweisungen aus ihrer je spezifischen Sicht vorzunehmen. Im Zuge der Erhebung affektiven Filmerlebens können die Befragten einerseits die erhaltenen Gratifikationen schildern. Darüber hinaus ist es möglich, dass sie diesen Erlebnisweisen unterschiedliche Filmszenen zuweisen, auf die sie in der subjektiven Erinnerung rekurrieren können. Die Verbindung von Filmerleben und den dazugehörigen narrativen und ästhetischen Elementen des Films wird für den Forscher auf diese Weise rekonstruierbar. Gleichzeitig muss sich der Forscher die Nachteile dieser Methode vergegenwärtigen, die mit einer solchen Erhebung verbunden sind. So kann durch die Erinnerungsleistung der Interviewpartner und die hiermit verbundene Beschreibung der eigenen Erlebnisse nie das unmittelbare Filmerleben abgebildet werden, sondern immer nur das nachträglich vergegenwärtigte. Es ist zudem nicht auszuschließen, dass alltagstheoretische Erklärungen in die Selbstbeschreibungen der Kinobesucher einfließen. Dennoch ist die nicht-zufällige Auswahl zwischen medienbezogenen Alternativen, wie sie auch der Besuch eines 3D-Films darstellt, eine Form der selektiven Medienzuwendung, die eine besonders aufmerksame Wahrnehmung sowie eine eingehende Verarbeitung des Gesehenen erwarten lässt (vgl. Schenk 2007). Hinzu kommt die Novität des Untersuchungsgegenstandes, die einer ritualisierten und habitualisierten Mediennutzung entgegensteht. Vor allem eine solche erschwert die Schilderung des eigenen Medienhandelns. Wenn, wie Schenk (2007) es formuliert, das aktive, intentionale Medienhandeln besser mit dem Gratifikationsansatz harmonisiert als die ritualisierte Mediennutzung, ist auch aus diesem Grund davon auszugehen, dass die hier geschilderten Erhebungen mit ihrem entsprechenden methodischen Vorgehen dazu beitragen können, ein neues Feld der Rezeptionsforschung explorativ zu erschließen und erste Antworten auf die Frage zu geben, in welcher Weise die Dreidimensionalität aktueller Kinofilme von den Zuschauern erlebt und beurteilt wird.

Die Auswahl der Befragten erfolgte nach dem Prinzip des theoretischen Samplings. Dabei ging es nicht um die Bandbreite besonders typischer Fälle; vielmehr wurden die Interviewteilnehmer so ausgewählt, dass »nur eine singuläre, besonders detailreiche oder facettenreiche Figur zu einem Handlungsmuster synthetisiert« (Lamnek 1993: 22) wird. In der durchgeführten Untersuchung sollten die Motive und Gratifikationen der Zuschauer unter Berücksichtigung von Dramaturgie und Ästhetik expliziert werden. Entsprechend konzentrierte sich die Befragung auf Kinobesucher, die sich bewusst ausgewählt mindestens zwei dreidimensionale Filme im Kino angesehen hatten. Da sich die Befragten somit wiederholt 3D-Filme angeschaut hatten, konnte von einem grundsätzlichen Interesse am 3D-Kino ausgegangen werden. Damit verbindet sich die (zumindest implizite) Ausformulierung von Rezeptionsmotiven, da es sich nicht um ein zufälliges Betrachten dreidimensionaler Filme handelte. Die Leitfadeninterviews wurden von zuvor geschulten Interviewern telefonisch durchgeführt. Im Leitfaden vorgegebene Dimensionen sollten sicherstellen, dass die für die Untersuchung relevanten Themenbereiche angesprochen werden. Wesentliche Dimensionen des Leitfadens waren

- die *Erfahrungen* mit dreidimensionalen Inhalten;
- die *Motive*, sich 3D-Filme im Kino anzusehen;
- die *Bewertungsmaßstäbe*, aufgrund derer der Mehrwert dreidimensionaler Filme beurteilt worden ist;
- die *Gratifikationen*, die der 3D-Effekt aus Sicht der Zuschauer vermittelt.

Um eine Verbindung zwischen den Gratifikationen und den narrativen Strukturen der Filme herstellen zu können, wurden die Teilnehmer immer wieder aufgefordert, ihre Aussagen anhand von Filmbeispielen zu veranschaulichen.

Die Auswahl erfolgte im Winter 2010 zunächst über persönliche Kontakte; zusätzlich kam das sogenannte Schneeballverfahren zur Anwendung (vgl. Keuneke 2005). So wurden die Gesprächspartner gebeten, weitere ihnen bekannte Personen für die Befragung zu nennen, die dann ebenfalls interviewt wurden. Insgesamt nahmen 36 Personen im Alter von 12 bis 62 Jahren an den qualitativen Leitfadeninterviews teil, davon waren 19 männlich und 17 weiblich. Die Aufzeichnung der Interviews erfolgte mittels eines digitalen Aufzeichnungsprogramms oder MP3-Aufnahmegerätes. Anschließend wurden die Gespräche in normales Schriftdeutsch transkribiert. Die computerunterstützte Auswertung der so zustande gekommenen Texte orientierte sich a priori an den zuvor aufgestellten Kategorien »Erfahrungen«, »Motive«, »Bewertungsmaßstäbe«, »Gratifikationen«, die aus der Fragestellung abgeleitet und auf der Grundlage der theoretischen Vorarbeiten entwickelt wurden; a posteriori wurden weitere offene Kategorien hinzugefügt, die sich durch eine explorative Sichtung des Materials ergaben. So ließ sich die Kategorie »Gratifikationen« nach mehreren Probedurchläufen der Codierung weiter als »Erfahrung der Non-Mediation« konkretisieren und entsprechend nach den im weiteren Text aufgeführten Ausprägungen ausdifferenzieren. Das so entwickelte Kategoriensystem lag dem Hauptmaterialdurchlauf zugrunde, in dem alle Textstellen extrahiert wurden, die durch die jeweilige Kategorie angesprochen waren. Die Ergebnisse der Extraktion wurden zusammengefasst, aufgearbeitet und unter Rückbezug auf die theoretischen Vorarbeiten interpretiert. Besonders markante Textstellen wurden zum Zweck der Illustration in den so erstellten Text aufgenommen. Die Auswertung lehnt sich damit an die Vorgehensweise einer qualitativen, inhaltlich strukturierenden Inhaltsanalyse an (vgl. Mayring 2008). Ihr Ziel ist es, eine inhaltliche Struktur aus dem Material herauszufiltern, die »in Form eines prozessual ausgearbeiteten Kategoriensystems an das Material herangetragen wird« (Mayring 1994: 76f.). Bei einem solch selektiven Vorgehen wird nicht die erschöpfende Auswertung eines einzelnen Falls angestrebt, sondern eine dezidierte Analyse aller erhobenen Fälle mit Blick auf die aufgestellten Kategorien (vgl. Mayring/Hurst 2005).

4.2.3.3 *Ergebnisse*

Wie sich in den Interviews zeigte, besteht der Reiz des 3D-Films zunächst einmal in einer Intensivierung dessen, was in medien- und kommunikationstheoretischen Zusammenhängen als Involvement bezeichnet wird. Nach Wirth und Hofer handelt es sich dabei um ein »Metakonzept, das verschiedene Formen intensiver und bewusster Auseinandersetzung mit einem Medieninhalt subsumiert. Diese Formen können kognitiver, affektiver oder konativer Form sein« (Wirth/Hofer 2008: 168). Das Kino bietet gute Voraussetzungen für diese intensive und bewusste Auseinandersetzung mit dem Medieninhalt. Die Aufmerksamkeit des Zuschauers ist quasi automatisch fokussiert (vgl. Wirth/Hofer 2008: 163). Angesichts der Größe der Leinwand sowie des einnehmenden Surround-Sounds kommt der Zuschauer kaum umhin, sich der Filmhandlung zuzuwenden. Hinzu kommt in der Regel ein Mangel an Handlungsalternativen. Tatsächlich weisen die Antworten der Befragten darauf hin, dass die Auseinandersetzung mit dem Film aus ihrer Sicht durch den 3D-Effekt nochmals gesteigert ist. Ganz allgemein beschreiben sie das Rezeptionserlebnis als intensiver und präsenter – *»man ist viel mehr dabei«* und bestätigen, dass der 3D-Effekt dem subjektiven Eindruck nach die Aufmerksamkeit steigert: *»Bei normalen Filmen, wenn die ein bisschen langweilig sind, dann gucke ich mal rechts, links oder so, aber das war beim 3D-Film eigentlich nicht so«*. Gleichzeitig verringert sich nach

Meinung der Zuschauer die wahrgenommene Distanz zum Film. Der Eindruck, dass das Geschehen auf der Leinwand lediglich medienvermittelt ist, schwindet: »*Man ist nicht mehr so der Beobachter. Man merkt diese Distanz nicht mehr so stark wie bei einer 2D-Vorführung*«.

Insgesamt tritt die Haltung des außenstehenden Beobachters in den Hintergrund, die Zuschauer fühlen sich stärker in den Film hineingezogen und beschreiben dieses Erleben auch im Rückblick explizit. Damit knüpfen ihre Schilderungen an medientheoretische Konzepte an, wie sie unter dem Begriff des Präsenzerlebens konzipiert sind. Der Eindruck der Non-Mediation ist aus Sicht des Publikums durch den dreidimensionalen Effekt vorhanden. Dieses Gefühl des Dabei-Seins wird von den Zuschauern allerdings unterschiedlich beschrieben. So differenzieren sie zwischen einem räumlichen Präsenzerleben einerseits und emotionaler Präsenz andererseits. Beim räumlichen Präsenzerleben scheint die Grenze zwischen dem Ort der Filmrezeption und dem der Filmhandlung aufgehoben. Mehrere Zuschauer beschreiben diesen Effekt, differenzieren aber zwischen Raum und Handlung, wie eine Zuschauerin betont: »*Ich bin an der Stelle, aber ich bin nicht in der Handlung*«. Ein anderer führt diese Wahrnehmung weiter aus: »*Weil ich ja doch im Hinterkopf weiß, das ist eine Geschichte und ich bin nicht mittendrin. Aber quasi so, als wenn man jetzt Mäuschen spielt in dieser Geschichte und eingebunden ist, aber nicht in der Geschichte selbst als Beteiligter, sondern einfach staunen kann, wie das Ganze wirkt*«.

Die von den Zuschauern beschriebene Position gleicht der eines passiv teilnehmenden Beobachters, der sich am Ort Geschehens befindet, aber nicht aktiv in die Handlung eingreift. Eine andere Zuschauerin sieht durch den Effekt auch das emotionale Präsenzerleben verstärkt und entwickelt eine stärkere Empathie für Handlung und Akteure: »*Ich sehe den Unterschied darin, dass man im 3-D-Film viel mehr dabei ist, dadurch, dass man die Kulisse viel mehr vor sich hat. Weil man sich viel mehr vorstellen kann, das aus den Augen des Schauspielers sich vorzustellen und deswegen. Dadurch, dass es viel realistischer wirkt, kann man sich auch viel mehr hineinversetzen*«. Eine weitere Kinobesucherin betont: »*Man ist dabei und auch da drin und kann besser mitfühlen, für dieses Land zu kämpfen*« (AVATAR). Die Grenzen zwischen aktiv und passiv teilnehmender Beobachtung sind durch die Aussagen der Zuschauer markiert. Präsenzerleben wird aus Sicht der Zuschauer nicht bipolar als Dasein oder Nicht-Dasein beschrieben.

Die Aussagen der Zuschauer lassen darauf schließen, dass es sich vielmehr um eine Abfolge unterschiedlicher Dimensionen des Dabei-Seins handelt. Präsenz kann demnach als sinnliche Wahrnehmung des Raumes verstanden werden, in der die Distanz zu den Figuren dennoch aufrechterhalten wird. Der Zuschauer ist passiv teilnehmender Beobachter, die Wahrnehmung der Handlung als filmische Inszenierung kann damit impliziert bleiben. Präsenzerleben kann ferner durch Identifikation mit den Protagonisten intensiviert werden, womit sich der Zuschauer als Teil der Handlung empfindet. Präsenzerleben entsteht hier nicht nur in der Verbundenheit mit dem Raum, sondern auch in der Identifikation mit dem Handeln der Akteure. Da sich die Aussagen der hier zitierten Befragten alle auf den gleichen Film (AVATAR) beziehen, ist anzunehmen, dass die spezifische Wahrnehmung und die Intensität des Präsenzerlebens vor allem durch Rezipientenvariablen bestimmt werden, die in weiteren Forschungsarbeiten weiter auszudifferenzieren sind.

4.2.3.3.1 Realismus und die Darstellung des Raumes

Für die Erfahrung der Non-Mediation ist der Eindruck der Zuschauer wesentlich, das Mediengeschehen wirke, als ob es *»natürlich«*, *»direkt«*, *»unmittelbar«*, *»real«* sei. Lombard und Ditton (1997) klassifizieren diese Form des Präsenzerlebens als »Presence as realism« und differenzieren zwischen »social realism« und »perceptual realism«. Der soziale Realismus bezieht sich auf die Plausibilität der Darstellung, die Ereignisse könnten in der dargestellten Weise auch in der non-medialen Welt stattfinden. Beim perzeptiven Realismus hat der Zuschauer hingegen den Eindruck, die Objekte und Menschen würden aussehen und klingen, als existierten sie tatsächlich. So könnte sich nach Lombard und Ditton (1997) ein Science-Fiction-Film durch einen hohen perzeptiven Realismus auszeichnen, der wahrgenommene soziale Realismus hingegen wäre gering. Betrachten wir die Aussagen der Zuschauer und fragen nach den grundlegenden Voraussetzungen für das intensive Filmerleben, so spielt der perzeptive Realismus eine besondere Rolle. Die Metapher des »magic window« findet sich in den Aussagen der Befragten wieder: *»Es ist, wie als ob man aus dem Fernster guckt und die Landschaften sieht. Es ist richtig dermaßen realistisch«* (AVATAR). Der empfundene Realismus wird häufig mit der wahrgenommenen Raumtiefe begründet. Inhaltlich bezieht er sich vor allem auf die Beurteilung von Landschaften, deren Inszenierung gegenwärtig tatsächlich ein konstitutives Moment dreidimensionaler Kinofilme ist, was zweifelsohne auch mit den präsentierten Genres in Zusammenhang steht. So sind es die Welten der Science-Fiction- und Fantasyfilme, deren Landschaften das Ferne und gleichzeitig Fantastische repräsentieren.

Entsprechend rekurrieren die interviewten Zuschauerinnen und Zuschauer häufig auf den Film AVATAR, andere betonen den Mehrwert des 3D-Effektes grundsätzlich für die Inszenierung von Landschaften und Städten. Eine Interviewteilnehmerin führt das explizit aus: *»Aber für manche Art von Dokumentationen kann ich es mir gut vorstellen, wenn es um Bauprojekte geht oder so was. Ein Turm oder andere Bauwerke, die werden ganz anders erfahrbar noch mal. Oder auch Landschaften, die man nicht kennt, oder Städte. Für Städte kann ich es mir noch besser vorstellen, dass man die quasi mitbegehen kann«*. Bei solchen Aufnahmen erhält der dreidimensionale Effekt einen subjektiven Mehrwert, der vor allem aus der sinnlich-visuellen Erfahrbarkeit der differenzierten Darstellung herrührt. Hier erhält der Zuschauer durch die dreidimensionale und gleichzeitig detailreiche Darstellung komplexer baulicher und landschaftlicher Strukturen den Eindruck, er sei tatsächlich im Filmgeschehen anwesend. Dabei entsteht ein quasi-haptischer Eindruck des Dargestellten, durch den sich der Mehrwert des 3D-Effektes vermittelt.

Dass sich auch bei geschlossenen Räumen ein Mehrwert dreidimensionaler Darstellungen ergeben kann, zeigen Aussagen einzelner Zuschauer, die ebenfalls den realistischen Effekt herausstellen, diesen aber auch in Bezug auf Innenaufnahmen nachzeichnen. So erinnert sich ein Zuschauer an eine Szene im Film AVATAR, die im Raumschiff spielt und die Schlafkabinen der Soldaten zeigt: *»Diese Dimension dieses Riesenraumes, das hat man wirklich spüren können, weil die Kamera auch mal ruhig war. Da stand die Kamera ja fast, während sich nur die Figuren im Bild bewegt haben«*. In diesem Zitat wird die besondere Bedeutung des Zusammenspiels aus der Inszenierung des Raumes und der Kameraarbeit deutlich. Die zurückhaltende Bewegung der Kamera gibt dem Zuschauer die Möglichkeit, die Atmosphäre des Raumes zu erschließen, die Bewegungen der Figuren nachzuvollziehen und deren Positionierung im Raum zu deuten. Die Gestaltung des Raumes und seiner Ordnung erhält im dreidimensionalen Film aus Sicht der Zuschauer eine neue Bedeutung. Nähe und Entfernung werden nicht allein durch Einstellungsgrößen der Kamera vermittelt.

Auch können dreidimensional inszenierte Barrieren im Raum dazu beitragen, die wahrgenommene Distanz zu den Akteuren zu verstärken, gleichermaßen ist der umgekehrte Effekt möglich. Bereits Alfred Hitchcock zeigte überaus facettenreich, welche Funktion der Dreidimensionalität bei der Rauminszenierung zukommt. Sein 3D-Film DIAL M FOR MURDER (BEI ANRUF MORD) spielte 1954 fast nur in geschlossenen Räumen. Seine Kamera ließ er »extra in einer im Boden eingelassenen Vertiefung postieren, um durch die Untersicht der Kamera den räumlichen Eindruck zu betonen« (Drößler 2008c: 46). Durch das Spiel mit den Personen vor und hinter den im Raum platzierten Gegenständen wurde die wahrgenommene Distanz zu den Akteuren im Raum maßgeblich gelenkt. Der Mehrwert dreidimensionaler Raumdarstellungen für den Zuschauer ergibt sich hier aus ihrer ordnenden und strukturierenden Funktion.

Wesentlich für die Beurteilung des Effektes ist zudem, dass die dreidimensionale Raumgestaltung und die Inszenierung der Raumtiefe inhaltlich an das Geschehen angebunden sind. Dies wird besonders in der fantastischen 3D-Verfilmung des Kinderbuches CORALINE deutlich, die nicht nur technisch, sondern auch narrativ räumliche Erfahrungen in den Vordergrund stellt. Entsprechend verweist eine Zuschauerin auf diesen Film und hebt eine Szene heraus, die ihr in der dargestellten Dreidimensionalität besonders in Erinnerung geblieben ist: *»Das sieht einfach super aus, (...) bei dem Tunnel, glaube ich, sieht man das ganz speziell. Wo sie in diese andere Welt rüberläuft (...)«*. Ihrer Meinung nach funktioniert 3D besonders, *»wo jemand irgendwo raus muss und man weiß, die muss aus diesem Tunnel raus und dann sieht man den auch noch in seiner Tiefe, dann ist das schon noch mal spannender«*. Die Darstellung des Tunnels spielt im Besonderen mit der Möglichkeit, die Tiefe des Raumes durch den 3D-Effekt zu betonen. Der Übergang von der einen non-medialen Welt in die andere fantastische Welt wird sowohl in seiner räumlichen Entfernung betont als auch in der Ungewissheit, die mit der quasi sinnlich wahrgenommenen Tiefe verbunden ist. Der Mehrwert des Dreidimensionalen liegt hier in seiner symbolisierenden Funktion, wie sie an anderer Stelle (s. Kapitel 4.2.2) ja auch schon für den Horrorfilm diskutiert worden ist. Dass sich der Film CORALINE zudem klassischer Elemente des Horrorkinos bedient, stützt die Funktion des 3D-Effektes als sinnlich-symbolisierendes Moment des Ungewissen und damit potenziell Bedrohlichen.

Generell scheint unter den Befragten weitestgehend Konsens darüber zu bestehen, dass stereoskopisches Kino vor allem durch eine als realistisch wahrgenommene Bildpräsentation und -inszenierung die mediale Vermittlung des Geschehens überspielt. Beim Rezipienten entsteht der Eindruck, sich räumlich, mitunter auch emotional, näher am oder gar im Geschehen zu befinden. Dies ist ein Gefühl, das – wie die weiteren Ausführungen zeigen werden – bis zu reflexähnlichen, durch die Filmhandlung evozierten Reaktionen führen kann. Insgesamt ist es ein wesentliches Motiv der 3D-Rezeption und damit gleichzeitig auch ein wahrgenommenes Bedürfnis der Zuschauer, Räume zu erkunden und zu erleben. Dieses Erleben manifestiert sich in der quasi körperlichen Erschließung des Raumes und seiner symbolischen Deutung.

4.2.3.3.2 Leiblichkeit und Bewegung

Der wahrgenommenen »Echtheit« der Darstellung schließt sich ein weiterer Effekt an, der an die sinnliche Unmittelbarkeit (Curtis/Voss 2008b: 12) von Bewegung anknüpft. Dem Zuschauer wird das Gefühl vermittelt, sich mit hoher Geschwindigkeit durch den Raum zu bewegen. Was die Zuschauer heute im 3D-Kino erleben, schließt an die phantom-rides des frühen Kinos an und korreliert mit der movie-ride-Ästhetik der Blockbuster. »Beim movie-ride wird die mediale Konvergenz des Films mit der Achterbahn-Attraktion eines Themenparks simuliert, eine Ästhetik, die im Actionfilm der Gegenwart zur Regel geworden ist« (ebd.). Eben diese Form der Bewegungsästhetik greift der 3D-Film auf und intensiviert sie durch das Moment der unmittelbaren räumlichen und körperlichen Erfahrung. Folgt man den Ausführungen von Fielding (2008), dann begründet sich die Besonderheit der somatischen Erfahrung im Realismus der Darstellung. Einen Schritt weiter geht Gunning (2006), der den »Schock der erhöhten Sinnlichkeit« betont. Er »unterstreicht die im Wortsinne phantomhafte und unheimliche Qualität der Erfahrung und den Reiz des Neuen an der Bewegung durch den Raum« (Curtis/Voss 2008b: 13; vgl. Gunning 2006). Eben diesen Reiz der Bewegung durch den Raum sieht der Zuschauer durch den 3D-Effekt verstärkt. Präsenzerleben wird auf diese Weise intensiviert. Damit ist das Gefühl beschrieben, der Zuschauer würde Bewegungen im Film so unmittelbar miterleben, als sei er selbst körperlich in den Bewegungsablauf eingebunden (vgl. Hartmann et al. 2005). Die Faszination resultiert aus der Intensität der Bewegung in einer anderen Welt.

Nach eigenen Aussagen beeindrucken die Zuschauer tatsächlich vor allem solche Bewegungen, die an das Fantastische anschließen und es erlauben, das Unmögliche zu imaginieren. Die Erlebnisse des Fliegens, Schwebens und Gleitens durch den Raum, aber auch der Fall in die Tiefe werden von den Befragten hier genannt. Wohl mag es auch hier der »Schock der erhöhten Sinnlichkeit« sein, der den Eindruck des Filmerlebens intensiviert. Der Film knüpft an den alten Traum der Menschheit vom Fliegen an und ermöglicht die Überwindung der Schwerkraft, wenn auch nur für einen kurzen Moment, in der Wahrnehmung medial vermittelter Bewegung. So erzählt eine Kinobesucherin: *»Aber bei der ›Weihnachtsgeschichte‹ war auch cool am Anfang, (...) da fliegt man irgendwie über die Stadt und man zoomt so rein in die Stadt und landet in einem Haus. Da hatte ich das Gefühl, dass ich quasi fliege«* (DISNEY'S – EINE WEIHNACHTSGESCHICHTE). Andererseits mag es der vom Zuschauer erlebte Nervenkitzel sein, der aus dem Schock der erhöhten Sinnlichkeit resultiert und der den Reiz der dreidimensionalen Darstellung intensiviert. Dieses Moment wird deutlich, wenn Zuschauer sich häufig an solche Szenen erinnern, die mit dem Blick in die Tiefe verbunden sind, in denen das Bild mit der Angstlust des Zuschauers spielt. Dabei können der perzeptive Realismus und die durch den 3D-Effekt wahrgenommene Tiefe des Raumes das Gefühl des Ausgeliefertseins verstärken.

Eben diese Situation des Ausgeliefertseins an die Bewegung ist für Huhtamo (2008) ein wesentliches Moment im Erlebnis von Immersion. So spielen Leiblichkeit und somatische Empathie vor allem da eine Rolle, wo der Zuschauer in Filmhandlungen hineingezogen wird, die explizit mit der Bedrohung des Körpers spielen. Im Zuge der Rezeption kommt so ein Dualismus zum Tragen, den Huhtamo durch die Gleichzeitigkeit der »Entkörperlichung des Körpers« durch das immersive Potenzial des Films (ebd.: 51) einerseits und durch die Fokussierung des Körpers auf »seine Leiblichkeit als Hauptort der Lustproduktion« andererseits bedingt sieht (ebd.). Tatsächlich reagieren Zuschauer auf das Dargestellte auch im 3D-Film mitunter in einer Weise, als würden sie dieses selbst erleben. In diesen Momenten wird das Ineinanderübergehen der verschiedenen Welten – der Filmwelt einerseits sowie der non-medialen Welt des Kinos andererseits – besonders deutlich. Beim filmischen Blick in die Tiefe stellt ein Zuschauer verwundert fest: *»Das habe ich vorher* *noch nie gehabt, dass ich diese Symptome, sag ich mal, von der Höhenangst nur beim Filmegucken hatte. Und da ist es kurz aufgeflammt, bevor ich gedacht habe, Alter, was machst denn du hier? Aber es war wirklich so, dass sich Muskeln zusammengezogen haben, die sich sonst bei Höhenangst auch zusammenziehen«* (AVATAR). Eine andere Zuschauerin berichtet über leichte Schwindelgefühle, die sie im Film OBEN erlebt hat und die mit einem Blick vom Haus in die Tiefe hinab verbunden waren.

Die Vorstellung vom 3D-Erleben als uneingeschränktem Gefühl der Präsenz wird durch andere Zuschauer allerdings konterkariert. Die Antworten zeigen, dass Involvement zwar aufrechterhalten wird, affektive und kognitive Strategien der Auseinandersetzung mit dem Film aber wechseln. So schildern Kinobesucher, wie sie selbst das Eintauchen in die Filmhandlung unterbrechen und kognitive Strategien aktivieren, um sich wieder aus der auf der Leinwand visualisierten Gefahr herauszunehmen. *»Man versucht auch manchmal, so eine Abwehrhaltung aufzubauen, wenn der Charakter in die Tiefe stürzt und man nicht hinterher fällt. So was gibt es auch, ja. (…). Dass man das Gefühl hat, man kippt so vorne ein bisschen aus dem Sessel raus. Wenn das so nach unten weggeht. Man vergegenwärtigt sich natürlich gleich wieder, dass man ja hier im Kinosessel sitzt, aber das ist schon da«* (AVATAR). Für andere Zuschauer sind es die filmischen Effekte selbst, die sie zurück in die Realität bringen. So sagt eine Zuschauerin: *»Ja, bei* ICE AGE *dieser Flug am Ende, wo die auf dem Flugdrachen rumfliegen, das war too much«* (ICE AGE) und ein anderer erzählt, *»das hat mich unheimlich verblüfft, dass ich bei den Szenen, wo die am Abgrund stehen, dass mir das nichts ausgemacht hat. Das war einfach zu viel Film«* (AVATAR). Wenn das Medium durch einen auf sich selbst verweisenden Einsatz der 3D-Ästhetik seine eigene Medialität offensichtlich macht, wird das Präsenzerleben konterkariert. Das vordergründige Spiel mit den Effekten lässt die vermeintlichen Absichten der Produzenten in den Vordergrund treten. So erläutert ein Zuschauer: *»Das Komische ist, bei 3D-Filmen hat man den Eindruck, die machen das, weil sie sich bewusst sind, dass sie einen 3D-Film machen. Dann bricht das oft so ein bisschen die Illusionen«*. Durch die Vehemenz der Darstellung, mitunter wohl auch durch die mangelnde Kongruenz zwischen Effekt und Erzählung, bringen sich die Akteure hinter der Kamera in das Bewusstsein der Zuschauer. Eine Rezeptionshaltung im Sinne präsenter Erfahrungen, bei der das Medium nicht mehr als solches wahrgenommen wird, wird durch diese selbstreferenzielle Form der Inszenierung des 3D-Effektes infrage gestellt. Die Toleranz gegenüber der medialen Inszenierung (suspension of disbelief) stößt an ihre Grenzen, das affektive Erleben des Films weicht der kognitiven Reflexion seiner Entstehung.

4.2.3.3.3 Absorption und Theatralität

Die leibliche Absorption kann als konstitutives Element von Präsenz verstanden werden. Über das Gefühl von Präsenz als »You are there« (vgl. Lombard/Ditton 1997) hinaus aber gehen Erfahrungen der Kinozuschauer, in denen Elemente der Filmhandlung den ihnen quasi zugeordneten Raum verlassen und den Zuschauer in seiner Welt adressieren – getreu dem Slogan einer Kino-Plakatwerbung: »Da kommt was auf uns zu«. Solche Effekte, die Lombard und Ditton (1997) in ihrer Konzeption von »Presence as transportation« als Situation des »It is here« bezeichnen – Räume und Objekte werden hin zum Zuschauer transportiert – schließen an die Mythen an, die sich um die Anfänge des Kinos und die Filme der Gebrüder Lumière ranken. Dass die Zuschauer angesichts eines im Film auf sie zukommenden Zuges tatsächlich in Angst und Schrecken versetzt waren, bezweifeln neuere filmhistorische Untersuchungen allerdings (vgl. Neitzel 2008). Während für den Kunsthistoriker Fried (1998) das Eintauchen in das Medium als »leibliche Absorption (…) eine ästhetisch empfehlenswerte Einbeziehung« des Zuschauers ist (vgl. Curtis/Voss 2008a: 5), setzt er dieser die Theatralität entgegen. Dabei handelt es sich seiner Meinung nach um eine selbstreferenzielle Form ästhetischer Präsenz, die auf den Zuschauer zugeht. Theatralität ist für ihn alles Ästhetische, »sofern es sich auf seine materielle Dinghaftigkeit reduziert« (ebd.). Die theatralische Darstellungsform und -wirkung besteht in der unmittelbaren Adressierung des Publikums und zielt auf den Effekt (vgl. Rushton 2004). Der Betrachter wird hier nicht in die bildliche Darstellung oder filmische Handlung hineingezogen; vielmehr wird er von dieser direkt adressiert, sei es durch ihm entgegenkommende Motive, durch Sound- oder Farbeffekte, durch spektakuläre Stunts oder Special Effects (vgl. Rushton 2004; Curtis/Voss 2008a). Eine kritische Betrachtung des Theatralischen findet sich nicht nur bei Fried (1998), sondern ebenso bei zahlreichen Filmemachern und in Äußerungen von Cineasten im öffentlichen Diskurs, die bei den theatralischen Effekten des 3D-Kinos Klamauk und ein Abzielen auf die Sensation kritisieren. Die Interviews mit Zuschauern aber belegen eine besondere

Bedeutung theatralischer Effekte im Zuge der Wahrnehmung und der Rezeption dreidimensionaler Filme – wenngleich hier Differenzierung geboten ist.

Grundsätzlich zeigen die Aussagen des Publikums, dass theatralische Effekte aus seiner Sicht wesentlich für den 3D-Film sind. Die Befragten erinnern sich häufig solche Szenen, die in der negativen Parallaxe stattfinden, also den Kinoraum vor der Leinwand bespielen. Dieses gilt für unterschiedliche Genres gleichermaßen; so werden Szenen aus Horrorfilmen erinnert, aber auch aus solchen Filmen, die sich an Kinder und Familien richten. Offensichtlich sind diese Effekte in der Lage, die Aufmerksamkeit der Zuschauer auf sich zu lenken. In direkter Adressierung stellt sich nicht allein die Frage, ob ich mich dem Geschehen auf der Leinwand zuwende. Hier wird der Film quasi aktiv, indem er das Publikum vor der Leinwand einbezieht und mit Effekten nicht nur psychische, sondern auch physische Reaktionen reflexartig provoziert. Häufig berichten Zuschauer, dass sie körperlich auf 3D-Filme reagieren. Ein älterer Kinobesucher vermerkt, er habe sich *»richtig weggeduckt«* (IMAX-Film), eine andere Zuschauerin ist *»zusammengezuckt«* (Trailer DISNEY'S – EINE WEIHNACHTSGESCHICHTE) und ein jugendlicher Kinogänger schildert, wie er bei sich selbst *»dieses Ausweichen und das Zurückzucken«* (WOLKIG MIT AUSSICHT AUF FLEISCHBÄLLCHEN) beobachten konnte.

Auch wenn sich das Publikum an solche Effekte erinnert, zeigt es sich in ihrer Bewertung gespalten. So finden sich Zuschauer, die allein wegen dieser Effekte eine 3D-Vorstellung besuchen. Ein Kinobesucher meint, gerade darin liege ja der Spaß, wegen dieser Effekte gehe man eigentlich hin. Ebenso lehnen Teile des Publikums die theatralischen Effekte ab und verwerfen sie als inzwischen überflüssig gewordenes Gimmick des 3D-Films. Mitunter fühlt sich der Zuschauer in seiner »selbstbestimmten Rezeptionshaltung« gestört. So betont ein Kinobesucher: *»Ich mag es nicht, wenn man mich mit 3D so an der Nase herumführt und ständig ins Auge piekt«*. Dabei ist aus den Interviews herauszulesen, dass die Akzeptanz theatralischer Effekte auch vom Kontext ihrer Darstellung abhängig ist. Der Effekt muss aus Sicht des Publikums narrativ motiviert sein, sich aus der Geschichte heraus legitimieren und darf eben nicht auf den reinen Klamauk abzielen. Auch ist die Beurteilung des Effektes eine Frage der antizipierten Wirkung.

Einige Zuschauer möchten lediglich in einer Weise quasi-leiblich adressiert werden, wie sie diese auch in der Realität als angenehm empfinden würden. So schildert eine Kinobesucherin: »*Ich mag nicht, wenn Gegenstände einem wirklich an den Kopf fliegen. Dieses Erschrecken muss nicht sein (...). Wobei wiederum diese Pusteblumen, diese ganz weichen Gegenstände, die da rumgeflogen sind, das fand ich ganz angenehm. Aber eben keine Steine*« (AVATAR), und eine andere erzählt: »*Also ich fand bei ›Up‹ besonders toll, dieses fliegende Haus dann mit den Luftballons, weil die einem ja auch entgegen gekommen sind*« (OBEN). Kongruenz ist damit nicht allein *immanent* auf die Übereinstimmung von Effekt und Narration zu beziehen, sondern ebenso *exmanent* auf die Übereinstimmung von Effekt und den taktilen Dispositionen der Rezipienten. Andere Zuschauer sehen theatralische Effekte als lustvoll schockierende Momente des Films und empfinden das Spannungserlebnis durch die unmittelbar leibliche Adressierung intensiviert. So verweist ein Besucher explizit auf Kampfszenen, bei denen er wirklich zurückgezuckt sei, »*als dann plötzlich so was geflogen ist. Und manchmal war man total erleichtert, weil man sich so gefreut hat, dass es jetzt nicht so geworden ist. Also da fiebert man schon ein Stück mehr mit*« (AVATAR). Ein anderer empfindet Szenen aus einem Horrorfilm als nachhaltig beeindruckend: »*Wie die Spitze da auf einen zugeflogen ist, da hat das ganze Kino nur geschrien. Das bleibt dann schon in Erinnerung*« (MY BLOODY VALENTINE 3D). Auch hier spielt das Moment der Angstlust eine Rolle. Diese resultiert einerseits aus der Unmittelbarkeit der Bewegung in den Raum. Schnelle Bewegungen nach vorne lassen den Zuschauer reflexartig reagieren und machen den Film somatisch erfahrbar. Das Kino wird als Ort der Attraktionen reanimiert (vgl. Gunning 1996). Zurückweichen ist nicht möglich, obgleich zahlreiche Zuschauer eben diesen Effekt durch die Filmhandlung motiviert sehen. Indem es scheint, als kämen die Objekte dem Zuschauer entgegen, wird er sich zudem seiner Begrenztheit und Eingeschränktheit bewusst, die durch das Kino und den Kinosessel definiert sind. Hinzu kommt die Angst um die Unversehrtheit des Körpers, wenn mit dessen Bedrohung durch die Darstellung gespielt wird. Dabei lassen die ähnlichen Erfahrungen der Sitznachbarn das Schockerlebnis zum Gemeinschaftserlebnis werden. Während die Ränder der 3D-Brille den Blick auf den Sitznachbarn üblicherweise einschränken, wird das gemeinschaftliche Erleben durch die physischen Reaktionen der anderen Kinobesucher auch für den einzelnen Betrachter wieder präsent.

4.2.3.4 *Zusammenfassung*

Wie die Aussagen der Zuschauer zeigen, ist es vor allem die Erwartung eines stärkeren affektiven Involvements, durch welche die Rezeption dreidimensionaler Filme motiviert ist. Dieses Eingebundensein in die Filmhandlung ist primär an affektive Bedürfnisse gebunden und den Wunsch nach einem intensiveren Filmerlebnis. Diese Art des Filmerlebens knüpft vor allem an solche Termini an, wie sie im Rahmen der Präsenzforschung Verwendung finden. Der Zuschauer sieht die Grenze zwischen der non-medialen Welt des Zuschauerraums und der medialen Welt filmischer Darstellungen für Augenblicke durchbrochen, das Gefühl der Non-Mediation ist eine der wesentlichen Gratifikationen der Rezeption dreidimensionaler Filme. Dabei sind es unterschiedliche narrative und ästhetische Aspekte, die in der Verbindung mit dreidimensionalen Effekten zum Wechselspiel des primären Referenzrahmens führen. Der von den Zuschauern wahrgenommene Realismus der Darstellung sowie die Dreidimensionalität des Raumes werden als immersive Elemente filmischer Inszenierung wahrgenommen und verstärken aus ihrer Sicht das Gefühl von Präsenz. Dieses Gefühl aber differiert im Grad der Teilhabe wie auch in der wahrgenommenen Funktion räumlicher Inszenierung. So wird der dreidimensionalen Raumdarstellung in Abhängigkeit von Narration und Ästhetik erstens eine quasi haptische Funktion zugewiesen, sie wird zweitens als ordnend empfunden, wenn sie das Verhältnis zwischen den Zuschauern einerseits und den Akteuren und Gegenständen im Film andererseits reguliert und kann drittens schließlich eine symbolisierende Funktion für den Film und seine Geschichte übernehmen.

Sofern Dreidimensionalität allein auf den Effekt angelegt ist, kommt die Selbstreferenzialität des Mediums in den Blick; sie adressiert den Kinobesucher explizit als Zuschauer vor der Leinwand und konterkariert die immersive Absicht des dreidimensionalen Films. Auch der Wechsel von absorbierenden zu theatralischen Effekten ist mit einem Changieren des primären Referenzrahmens der Wahrnehmung verbunden. Bei absorbierenden Effekten wird der mediale Raum zum Bezugspunkt des Betrachters. Ganz im Sinne medientheoretischer Konzepte zur Immersion taucht der Zuschauer – quasi »entleiblicht« – in die Filmwelt ein. Theatralische Effekte hingegen treten aus dem Film heraus und adressieren den Zuschauer unmittelbar in seiner räumlichen und leiblichen Konstituiertheit. Obwohl solche Effekte als grundlegend für den dreidimensionalen Film empfunden werden, ist ihre Akzeptanz ebenso von den taktilen Dispositionen und Erwartungen des Zuschauers abhängig wie auch von ihrer narrativen Legitimation. Bei der Entscheidung, den non-medialen Rahmen oder den medialen Rahmen als primären Referenzrahmen zu wählen, geht es den Aussagen der Zuschauer nach nicht um ein Entweder-oder, um eine binär codierte Entscheidung. Die Interviews zum 3D-Erleben lassen darauf schließen, dass das dreidimensionale Kino diese eindeutige Abgrenzung aufhebt und dem räumlichen Erleben eine dritte Dimension hinzufügt, die in Anlehnung an Schweinitz (2006: 147) als »oszillierende Gleichzeitigkeit von hochgradiger Immersion und dem nicht ausgeschalteten Bewusstsein, es mit einem Kunstprodukt zu tun zu haben«, bezeichnet werden kann. Entsprechend wird Präsenzerleben in den Aussagen der Kinozuschauer zu einem dynamischen Prozess mit unterschiedlichen Abstufungen.

Der wahrgenommenen Präsenz des Films im Zuschauerraum steht das Gefühl gegenüber, quasi körperlich im Film anwesend zu sein. Dieses wiederum kann durch den Eindruck der Zuschauer intensiviert werden, die Handlung durch die Augen der Akteure zu erleben, womit die wahrgenommene körperliche Präsenz diffundiert. Die Dominanz des jeweiligen Rahmens changiert als Resultat filmbezogener und rezipientenbezogener Merkmale, die es in weiteren Forschungsarbeiten noch stärker herauszuarbeiten gilt.

4.3 3D im Family Entertainment

Wie bereits in Kapitel 4.2.2 ausgeführt, ist eine Vielzahl der in 3D erscheinenden Filme der Gattung des Family Entertainments zuzuordnen. Dazu gehören sowohl Real- und Animationsfilme als auch hybride Produktionen. Diese Filme erscheinen oftmals im Format eines Blockbusters, teilweise sind es Folgeteile bereits erfolgreich gelaufener Produktionen wie der vierte Teil der Shrek-Reihe (FÜR IMMER SHREK, USA 2010, Mike Mitchell) oder der dritte Part der Toy-Story-Filme (TOY STORY 3, USA 2010, Lee Unkrich). Die hier vorzustellende Teilstudie »3D im Family Entertainment« legt ihr Hauptaugenmerk nunmehr auf die Rezeption von dreidimensionalen Filmen durch Kinder. Sie stellt einen ersten Versuch dar, das 3D-Filmerleben sowie das Gefühl von Präsenz und Immersion bei Kindern zu analysieren. Der Fokus der Analysen liegt auf der Frage nach einer möglichen Übererregung und Ängstigung durch Filminhalte und ihre dreidimensionale Umsetzung. Diese Fokussierung resultiert nicht nur aus einer öffentlichen Diskussion, in der die Frage der möglichen Ängstigung und Übererregung diskutiert und antizipiert wurde. Darüber hinaus wurde dieses Thema in der medienwissenschaftlichen Forschung bislang grundsätzlich eher randständig behandelt, sodass es hier sowohl im Bereich der 2D-Filme als auch für die 3D-Filme Nachholbedarf gibt. So hat sich die auf Kinder und Jugendliche ausgerichtete Medienforschung, wenn es um mögliche Negativerfahrungen oder -folgen im Anschluss an die Filmrezeption ging, bislang eher mit Gewalt und Aggressionen als Folge gewaltbezogener Darstellungen auseinandergesetzt (vgl. z.B. Aufenanger et al. 1996; Theunert 1996; Cantor 2000; Kunczik/Zipfel 2006 u.v.m.). Eine der wenigen nationalen Studien, die sich in einem Unterpunkt dem Thema Ängstigung von Kindern während des Kinobesuchs widmete, wurde im Jahr 2004 vom Medienpädagogischen Forschungsverbund Südwest herausgegeben (vgl. Feierabend 2004). Bei der Untersuchung, in der Eltern von Vor- und Grundschulkindern befragt wurden, stellte sich heraus, dass ein Drittel der Eltern bei ihren Kindern während eines Kinobesuchs Angst oder Gefühle der Trauer beobachten konnten. Dies geschah insbesondere bei Szenen, in denen Verlustsituationen dargestellt wurden oder wenn »gruselige Kreaturen« zu sehen waren. Das Thema Ängstigung spielt im Rahmen der Filmrezeption auch bei Kindern durchaus eine Rolle, wobei die Qualität des Begriffs fraglos zu diskutieren ist.

Entwicklung eines Meta-Genres im digitalen Zeitalter

Um sich erfolgreich auf dem Kinomarkt zu positionieren und Filme profitabel zu vermarkten, kann es bedeutsam sein, eine möglichst große Zielgruppe anzusprechen. Dies geschah im Kinomarkt vor allem in den letzten Jahren verstärkt durch solche Produktionen, die sich der Kategorie des Family Entertainments[44] zuordnen lassen. Neben dem Kinderfilm, der mit seiner primären Ansprache jüngerer Zuschauer seine potenzielle Zielgruppe zwangsläufig einschränkt – Bedürfnisse der Kinder werden bedient, für Jugendliche oder aber auch erwachsene Begleiter im Kino ist die Attraktivität in der Regel begrenzt – hat sich national im kommerziellen Bereich seit den 1990er-Jahren der Begriff und die Gat-

44 Ob der Kinderfilm schlicht umetikettiert wird oder ob hier tatsächlich andere Filme entstehen, die unterschiedliche Publika ansprechen und zusammenbringen, ist eine Frage, die diskutiert wird (vgl. z.B. Völcker 2009).

tung »Family Entertainment« etabliert. Durch die Adressierung von Kindern, Teenagern, Eltern und Großeltern werden mehrere Generationen gleichzeitig in den Blick genommen und bei der Filmproduktion hinsichtlich der Narration und des Aufbaus berücksichtigt. Diese zielgruppenübergreifende Einordnung ist international schon seit den 1920er-Jahren ein Begriff und wird seit dieser Zeit vor allem mit dem Disney-Konzern assoziiert (vgl. Krämer 2002). Dies geschieht in so großem Maße, dass der Firmenname mitunter mit dem Kinder- und Family-Entertainment-Label gleichgesetzt wird: »Just as ›Kleenex‹ could be used as a synonym for paper handkerchiefs, ›Disney‹ stood in for all manner of children's and family fare« (ebd.: 188).

Damals wie heute sind es vor allem Animationsfilme, die das Family-Entertainment-Label sowohl national als auch international dominieren. Im Meta-Genre des Kinderfilms sind sie am ehesten in der Lage, durch die Ansprache weiterer Altersgruppen Blockbuster-Format zu gewinnen (vgl. Wegener 2011). So gingen die großen internationalen Konzerne von 1994 bis 1997 jährlich mit durchschnittlich fünf Animationsfilmen an den Start, seit 1997 hat sich diese Anzahl noch einmal verdoppelt (vgl. Krämer 2002). Sieht man sich US-amerikanische Produktionen an, die als Family Entertainment tatsächlich breite Zuschauerkreise erreichen, so sind auf den ersten Blick unterschiedliche Merkmale für das Label grundlegend (vgl. Wegener 2011). Ihr Spezifikum liegt zunächst einmal in ihrer *Verständlichkeit*. Die Filme sind für alle Altersgruppen weitgehend nachvollziehbar und zugänglich. Selbst jüngere Kinder vermögen, dem Plot zu folgen, auch wenn sie nicht alle Aspekte und Handlungsstränge im Detail durchschauen können. Ausgleich wird hier durch die Opulenz der Bilder geschaffen, die in ihrer intensiven Farbgebung schon jüngeren Kindern als Aufmerksamkeitsreiz dienen. Zudem thematisieren sie eine biografisch weite *Spannbreite handlungsleitender Themen* (vgl. Bachmair 1994). Im Agieren der Protagonisten, in deren Wünschen und Zielen, lassen sich handlungsleitende Themen ausmachen, die besonders für Kinder relevant sind, ohne auf ältere Zielgruppen langweilig zu wirken. So geht es immer wieder darum, Freundschaften zu schließen und Teil einer Gemeinschaft zu sein, aber auch, die Trennung von Freunden und Familienmitgliedern auszuhalten und einen Weg zu finden, diese zu überwinden. Anerkennung und soziale Identität aber sind auch für Erwachsene wesentliche Themen, und sie werden im Family Entertainment vielschichtig verhandelt. Die Wahl eines Gefährten kann aus kindlicher Sicht als Suche nach einem wahren Freund verstanden werden, Erwachsene können hier die Suche nach einem Lebenspartner interpretieren. Dabei sind die Filme des Family Entertainments in der Regel *asexualisiert*. Das Thema Liebe wird angesprochen, aber fern jeglicher erotischer Handlung inszeniert, was eine kindgemäße Umsetzung zeigt. So möchten vor allem jüngere Kinder nach eigenen Aussagen in Kinofilmen keine erotischen Handlungen sehen (vgl. Wegener et al. 2009).

Mit den *Figuren* des Family Entertainments können sich Kinder und Erwachsene gleichermaßen identifizieren. Für Erwachsene sind die Blockbuster auch insofern attraktiv, als hier in der Regel keine Kinderwelt in Abgrenzung zur Welt der Erwachsenen konstituiert wird. Sie repräsentieren unterschiedliche Charaktere, die auch für Kinder anschlussfähig sind. Neben dem Verlässlichen und dem Fürsorglichen ist es oftmals der Tollpatschige, dem Kinder in besonderer Weise Sympathie zollen – insbesondere dann, wenn es sich um einen erwachsenen Protagonisten handelt, der die von Kindern üblicherweise wahrgenommene Überlegenheit der Älteren konterkariert. Die Tierfiguren wecken in besonderer Weise das Interesse jüngerer Kinder, die, ob ihrer noch animistischen Weltsicht, dazu neigen, unbelebten Gegenständen, vor allem aber Tieren, ein Bewusstsein zuzusprechen und sie in ihrer Fantasie als Gefährten zu imaginieren (vgl. Rogge 2002). Erwachsene können sich hingegen mit den jeweils repräsentierten sozialen Rollen identifizieren, die häufig im Familienkontext gezeichnet sind. Wenn sich Mammut Manni (ICE AGE: DAWN OF THE DINOSAURS, deutsch: ICE AGE 3 – DIE DINOSAURIER SIND LOS, USA 2009, Carlos Saldanh/Mike Thurmeier) mit seiner Rolle als werdender Vater auseinandersetzen muss und Faultier Sid die vermeintlichen Probleme eines alleinerziehenden Elternteils durchlebt, schließt der Film an das Weltwissen und an die Erfahrungen eines erwachsenen Publikums an.

Ein wesentliches Element des Family-Entertainments ist schließlich dessen *Intertextualität*. Ein Mehrwert ergibt sich für ältere Zuschauer aus den zahlreichen intertextuellen Verweisen, die sich in den Filmen üblicherweise finden und die nicht unbedingt auf Kinderfilme rekurrieren, sondern in ihren Verweisen auch auf Filme anderer Genres oder z.B. Ereignisse aus der Zeitgeschichte anspielen. Zudem sind es der *Humor* und damit die konstitutive und differenzierte Einbindung komischer Elemente, die das Family Entertainment auszeichnen. Während ältere

Zuschauer Gefallen am Sprachwitz und der Situationskomik finden, treffen vor allem die Slapstick-Elemente den Geschmack der Kinder.

Die Produktionen aus dem Segment des Family-Entertainments sind damit generationenübergreifend attraktiv. Für jüngere und ältere Rezipienten bieten diese Filme ein gemeinsames Filmerlebnis, durch das sich unterschiedliche Zuschauergruppen gleichermaßen angesprochen fühlen können und bei dem ein »kollektiver Erfahrungsraum« geschaffen wird (vgl. Mikos/Töpper 2009: 43). Dieses gemeinschaftliche Filmerleben erzeugt gemeinsame Erinnerungen an die Geschichten. Auch stärkt es nach Mikos und Töpper das Zusammengehörigkeitsgefühl in der Familie und durch die zielgruppenübergreifende Ansprache auch in einem größeren sozialen Umfeld.

Nimmt man die aufgezeigten Merkmale als kennzeichnend für das Label, so sind es primär internationale Produktionen, in denen sich die Charakteristika des Family Entertainments widerspiegeln. Im deutschen Kino kann hier allerdings auf die Romanverfilmungen nach Erich Kästner wie EMIL UND DIE DETEKTIVE (Neuverfilmung 2001, Franziska Buch) oder DAS FLIEGENDE KLASSENZIMMER (Neuverfilmung 2003, Tomy Wigand) verwiesen werden sowie auch auf die Bully-Herbig-Produktionen,[45] die vor allem durch komische Elemente unterschiedliche Zielgruppen ansprechen. Als erster deutscher Animationsfilm in 3D kam im Oktober 2010 die Neuauflage von DIE KONFERENZ DER TIERE (Reinhard Klooss/Holger Tappe) nach der Buchvorlage von Erich Kästner in die Kinos. Mit dem zweiten »Wicki«-Film, WICKI AUF GROßER FAHRT (Christian Ditter) startete im November 2011 eine weitere deutschsprachige 3D-Produktion als Realfilm aus dem Bereich Family Entertainment. Damit schließt auch das nationale Kino an eine Entwicklung an, die sich international bereits seit einigen Jahren in großem Stil abzeichnet.

Unter den Unternehmen, die einen Vorstoß in den Bereich 3D und Family Entertainment wagten, war erneut der Disney-Konzern Vorreiter. Im Jahr 2005 brachte Disney mit CHICKEN LITTLE (USA, Mark Dindal, deutsch: HIMMEL UND HUHN) den ersten Film in digitaler 3D-Technologie auf den Markt. 2006 nahm Disney zudem mit NIGHTMARE BEFORE CHRISTMAS (USA 1993, Henry Selick) die erste Konvertierung eines ursprünglich in 2D gedrehten Filmes in eine 3D-Variante vor. Auch wenn Disney den Animationsfilmmarkt international dominiert, konn-

---

45 Z.B. DER SCHUH DES MANITU (2001), (T)RAUMSCHIFF SURPRISE – PERIODE 1 (2004), WICKI UND DIE STARKEN MÄNNER (2009).

ten sich weitere Konzerne wie Warner Bros., Sony, Paramount und Dreamworks Animation in diesem Segment etablieren.

Die aufwendigen Produktionen sind im Kino überaus erfolgreich – im Jahr 1999 fielen im US-amerikanischen Kinomarkt allein zehn Prozent des Karten-Umsatzes dem Animationsfilm zu (vgl. Krämer 2002) und auch im neuen Jahrtausend erzielten Animationsfilme Besucherrekorde. In den Jahren 2007-2009[46] waren in Deutschland jeweils drei Filme der Gattung Family Entertainment unter den zehn erfolgreichsten Kinofilmen, und auch 2010 setzte sich dieser Trend fort.[47] Die fortschreitende Digitalisierung des Kinos und darauf aufbauend das Aufrüsten auf 3D-fähige Projektoren und Leinwände war damit vor allem auch auf die Erfolge des Family-Entertainments zurückzuführen. Produktionen wie ICE AGE 3 – DIE DINOSAURIER SIND LOS (USA 2009), OBEN (USA 2009, Pete Docter/Bob Peterson) und G-FORCE (USA 2009, Hoyt Yeatman) bildeten in ihrer jeweiligen 3D-Version im Jahr 2009 gewissermaßen die Vorhut für Camerons Film AVATAR, der schon im Vorfeld als Indikator dafür galt, wohin es mit dem 3D-Film hinsichtlich der Akzeptanz der Nutzer und damit einhergehend den kommerziellen Möglichkeiten für die Konzerne gehen könnte. Filme, die generationenübergreifend gestaltet sind, boten den Filmkonzernen ein gutes Testfeld für die Einführung von 3D. Entsprechend lassen sich auch weitere Filme, die in digitaler 3D-Technologie in den Kinos angelaufen sind, zu einem großen Teil dem Family Entertainment zuordnen. So findet sich bei der Wiedereinführung von 3D im Jahr 2009/2010 eine Vielzahl an Animationsfilmen: Neben ICE AGE 3 – DIE DINOSAURIER SIND LOS (USA 2009) und OBEN (USA 2009) kann hier beispielsweise auf DISNEY'S – EINE WEIHNACHTSGESCHICHTE (USA 2009, Robert Zemeckis), WOLKIG MIT AUSSICHT AUF FLEISCHBÄLLCHEN (USA 2009, Phil Lord/Chris Miller), ALICE IM WUNDERLAND (USA 2010, Tim Burton), DRACHENZÄHMEN LEICHT GEMACHT (USA 2010, Dean DeBlois/Chris Sanders), FÜR IMMER SHREK (USA 2010) und TOY STORY 3 (USA 2010) verwiesen werden. Damit finden sich Erwachsene und Kinder gleichermaßen als Zielgruppe des digitalen 3D-Effektes vor der Kinoleinwand.

46 2007 waren dies RATATOUILLE (Brad Bird/Jan Pinkava), DIE SIMPSONS – DER FILM (John Silverman) und SHREK DER DRITTE (Chris Miller/Raman Hui), 2008 MADAGASKAR 2 (Eric Darnell/Tom McGrath), WALL-E (Andrew Stanton) und KUNG FU PANDA (Mark Osborne/John Stevenson), 2009 ICE AGE 3, WICKI UND DIE STARKEN MÄNNER und OBEN. Vgl. http://www.wulfmansworld.com/Kinocharts/Kinocharts [Stand: September 2011].

47 ALICE IM WUNDERLAND, FÜR IMMER SHREK, ICH – EINFACH UNVERBESSERLICH (Chris Renaud/Pierre Coffin). Vgl. ebd. [Stand: September 2011].

Die Etablierung der neuen Technologie findet mit Blick auf verschiedenen Altersgruppen damit weder einseitig »von unten« noch einseitig »oben« statt – so wird es häufig im Bereich der Computer- und Internetnutzung proklamiert. Auch sind es nicht allein die Erwachsenen, die der jüngeren Generation hier ein erprobtes Erfahrungsfeld vermitteln. Eltern und Kinder werden gleichzeitig in den dreidimensionalen Raum geführt. Es ist davon auszugehen, dass es dabei zu unterschiedlichen Wahrnehmungen und Beurteilungen des Filmerlebens kommt.

Für die Publikumsforschung sind damit unterschiedliche Fragen verbunden. So ist unklar, ob 3D-Filme von Zuschauern aller angesprochenen Altersgruppen gleichermaßen immersiv wahrgenommen werden, sodass hier cross-generational von einem Mehrwert gegenüber dem 2D-Film gesprochen werden kann. Wesentlich ist aber auch die Frage nach einer möglichen Übererregung oder gar einer Ängstigung durch die spektakuläre Art der Präsentation, die den Zuschauer quasi leiblich adressiert und darauf abzielt, das Gefühl der Non-Mediation noch weiter zu verstärken. Damit wird die Rezeption dreidimensionaler Filme auch unter Gesichtspunkten des Jugendmedienschutzes relevant. Sollte dem 3D-Effekt eine eigenständige Wirkungsdimension zugesprochen werden, so müssen dreidimensionale und zweidimensionale Filme in Filmprüfungen getrennt voneinander bewertet werden und auch pädagogische Filmempfehlungen wären entsprechend differenziert auszusprechen. Während bei der Freiwilligen Selbstkontrolle der Filmwirtschaft (FSK) in Deutschland auf eine solche getrennte Einstufung von Filmen verzichtet wird, findet sich eben dieses Vorgehen international bereits wieder. So wurde die 2D-Variante des Films CATS & DOGS – DIE RACHE DER KITTY KAHLOHR (USA/Australien 2006, Brad Peyton) von der schwedischen Filmfreigabebehörde ohne Altersbeschränkung freigegeben, die 3D-Version erhielt hingegen ein höheres PG-Rating: Kinder unter sieben Jahren durften den Film in Schweden nicht ohne elterliche Begleitung sehen. Die Freigabebehörde begründete dies insbesondere in Anbetracht sehr junger Kinder, die kaum in der Lage seien, mit solch starken Effekten umzugehen:

> »We had two teams watching the 2D and 3D versions. Those who saw the 2D version did not experience the effects as strongly as those who saw them in 3D. The 3D effects were difficult for a 4-year-old to handle« (Dahlin, zit. n. Variety 9/2010).[48]

48 Vgl. http://www.variety.com/article/VR1118023654.

Auch die britische Freigabeanstalt British Board of Film Classification (BBFC) zieht es zumindest in Betracht, dass gleiche Filminhalte in den Formaten 2D und 3D unterschiedlich eingestuft werden könnten. Seit August 2011 gewährt sie Filmverleihern einen Gebührenerlass, wenn sie nach Einreichung zur Bewertung eines 3D-Filmes dessen 2D-Version bewerten lässt. Diese wird in diesem Fall automatisch – bei der Hälfte der Kosten – in die gleiche Bewertungskategorie wie die 3D-Version eingeordnet. Umgekehrt gilt dies nicht:

> »Should the 2D version be approved first, the 3D version will be examined and charged at the standard tariff because the enhanced visual experience retains the potential to receive a more restrictive classification«.[49]

Somit behält sich die BBFC vor, 3D-Inhalte höher einzustufen als die gleichen Inhalte in 2D, was in der Praxis jedoch bislang nicht der Fall war.

Ängstigung bei Kindern durch Medien

Sofern Angst bei Kindern durch fiktionale Medieninhalte ausgelöst wird, kann man dies zunächst als rein mediales Phänomen bezeichnen, insofern der Zuschauer keiner unmittelbaren Bedrohung ausgesetzt ist und die Ereignisse für ihn auch nicht direkt mit handlungsrelevanten Konsequenzen verbunden sind. Der Zuschauer sitzt im Kinosessel oder auf dem heimischen Sofa und könnte die Inhalte in entspannter und distanzierter Haltung genießen. Auf die Frage, warum Menschen gegenüber medialen Inhalten dennoch so etwas wie Angst entwickeln, hat die medienwissenschaftliche Forschung unterschiedliche Zugänge entwickelt. So ordnet Cantor die Reaktionen auf Medieninhalte wie folgt ein:

> »In conditioning terms, if a stimulus evokes either an unconditioned or conditioned emotional response, other stimuli that are similar to the eliciting stimulus will evoke similar, but less intense emotional responses. This principle implies that, because of similarities between the real and the mediated stimulus, a stimulus that would evoke a fright response if experienced first hand will evoke a similar, but less intense response when encountered via the mass media« (Cantor 2002: 291).

Cantor nimmt damit eine Form der Reiz-Übertragung an (Stimulus Generalization). Dies ist jedoch nicht der einzige Grund für eine Ängsti-

49 Vgl. http://www.bbfc.co.uk/customernews/2011/08/fee-reduction-on-content-identical-2d-versions-of-classified-3d-theatrical-trailers-and-advertisements.

gung durch Medieninhalte, denn sowohl zwei- als auch dreidimensionale Medienereignisse und Filme können den Zuschauer in ihren Bann ziehen und das non-mediale Geschehen vergessen machen. Hier hat der Zuschauer das Gefühl, Teil des Filmgeschehens zu sein, emotionale Erregungen können auf das Eintauchen in den Film zurückgeführt werden. In diesem Fall unterscheiden sich wahrhaftige Gegebenheiten und daraus resultierende Gefühle womöglich nicht von filmischen, je nachdem, inwieweit sich der Zuschauer auf das Filmgeschehen einlässt. Dass Ängstigungen durch filmische Inhalte zudem in allen Altersgruppen Konsequenzen haben können, bestätigt Cantor (1998, 2000, 2006) in ihren Untersuchungen mit Erwachsenen. Diese berichteten vor allem von temporären Effekten wie Schlafmangel oder Appetitlosigkeit, die auf die Filminhalte zurückgeführt wurden. Aber auch langfristige Konsequenzen wurden beschrieben. Viele Befragte führten z.B. ihre Angst vor Tieren auf Filminhalte zurück, die sie in ihrer Kindheit gesehen hatten. So gaben einige an, dass sie seit der Rezeption von JAWS (USA 1975, Steven Spielberg, deutsch: DER WEIßE HAI) nicht mehr im Meer schwimmen könnten oder das Schwimmen sogar gänzlich aufgegeben hätten (vgl. z.B. Cantor 2000: 3).

Mit der kindlichen Ängstigung durch Medieninhalte beschäftigen sich Valkenburg und Buijzen (2008) und zeigen drei mögliche Wege zur Entwicklung von medienvermittelten Ängsten auf. Dabei ziehen sie Parallelen zur generellen Entwicklung von kindlichen Ängsten. Dies sind zum einen Ängste, die durch direkte negative Erlebnisse ausgelöst werden. So haben z.B. Abneigungen oder Furcht vor Tieren oftmals ihren Ursprung in selbst erfahrenen negativen Erlebnissen. Ein Bienenstich kann Angst vor Insekten auslösen, ein Hundebiss oder auch lautes Bellen die Angst vor Hunden. Der zweite Weg ist das beobachtende Lernen. Hier observieren die Kinder Reaktionen von anderen Personen auf potenzielle Gefahren und schließen daraus auf die Gefährlichkeit einer Sache oder Situation. Wenn der Mutter im Keller eine Maus über den Fuß läuft, diese sich verängstigt die Treppe hoch flüchtet und dem Kind als Folge verbietet, in den Keller zu gehen, ist es wahrscheinlich, dass das Kind daraus folgert, bei der Maus müsse es sich um ein beängstigendes Wesen handeln. Ein wichtiger Baustein für diese Form der Angst ist Empathie, also das Einfühlungsvermögen. Das Kind fühlt sich in die Mutter hinein und kann so die Ängste nachvollziehen, die sie spürt. Die entsprechenden Reaktionen können so weit gehen, dass die Kinder diese

Ängste selbst empfinden und erleben. Der dritte von Valkenburg und Buijzen beschriebene Weg zur kindlichen Ängstigung ist der des negativen Informationstransfers. Wenn Eltern, Geschwister oder andere nahe Bezugspersonen über negative Erfahrungen, beispielsweise beim Zahnarzt, berichten, kann dies bei dem Kind selbst zu einer Angst vor dem Zahnarzt führen. Analog zu diesen drei Wegen der kindlichen Angst haben die Forscher drei Wege zur medienvermittelten Angst herausgearbeitet.

> »The three pathways to the development of fears are not only useful to understand general childhood-fears, they are also helpful to understand fear responses to media content. Media-induced fears can also occur (1) via a direct experience with a mediated danger, (2) via observational learning of fears from media characters, and (3) through negative information transfer via media characters« (Valkenburg/Buijzen 2008: 338).

In welcher Form und wovor Kinder Angst haben, ist den unterschiedlichen Ansätzen nach auch von ihrem kognitiven Entwicklungsstand und ihrem Alter abhängig. Dabei sind Kinder, wenn sie älter werden, nicht weniger empfänglich für angstauslösende mediale Stimuli, es sind nur andere Objekte und Themen, die Kindern unterschiedlicher kognitiver Reife Angst machen. Während jüngere Kinder bis zu etwa sieben Jahren vor allem vor Filmen Angst haben, welche ihnen klar sichtbare Gefahren unmittelbar vor Augen führen, sind es bei älteren Kindern eher Filme, die die Gefahr andeuten (vgl. Cantor 2002: 295-299; Valkenburg/Buijzen 2008: 342-345; Theunert 2003: 24f.). Dies kann z.B. auch durch den Einsatz filmstilistischer Mittel geschehen wie das Einspielen unheimlicher Musik oder von Geräuschen, die das Auftauchen eines Monsters implizieren könnten. Jüngere Kinder können diese Form der Filmstilistik, verbunden mit den entsprechenden inhaltlichen Bezügen, aufgrund ihrer kognitiven Entwicklung allerdings kaum miteinander in Verbindung bringen (vgl. Valkenburg/Buijzen 2008; Cantor 2002). Cantor (2002) schließt aus ihren Studien zu medial vermittelten Emotionen, dass Ängstigung bei Kindern vor allem aus empathischen Empfindungen resultiert: Empfindet der Protagonist Furcht, spiegelt sich dies bei Kindern wider; droht ihm Gefahr, so ist das häufig ein Auslöser für Angst.

Bei der Frage nach einer möglichen Übererregung durch dreidimensionale Darstellungen können die geschilderten Ergebnisse zu kindlicher Ängstigung berücksichtigt werden. Dabei ist zu beachten, dass es sich beim 3D-Effekt nicht um einen inhaltlichen, sondern um einen filmstilistischen Effekt handelt. Dieser kann unmittelbar in Bezug auf inhaltliche Aspekte des Films betrachtet werden, aber auch singulär als filmstilistisches Mittel. Darüber hinaus spielen für die Wahrnehmung von 3D-Filmen weitere, bislang nicht untersuchte Aspekte eine Rolle. So suggeriert die durch den 3D-Effekt mögliche räumliche Darstellung vor und hinter der Leinwand dem Zuschauer eine größere physische Nähe zum Filmgeschehen. Als Folge daraus wirken die Darstellungen für den Betrachter »realer« und greifbarer (s. Kapitel 4.2.3.3). Dies wirft die Frage auf, ob hier womöglich die Grenzen zwischen dem eigenen physischen Erleben und dem medial Dargestellten schmaler werden, was wiederum Auswirkungen auf das Filmerleben insbesondere jüngerer Zuschauer haben könnte. So ist eine Hypothese, dass die auf der Leinwand dargestellten Gefahren, die Kinder als Zuschauer unmittelbar adressieren, aufgrund ihres immersiven Potenzials dreidimensional bedrohlicher wirken, als dieses in einer zweidimensionalen Darstellung der Fall ist. Gleiches gilt für solche Gefahren, die einem Protagonisten widerfahren. Auch deren Wahrnehmung könnte aufgrund einer stärkeren physischen Einbindung in den Film und einer größeren physischen Präsenz der Figuren stärker ängstigen. Hypothetisch wird ferner angenommen, dass der 3D-Effekt selbst zu einem bedrohlichen Element der Kinovorstellung wird, indem die Grenzen zwischen dem Kinoraum und dem Raum der Filmhandlung oszillieren und das Kinoereignis selbst als bedrohliches Erlebnis wahrgenommen wird.

4.3.1 Untersuchung und Methode

Der Erfolg und die Anzahl dreidimensionaler Filme, insbesondere im Bereich des Family Entertainments, lassen jüngere Zuschauer verstärkt in den Blick der Forschung geraten, wenn es um Wahrnehmung und Wirkung der dreidimensionalen Darstellungen geht. Um erste Erkenntnisse zum Thema zu generieren und sich dem Forschungsfeld aus empirischer Perspektive zu nähern, wurde eine explorative Studie konzipiert, welche die folgenden Fragen aufgreift:

- Wie beurteilen Kinder 3D-Filme in ihrem Erlebniswert?
- Wie beurteilen Kinder 3D-Filme hinsichtlich ihrer immersiven Erfahrungen, die sie mit dem Filmerlebnis verbinden?

- Welche Rolle spielen 3D-Effekte bei einer möglichen Ängstigung von Kindern im Rückblick auf solche Szenen, die sie im Anschluss an den Film als ängstigend erinnern?

Um die hier aufgeworfenen Fragen zu beantworten, wurde eine auf die anvisierte Altersgruppe abgestimmte quantitative Studie konzipiert und durchgeführt. Auch wenn diese aufgrund der geringen Fallzahl und der verwendeten Stichprobenauswahl lediglich einen explorativen Einblick in das Themenfeld geben kann, stellt sie doch einen ersten Schritt dar, sich dem Thema empirisch zu nähern. Dabei wurde bewusst ein Untersuchungsdesign gewählt, bei dem sich die befragten Kinder auf solche Filme beziehen können, die sie unabhängig von der Forschungssituation im Kino gesehen hatten, um Ängstigung nicht selbst durch ein entsprechendes Forschungsdesign zu evozieren.

Durch die Filmsichtung in öffentlichen Kinos und die daran anschließende Befragung konnten unterschiedliche Filme in die Studie einbezogen werden, ohne dass die Filmauswahl von den Forschern geleitet war. Die teilnehmenden Kinder und deren erwachsene Begleiter wurden unmittelbar im Anschluss an eine reguläre 3D-Kinovorstellung gefragt, ob sie bereit sind, einen Fragebogen auszufüllen.

Entsprechend den Fragestellungen war zunächst die grundsätzliche Einschätzung des 3D-Films und seiner Wirkungspotenziale gegenüber Kindern abzufragen, bevor sich der Fokus im Weiteren auf das Film- und Präsenzerleben sowie den Aspekt einer möglichen Ängstigung richtete. Die standardisierte Befragung wurde im Zeitraum von Dezember 2009 bis Februar 2010 in vier Berliner Kinos jeweils im Anschluss an eine Filmvorführung von zuvor geschulten Interviewern durchgeführt. Dabei wurden verschiedene Stadtteile in die Untersuchung einbezogen. Die Befragung fand im Anschluss an die folgenden fünf Filme statt:

(a) G-FORCE (2009), Hybrid aus Realfilm und Animation, Disney, freigegeben ab 6 Jahren
(b) OBEN (2009), Animation, Pixar/Disney, freigegeben ab 6 Jahren
(c) WOLKIG MIT AUSSICHT AUF FLEISCHBÄLLCHEN (2010), Animation, Sony Pictures und Columbia Pictures, freigegeben ab 6 Jahren
(d) DISNEY'S – EINE WEIHNACHTSGESCHICHTE (2009), Motion Capture Animation, Disney, freigegeben ab 12 Jahren

(e) AVATAR[50] (2009), Hybrid aus Realfilm und Animation, 20th Century Fox, freigegeben ab 12 Jahren

Die in die Befragung einbezogenen Teilnehmerinnen und Teilnehmer waren zwischen sechs und sechzehn Jahren alt, wobei im Zuge der folgenden Auswertungen lediglich Kinder im Alter zwischen sechs und zwölf Jahren berücksichtigt werden sollen (n=114), um die Ergebnisse auch den Altersvorgaben der FSK (Freiwillige Selbstkontrolle der Filmwirtschaft) entsprechend tatsächlich auf jüngere Zuschauer zu fokussieren. Zusätzlich konnten die Angaben von 98 Begleitpersonen berücksichtigt werden, sodass die Auswertung insgesamt 212 Fälle umfasste. In der Untersuchungsgruppe waren 48 Mädchen (42,1%) und 66 Jungen (57,9%) vertreten. Dass sich somit mehr Jungen unter den Befragten finden, mag vor allem auf die Auswahl der Filme zurückzuführen sein, die sich primär durch Action, Abenteuer und Fantasy auszeichnen, womit vor allem das Filminteresse der männlichen Kinobesucher angesprochen ist. Da die Filmauswahl aber repräsentativ für den 3D-Film im Jahr 2009/2010 war, entspricht die Verteilung dem Kinoangebot des Untersuchungszeitraums.

Für die Untersuchung wurden zwei standardisierte Fragebögen entwickelt. Diese teilten sich in einen »Erwachsenenbogen auf «, in dem die erwachsenen Begleiter – in der Regel die Eltern – sowohl das eigene als auch das kindliche Filmerleben beurteilen sollten und einen »Kinderbogen«, mit dem das Filmerleben der jüngeren Zuschauer erhoben werden sollte. Die Erwachsenen und die Kinder wurden getrennt voneinander befragt, um zum einen die Antworten der Kinder mit denen der Erwachsenen abzugleichen, andererseits um zu sehen, wie die Erwachsenen das Filmerleben der Kinder einschätzen. Die Fragebögen waren so aufgebaut, dass ein Bezug zwischen den Antworten der Kinder und denen der Erwachsenen hergestellt werden konnte. Eine Einwilligung der erwachsenen Begleiter, dass die Kinder an der Befragung teilnehmen dürfen, wurde vor der Erhebung eingeholt.

50 AVATAR gehört nicht zum klassischen Family Entertainment. Er wurde dennoch in die Studie einbezogen, da davon auszugehen war, dass aufgrund der aufwendigen Ankündigung und Werbung des Filmes viele Eltern von der Parental-Guidance-Regelung Gebrauch machen würden und somit die Kinder und Jugendlichen aus der gewünschten Zielgruppe in hoher Anzahl vertreten sein würden, was sich im Verlauf der Untersuchung bestätigte.

Die Kinder sind in dieser Befragung als die Experten zu betrachten (vgl. Paus-Hasebrink 2005: 223), die Eltern lediglich als eine Stütze der Antworten (ebd.: 224). Im Erwachsenenfragebogen wurden die Erwachsenen unter anderem nach dem wahrgenommenen Filmerleben ihrer Kinder befragt. Dies geschah durch die Vorgabe verschiedener Attribute, die auf einer vierstufigen Verbalskala von »trifft voll und ganz« bis »trifft überhaupt nicht zu« bewertet werden sollten. Eine Viererskala wurde – sowohl im Kinder- als auch im Erwachsenenbogen – gewählt, um bei jeder Antwort eine Tendenz zu erkennen. Eine neutrale mittlere Bewertung wurde gezielt ausgeschlossen (vgl. Bortz/Döring 1995: 167). So sollte herausgefunden werden, ob die erwachsenen Begleiter das Filmerleben der Kinder realistisch beurteilen können. Des Weiteren sollte eine Bewertung der FSK-Filmfreigabe vorgenommen und im nächsten Schritt eingeschätzt werden, ob das begleitete Kind während des Films Angst gehabt hat bzw. bei welchen Szenen gegebenenfalls diese Angst beobachtet werden konnte. Zudem wurde gefragt, ob es bei dem Kind körperliche Reaktionen während des Films gab – z.B. Zusammenzucken, Gesicht wegdrehen, Ankuscheln, Greifen in Richtung der Leinwand –, die auf eine emotionale Reaktion der Kinder schließen lassen. Der Fragebogen für die Kinder fragte ab, wie sie den Film beurteilen und wie sie ihn erlebt haben. Sie mussten, in Anlehnung an den Fragebogen der Erwachsenen, verschiedene Attribute auf einer Viererskala (trifft voll und ganz zu, trifft zu, trifft eher nicht zu, trifft überhaupt nicht zu) auswählen. Um ihnen das Verständnis des Fragebogens zu erleichtern, wurden die Skalen durch Symbole visualisiert (Abbildung 16).

Abbildung 16: Kinderfragebogen, Frage 5

5. Und wie hat dir der Film gefallen? *Kreuze bitte in jeder Zeile an*

Ich fand den Film	Trifft voll und ganz zu	Trifft eher zu	Trifft eher nicht zu	Trifft überhaupt nicht zu
	☺ ☺	☺	☹	☹ ☹
spannend	☐	☐	☐	☐
gruselig	☐	☐	☐	☐
lustig	☐	☐	☐	☐
traurig	☐	☐	☐	☐
langweilig	☐	☐	☐	☐
unterhaltsam	☐	☐	☐	☐
aufregend	☐	☐	☐	☐

Abbildung 17: Kinderfragebogen, Frage 6

6. Nun denke bitte daran, wie du dich während des Films gefühlt hast. Welche Aussagen treffen auf dich zu und welche treffen nicht zu? *Kreuze bitte in jeder Zeile an*

Ich hatte das Gefühl,	trifft voll und ganz zu ☺☺	trifft eher zu ☺	trifft eher nicht zu ☹	trifft überhaupt nicht zu ☹☹
dass ich in der Filmhandlung bin und die Ereignisse beobachte	☐	☐	☐	☐
dass ich in der Filmhandlung bin und an den Ereignissen teilnehme	☐	☐	☐	☐
dass mich die Figuren im Film berühren/anfassen können	☐	☐	☐	☐
dass ich die Figuren im Film berühren/anfassen kann	☐	☐	☐	☐
dass die Ereignisse im Film wirklich passieren	☐	☐	☐	☐

Für die Untersuchung war vor allem das subjektiv wahrgenommene Empfinden der Kinder von Bedeutung und damit einhergehend ihre Beschreibungen der räumlichen Erfahrung. Um sich der Frage zu nähern, inwieweit sie in die Handlung eingebunden sind, sollten die Kinder Angaben zu unterschiedlichen Aspekten des Präsenzempfindens machen. Dabei ging es u.a. um wahrgenommene Handlungsmöglichkeiten und Fragen der Selbstlokalisation (vgl. Wirth et al. 2008) (Abbildung 17).

Darüber hinaus enthielt der Fragebogen offene Fragen, um die Bewertung konkreter Einstellungen bzw. Sequenzen in der Analyse zu berücksichtigen. So sollten die Kinder Szenen benennen, die sie besonders spannend fanden, und diese kurz beschreiben. Im darauf folgenden Schritt ging es um das Thema Angst. Die Fragen hierzu waren ebenfalls offen gestellt. Die Kinder sollten angeben, in welcher Szene sie Angst hatten und was genau ihnen in diesem Filmausschnitt Angst gemacht hat. Zusätzlich wurde die 3D-Erfahrung der Kinder abgefragt.

Insbesondere bei der Erstellung des Fragebogens für die Kinder musste darauf geachtet werden, dass dieser für die Teilnehmer unterschiedlicher Altersgruppen verständlich formuliert ist und die Aufmerksamkeitsspanne der Kinder nicht überfordert. Dabei war zu berücksichtigen, dass die Befragung im Anschluss des Kinobesuchs durchgeführt wurde, die Kinder also schon über einen Zeitraum von mindestens 90 Minuten (bei Einbeziehung des Werbevorlaufs auch länger) still gesessen und sich konzentriert hatten. Der Vorteil der Befragung im Kino unmittelbar im Anschluss an den Film war, dass das Filmerleben gut rekonstruierbar war und die Befragten die Fragen aufgrund der entspannten Atmosphäre nicht, wie z.B. in der Schule, als Abfragen von Wissen verstanden haben, sondern sie selbst die Experten waren, deren Meinung gefragt war. Es kam so kein Gefühl einer Prüfungssituation auf (vgl. Kränzl-Nagl/Wilk 2000: 67). Zudem war die Zeitspanne zwischen Erlebtem und Befragung äußerst gering, sodass die Erinnerung an das Filmerleben noch präsent war (vgl. Möhring/Schlütz 2003: 21).

Die Interviewer wurden im Vorfeld der Befragung mit Blick auf die besondere Altersgruppe geschult. So wurde zudem darauf geachtet, dass Kinder zwischen sechs und acht Jahren, wenn nötig auch ältere Kinder, von einem geschulten Mitarbeiter flankiert wurden, um bei etwaigen Verständnisproblemen Hilfestellung zu erhalten.

4.3.2 *Ergebnisse*

4.3.2.1 *Filmerleben*

Befragt nach den subjektiven Einschätzungen der gesehenen Filme zeigte sich, dass die Filme von den Kindern überwiegend positiv bewertet wurden. So beschrieben sie diese mehrheitlich als spannend und unterhaltsam. Über die Hälfte der befragten Kinder bescheinigte ihnen zudem, »voll und ganz« lustig und verständlich zu sein. Damit finden solche Attribute ihre Bestätigung, die von Kindern grundsätzlich bei der Filmrezeption geschätzt werden, gleichgültig, ob es sich um einen 2D- oder einen 3D-Film handelt (vgl. Wegener/Brücks 2010). Weniger als ein Viertel der Kinder war der Auffassung, die Filme seien gruselig, traurig oder ängstigend gewesen. Unabhängig vom emotionalen Erleben scheint Langeweile bei den Filmen ganz offensichtlich nicht aufgekommen zu sein. So meinten 81,6 Prozent aller Kinder, der Film sei überhaupt nicht langweilig gewesen. Geschlechtsspezifische Unterschiede zeigten sich bei den Antworten der Kinder nur mit einer Ausnahme: etwas mehr Mädchen als Jungen fanden den gesehenen Film nach eigenen Angaben gruselig.

Abbildung 18: Wie hat dir der Film gefallen (»Ich fand den Film ...«)?, Wie hat dem Kind der Film gefallen?«, »Wie hat Ihnen der Film gefallen?« (Angabe »trifft voll und ganz zu«)

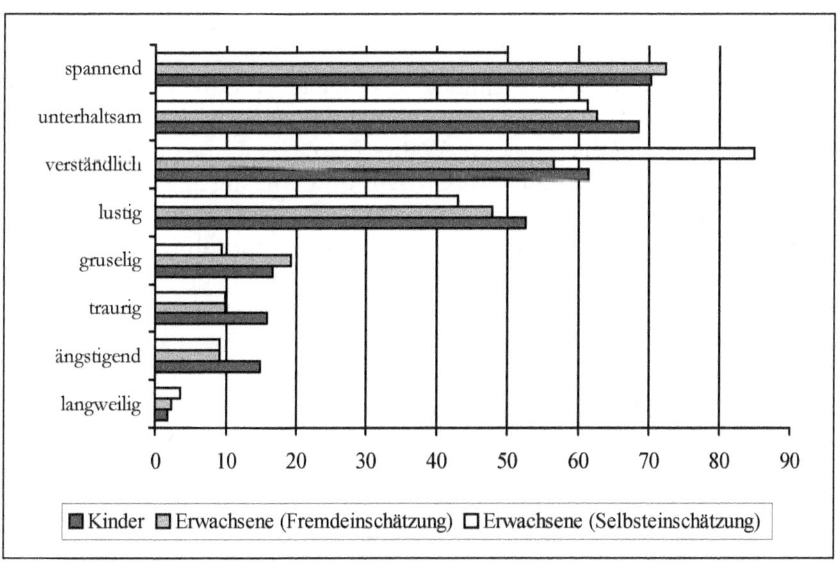

n=212, Angaben in Prozent.

Insgesamt zeigt sich, dass es in den Fragen zum Filmerleben zwischen Erwachsenen und Kindern kaum nennenswerte Unterschiede gibt und die verschiedenen Aspekte von beiden Seiten ähnlich eingestuft werden (). Die Einschätzungen der erwachsenen Begleiter, die mit den Kindern einen 3D-Film gesehen hatten, stimmen weitgehend mit den Antworten der Kinder überein, lediglich die Stärke der Zustimmung ist bei den Kindern fast immer ein wenig größer. Insgesamt aber sind die Antworten zu den Attributen »spannend«, »lustig«, »gruselig« und »langweilig« fast deckungsgleich. Gering abweichend sind hingegen die Ergebnisse bei »traurig« und »ängstigend«. Diese Punkte präsentieren sich offenbar als für die Erwachsenen etwas schwieriger einzuschätzen, und es zeigen sich leichte Unterschiede zwischen den Antworten der Kinder und den Beurteilungen der erwachsenen Begleiter. Während 15,8 Prozent der Kinder angaben, den Film auch als traurig empfunden zu haben, beurteilten 9,9 Prozent der Erwachsenen den Film selbst als traurig; die gleiche Zahl schätzte auch das Empfinden ihrer Kinder so ein. Bei der Frage, ob sie den

Film in der 3D-Fassung ängstigend fanden, antworteten 14,9 Prozent der Kinder mit »trifft voll und ganz zu«, während 9,1 Prozent der Erwachsenen annahmen, dass ihre Kinder den Film so bewerteten. Einige Erwachsene (9,1%) gaben an, sie selbst hätten den Film als ängstigend empfunden. Während die Erwachsenen das Ängstigungspotenzial der Filme insgesamt damit ein wenig unterschätzt haben, haben sie deren Möglichkeit, Grusel zu erzeugen, geringfügig überschätzt. Dieses Ergebnis lässt sich unterschiedlich deuten. Wahrscheinlich ist, dass hier von einer unterschiedlichen Definition von Gruseln und Ängstigen auszugehen ist, die sich in den Antworten der Kinder und der Erwachsenen niederschlägt. Deren tatsächliche Bedeutung aber ließe sich nur im Rahmen einer qualitativen Untersuchung nachzeichnen, sodass die Interpretation dieser Items an dieser Stelle vage bleiben muss. Offensichtlich ist, dass die Filme sowohl von Erwachsenen als auch von Kindern insgesamt kaum als ängstigend oder gruselig eingeschätzt werden. Eindeutig ist auch, dass die erwachsenen Zuschauer ihr Filmverständnis höher bewerten als die Kinder, was üblichen Erwartungen entspricht.

Mit Blick auf die Altersfreigaben der FSK (ohne Abbildung) befand die überwiegende Mehrheit der erwachsenen Begleiter (81,3%) die Freigabe der jeweiligen Filme für angemessen. Dass sie die Filme mehrheitlich auch als lustig, spannend und unterhaltsam bewerten, unterstreicht dieses Ergebnis.

4.3.2.2 *Präsenzerleben*

Die jungen Besucherinnen und Besucher der 3D-Filme fühlten sich in hohem Maße am Filmgeschehen beteiligt (Abbildung 19). Die Sechs- bis Zwölfjährigen meinten mehrheitlich, sie hätten voll und ganz das Gefühl, als ob sie in der Filmhandlung wären und die Ereignisse beobachten könnten. Beinahe ähnlich stark ist der Eindruck, die Figuren auf der Leinwand könnten aus dieser herausgreifen und die Kinozuschauer berühren. Immerhin 38,5 Prozent der befragten Kinder meinten, der Film wirke in 3D, als ob die Ereignisse wirklich passieren würden.

Das Filmerleben der Kinder, die die Filme in der 3D-Fassung gesehen hatten, wurde von den begleitenden Erwachsenen durch ihre Beobachtungen bestätigt, die sie während der Filmvorführung machten. Sie stellten fest, dass immerhin 23,7 Prozent der Kinder in Richtung Leinwand griffen, was vermutlich geschah, wenn Dinge auf sie zukamen, die

Situation in der Geschichte also vor der Leinwand spielte. Darüber hinaus kann das Ergebnis den Eindruck einiger Kinder bestätigen, die Figuren wären für sie greifbar und somit auch physisch erreichbar. Bei über 40 Prozent der Kinder konnten die Erwachsenen beobachten, dass sie zusammenzuckten und damit körperlich auf den Film reagierten. Die Intensität des Kinoerlebnisses wird auf diese Weise unterstrichen, die sich sicherlich nicht allein aus der dreidimensionalen Darstellung ergibt, sondern durch unterschiedliche Komponenten bekräftigt wird. Die Größe der Leinwand sowie der eindringliche Surround-Sound dürften die Kinder gleichermaßen beeindrucken. Ein Fünftel der Kinder (21,6%) kuschelte sich an den vertrauten Erwachsenen und suchte damit die körperliche Nähe. Auch hier wäre im Rahmen einer qualitativen Studie zu untersuchen, ob dieses Ankuscheln als Ausdruck des gemeinsamen Erlebnisses, als Schutzsuche oder als unspezifisches Nähebedürfnis zu werten ist, das sich durch die besondere Rezeptionssituation im Kino ergibt oder durch diese motiviert wird. Neben den vorgegebenen Antworten konnten die Erwachsenen weitere Reaktionen nennen, die sie bei den Kindern beobachteten. Am häufigsten vermerkten die Eltern hier, dass ihre Kinder lachten und damit ihrem Spaß Ausdruck verliehen. Im Rahmen einer offenen Antwortmöglichkeit schilderten zwei Begleiter, das Kind habe ihre Hand genommen, und vereinzelt findet sich die Äußerung es »hat an den Nägeln geknabbert« oder »mehrmals einen Kuss gegeben«. Auch hier bleibt unklar, ob die Reaktionen durch den Film motiviert sind.

Abbildung 19: Nun denke bitte daran, wie du dich während des Films gefühlt hast. Welche Aussagen treffen auf dich zu und welche treffen nicht zu? Kreuze bitte in jeder Zeile an »Ich hatte das Gefühl als ob ...«; Antwort »trifft voll und ganz zu«

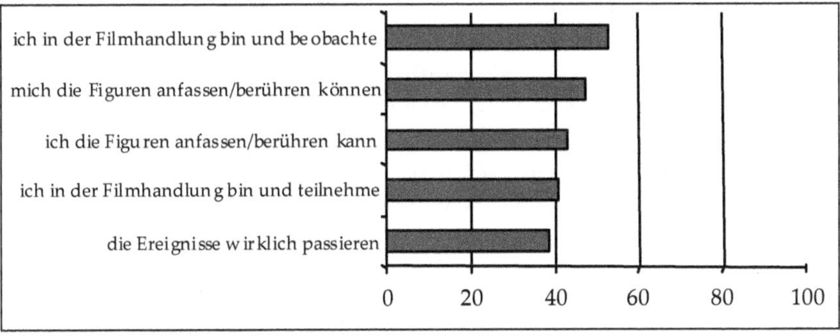

n=114, Angaben in Prozent.

Ein Erwachsener stellte zudem fest, das Kind habe die 3D-Brille abgenommen und interessiert geschaut, wie der Film ohne 3D aussieht. Die Reflexion des dreidimensionalen Effektes findet sich damit auch bei den jüngeren Zuschauern. Insgesamt aber unterstreichen die körperlichen Reaktionen den physischen Erlebniswert des dreidimensionalen Kinos auch für jüngere Zuschauer. Wie auch bei den erwachsenen Zuschauern (vgl. Kapitel 4.2.3) ist es auch hier wohl vor allem das Gefühl, dabei zu sein, das durch den 3D-Effekt in besonderem Maße unterstützt wird.

4.3.3 Ängstigung

Neben dem Filmerleben ging es in der Befragung vor allem um das Gefühl der Ängstigung und damit verbunden um die Frage, inwieweit diese durch den Einsatz von dreidimensionaler Filmtechnik motiviert sein kann. Dabei galt es auch festzustellen, ob 3D als filmstilistischer Effekt unabhängig vom Inhalt zu einer Ängstigung führt und/oder der 3D-Effekt mit Blick auf eine mögliche Ängstigung im Zusammenhang mit den gezeigten Inhalten zu bewerten ist. Zunächst wurden die Kinder gefragt, ob es im Film eine oder mehrere Stellen gegeben habe, die ihnen Angst gemacht haben. Wie sich zeigte, konnte mehr als ein Drittel der Kinder (36,8%) tatsächlich eine oder mehrere Stellen im Film identifizieren, die sie für sich als ängstigend einstuften. Bei Betrachtung der untersuchten Filme trat DISNEY'S EINE WEIHNACHTSGESCHICHTE als der Film mit den meisten ängstigenden Szenen in Erscheinung. So gaben 23 von 35 Kindern, die den Film gesehen haben, an, sie hätten eine oder mehrere solcher Stellen ausmachen können. Wenn man die oben genannten Kennzeichen für Filme aus dem Bereich Family Entertainment betrachtet, verwundert dieses Ergebnis nicht, da der Film, obwohl im Kontext seiner Vermarktung häufig als Familienfilm beworben, von diesen Kriterien in einigen Punkten ganz offensichtlich abweicht. So wurde hier, anders als sonst üblich, nicht mit opulenten Bildern und bunter Farbenpracht gearbeitet. Vielmehr setzte der Film mit einer düsteren Farbgebung und erschreckenden Erzählelementen und -inhalten einen starken Kontrast zu den für diesen Bereich gewohnten filmstilistischen Mitteln. Aber auch in den anderen Filmen fanden sich Szenen, die die Kinder als ängstigend einstuften, wenn auch deutlich weniger, als in der Disney-Produktion. So konnten bei AVATAR fünf von zwölf und bei

OBEN vier von elf Kindern ängstigende Stellen ausmachen, bei G-FORCE waren es fünf von 27 Kindern, die den Film gesehen hatten und bei WOLKIG MIT AUSSICHT AUF FLEISCHBÄLLCHEN konnten lediglich fünf von 29 Kindern Szenen finden, die sie geängstigt haben.

Im Weiteren sollten die Kinder die besagten Stellen in den jeweiligen Filmen beschreiben und angeben, was sie gerade in dieser Szene geängstigt hat. Bei der Analyse der offenen Antworten zeigte sich, dass die Ängstigung bei den Kindern vornehmlich inhaltlich motiviert war. Die Themen »Tod« und »Verlust«, deren Visualisierung und deren mögliches Eintreten im direkten und im weiteren Sinne, wurden vorrangig als Auslöser von Ängstigungen genannt. Bei AVATAR, G-FORCE und OBEN gab es hierzu primär Nennungen, die die Angst vor dem Tod eines oder mehrerer Protagonisten beschrieben. So galt die Sorge in AVATAR dem Hauptdarsteller, »Weil Jack fast erstickt wäre« (9 Jahre), und den »Nav'vi«, den blauen Ureinwohnern des Planeten Pandora, »weil sie sterben mussten« (11 Jahre). Auch bei G-FORCE und OBEN war dies der Fall: »Weil die Meerschweinchen sterben könnten« (9 Jahre) bzw. »Ich wollte nicht, dass er [der Hund] stirbt« (10 Jahre). Die Angst um das Leben der Helden und das unangenehme Gefühl, das sich einstellt, wenn Tod symbolisiert wird, sind für Kinder filmübergreifend besorgniserregend. Dies bestätigt die These Cantors (2002), nach der es sich bei filminhaltlich motivierter Angst vor allem um empathische Empfindungen handelt: Droht dem Protagonisten Gefahr, so ist dies häufig Auslöser für Angst beim (kindlichen) Betrachter. Die Forschungsergebnisse von Feierabend (2004) werden gleichermaßen bekräftigt, nach denen sich Angst oder Trauer vor allem gegenüber Verlustsituationen einstellen.

So war es auch bei DISNEY'S – EINE WEIHNACHTSGESCHICHTE neben Szenen, in denen Geister auftauchten (»Wo die Geister rumgeflogen sind«, 10 Jahre), vor denen sich die Kinder gruselten, vor allem der Tod, der den Kindern Angst machte. Im Unterschied zu den anderen in die Analyse einbezogenen Filmen ging es in diesem Film aber weniger um die Protagonisten und die Angst, sie könnten sterben, als um die symbolische Visualisierung, also Gegenstände oder Figuren, die mit dem Tod assoziiert werden können und die Form, in der sie dargestellt wurden. Kinder nannten hier zum Beispiel »als der Tod kam« (9 Jahre), »die Stelle mit dem Skelett« (7 Jahre) oder »als der Gast in den Sarg gefallen ist« (10 Jahre). Auch gruselten sich einige Kinder in der Szene, »wo die Todeskutsche um die Ecke kam« (11 Jahre). Diese Aussagen bestätigen auch die Ergebnisse von Feierabend (2004), nach denen sich Angst oder Trauer vor allem bei Verlustsituationen und Tod einstellen sowie bei gruseligen Kreaturen und Situationen, in denen jemand gefangen und/ oder bedroht wird oder kämpfen muss (vgl. ebd.: 13).

Die Begründungen, warum diese Szenen für die Kinder ängstigend waren, verdeutlichen, dass die Ängstigungen in erster Linie inhaltlich motiviert und in der Regel unabhängig von der Dreidimensionalität ihrer Darstellung waren. Diese wirkte nur ängstigend, wenn der Zuschauer durch die Bespielung des Raumes vor der Leinwand (»negative Parallaxe«) in das ängstigende Filmgeschehen einbezogen wurde. So nannten einige Kinder bei DISNEY'S EINE WEIHNACHTSGESCHICHTE die Kutschfahrt: »Ich habe mich erschrocken, ich dachte die Kutsche kommt zu mir« (6 Jahre). Aber auch bei anderen Filmen finden sich entsprechende Begründungen. So hatten bei WOLKIG MIT AUSSICHT AUF FLEISCHBÄLLCHEN einige Kinder Angst vor dem Spaghettitornado, der scheinbar auf sie zukam. Zwei Jungen im Alter von sieben und acht Jahren meinten, dieser sei beängstigend, »weil es so nah war«. Auch bei G-FORCE gab ein sechsjähriger Junge an, er habe Angst gehabt vor den »großen Maschinen, die auf einmal gelebt haben«, da sie so groß und nah gewesen seien.

4.3.4 Fazit

Die Untersuchung bestätigt, dass dreidimensionale Filme auch von Kindern immersiv wahrgenommen werden. Anhand der Aussagen der Kinder, bestätigt durch ihre erwachsenen Begleiter, lässt sich folgern, dass sie emotional stark ins Filmgeschehen involviert waren, was sich auf die Erzählweise, aber auch auf den 3D-Effekt und die damit einhergehende Illusion der räumlichen Nähe zum Geschehen zurückführen lässt. Es zeigte sich, dass sie in einigen Szenen das Gefühl hatten, Teil des Films zu sein und die Grenzen zwischen dem Kinoraum und der Geschichte aufgehoben schienen. Dies gilt auch für die dreidimensionale Darstellung solcher Szenen, die Kinder als ängstigend empfinden. Die Antworten der Kinder lassen darauf schließen, dass Dreidimensionalität bei ohnehin als bedrohlich empfundenen Szenen das Angstgefühl verstärken kann, sich somit die Hypothese bestätigt, nach der die auf der Leinwand dargestellten Gefahren, die Kinder als Zuschauer unmittelbar adressieren, aufgrund ihres immersiven Potenzials dreidimensional bedrohlicher wirken, als dieses möglicherweise in einer zweidimensionalen Darstellung der Fall wäre. Dies geschieht vor allen Dingen dann, wenn die Darstellung der Ereignisse in der negativen Parallaxe erfolgt, das Geschehen also »vor der Leinwand« spielt. Die Geschichte kommt damit quasi physisch auf die Kinder zu und nimmt ihnen das Gefühl der sicheren Distanz zur Leinwand und zum Filminhalt. Dies spiegelte sich auch in den Aussagen der Kinder wider, in denen 3D-relevante Ängstigungen vor allen Dingen mit Gegenständen zu tun haben, die aus dem Film heraus auf sie zukommen. Wie sich zeigte, kann der 3D-Effekt jedoch nicht originär für Ängstigung im Kino verantwortlich gemacht werden, sodass die These der 3D-Effekt selbst würde zu einem bedrohlichen Element der Kinovorstellung werden, in dieser Form nicht belegt ist. Die Kinder treffen nur vereinzelt Aussagen, die darauf schließen lassen, dass das Gefühl der Ängstigung durch die dreidimensionale Darstellung motiviert ist. Auch bei dreidimensionalen Filmen resultieren Ängste primär aus einer Bedrohung der Protagonisten und der Sorge, der Held könne in Gefahr geraten. Ob dieses Gefühl allerdings aufgrund einer stärkeren physischen Einbindung in den Film und einer größeren physischen Präsenz der Figuren durch die dreidimensionale Darstellung intensiviert ist, lässt sich aus den Daten nicht herauslesen. Zudem bereiten Kindern solche Szenen Probleme, in denen das Thema Tod symbolisch in Szene gesetzt und der Tod selbst gleichermaßen bedrohlich inszeniert wird. Damit bestätigen sich auch für den 3D-Film Forschungsergebnisse zum zweidimensionalen Kino, nach denen Ängstigung bei Kindern vor allem aus empathischen Empfindungen resultiert.

Insgesamt aber spielen die ängstigenden Elemente der ausgesuchten Filme für das Filmerleben der Kinder zumeist eine untergeordnete Rolle, und es überwiegt das positive Filmerleben, da sie die Filme mehrheitlich als spannend, unterhaltsam und lustig beschreiben. Mit Blick auf das Filmerleben und die Gefahr der Ängstigung ist die stärkere immersive Beteiligung am Filmgeschehen bei der 3D-Rezeption damit grundsätzlich nicht bedenklich, da die Ergebnisse der Studie zeigen, dass die 3D-Effekte eines Filmes nicht unmittelbar für das Auslösen von Angst oder einer Ängstigung verantwortlich sind. Die inhaltlich motivierten Angstgefühle können jedoch durch 3D-Effekte aufgrund des gesteigerten Involvements in das Filmgeschehen verstärkt werden. Schließlich ist im Kontext der Studie auch der Begriff der Ängstigung zu diskutieren. So ist Ängstigung während des Filmes sicherlich nicht besorgniserregend, sofern die entsprechende Szene in der Filmhandlung aufgelöst wird und somit von den Kindern kognitiv verarbeitet werden kann. Einige Kinder gaben sogar explizit an, dass sie sich zwar geängstigt hätten oder Szenen gruselig gewesen seien, dass dies aber gerade spannend gewesen sei, was sich z.B. in der Aussage »Es war gruselig, trotzdem cool« widerspiegelt. Ängstigung muss also nicht per se als etwas Negatives gesehen werden. Wichtig ist, dass diese Ängstigung nicht offen gelassen und die entsprechende Szene somit aufgelöst wird. Unvollendete Handlungen erschweren den Kindern die Verarbeitung des Gesehenen. Dies kann zum Beispiel auch passieren, wenn die Filmaufführung im Kino (oder zu Hause) unterbrochen wird.

Bei den vorliegenden Untersuchungen konnten lediglich kurzfristige Formen der situativen Ängstigung und (Über-)Erregung untersucht werden, also Situationen im Film, die zumindest einen kurzzeitigen Effekt bei den Kindern wie Erschrecken oder eben ein subjektives Angstgefühl ausgelöst haben. Im Rahmen der Studie konnten somit keine über einen längeren Zeitraum andauernden und damit nachhaltigen Angstgefühle abgefragt werden. Langfristig wäre es folglich notwendig, Ängstigung nach einem dreidimensionalen Kinoerlebnis über einen längeren Zeitraum und mit einer größeren Stichprobe der jeweiligen Altersgruppen zu analysieren. Nur so können prägende Erinnerungen an den jeweiligen Film, die sich gegebenenfalls auch in nachhaltiger Ängstigung äußern können, analysiert und bewertet werden.

Zusammenfassung und Ausblick

Die Ausführungen der vorangegangenen Kapitel haben Rezeption und Akzeptanz des dreidimensionalen Kinos aus unterschiedlichen Perspektiven beschrieben und sich mit dem Zuschauer der »3. 3D-Welle« im Kino auseinandergesetzt. Dabei war es ein besonderes Anliegen der Studien, neben einer mehrperspektivischen Betrachtung das Zusammenspiel von Rezeptionserwartungen und Bewertungen einerseits, von dramaturgischen, narrativen und filmstilistischen Elementen andererseits genauer in den Blick zu nehmen. Damit gehen die Untersuchungen weit über solche Studien hinaus, die technologische Aspekte der 3D-Präsentation fokussieren oder sich primär mit dem Zuschauer als Konsumenten auseinandersetzen. Eben solche Studien standen bislang häufig im Zentrum von Forschungsarbeiten, die sich mit dreidimensionalen Effekten aus Sicht des Betrachters beschäftigt haben.

Die hier dokumentierten Studien sollten an die vorhandene Forschungssituation anschließen, diese dabei aber um wesentliche Aspekte ergänzen. So ging es *erstens* darum, das Interesse und die Kenntnis von 3D in der Bevölkerung zu erheben, *zweitens* die Erwartungen der Zuschauer an die Technologie und die je spezifischen Inhalte des digitalen 3D-Kinos nachzuzeichnen und *drittens* die erhaltenden Gratifikationen zu analysieren, die sich aufseiten der Zuschauer einstellen. Ein weiterer Teilabschnitt fragte nach den Bewertungen des 3D-Films durch Kinder und dem Potenzial einer möglichen Ängstigung durch die neue Form der Präsentation.

Wie die Ergebnisse der deutschlandweit repräsentativen Befragung zeigten, war den Zuschauern bereits im Jahr 2009 das 3D-Prinzip mehrheitlich bekannt. Auch vor der digitalen »3D-Welle« hatten die potenziellen Kinogänger eine recht genaue Vorstellung von dem, was sie im Kino erwarten würde. Dabei konnten sie sich vor allem Dokumentationen und Reportagen gut in dreidimensionaler Aufbereitung vorstellen, aber auch Spielfilme und Serien eigneten sich ihrer Meinung nach für den 3D-Effekt. Zudem zeigten sich die Befragten an dreidimensionalen Sportübertragungen und Konzerten interessiert. Die Befragungsdaten machten aber auch deutlich, dass es vor allem die jüngeren Zuschauer sind, die sich für dreidimensionale Darstellungen interessieren. So bekunden vor allem die Zuschauer zwischen 14 und 29 Jahren großes Interesse an den neuen Darstellungsmöglichkeiten und fühlen sich durch eine 3D-Brille weniger beeinträchtigt als ältere Zuschauer. Auch gingen sie deutlich seltener davon aus, ihnen könne angesichts des 3D-Effekts übel werden oder sie könnten sich körperlich unwohl fühlen. Zudem waren sie eher bereit, einen höheren Preis für das 3D-Erlebnis zu bezahlen, womit sie den Mehrwert der Darstellung auch finanziell anerkannten.

Bei einer weiteren Befragung von Zuschauern, die die 3D-Version eines Kinofilms der 2D-Variante vorzogen, sollte die dreidimensionale Umsetzung im Sinne der Uses-and-Gratifications-Forschung als technologische Variation und damit als funktionale Alternative betrachtet werden. Es stellte sich die Frage, aufgrund welcher Motive sich Kinobesucher für die 3D-Version eines Films entscheiden und nicht für die 2D-Version. Den erhobenen Daten nach interessieren sich vor allem solche Kinobesucher für den 3D-Effekt, die grundsätzlich als kinoaffin zu bezeichnen sind, sich also überdurchschnittlich häufig Filme im Kino ansehen. Damit ist das Filminteresse für den 3D-Kinobesuch von größerer Bedeutung als ein grundsätzliches Interesse an Neuen Medien. So weisen sich die 3D-Besucher weder durch eine herausragende Onlinenutzung aus, noch zeigen sie überdurchschnittlichen Zuspruch zu Computerspielen. In ihren Erwartungen an den 3D-Film sind es affektive, soziale und kognitive Motive, die bei der Entscheidung für die 3D-Version eine Rolle spielen. Insbesondere erwarten die Zuschauer eine Intensivierung des emotionalen Erlebens, wenn sie davon ausgehen, die 3D-Version eines Films sei aufregender, schöner und spannender.

Ob das Filmerleben, die Erwartungen an den 3D-Effekt und seine Bewertung tatsächlich ausschließlich eine Frage der technologischen Möglichkeit sind, war im Weiteren zu überprüfen. So galt es, nach einem intertechnologischen Vergleich die 3D-Rezeption in Bezug auf verschiedene Genres übergreifend in den Blick zu nehmen und nach dem subjektiv wahrgenommenen Nutzen zu fragen, den die Zuschauer tatsächlich aus der jeweiligen dreidimensionalen Umsetzung in unterschiedlichen Genres ziehen. In der Gegenüberstellung höchst unterschiedlicher Genres wie dem Family-Entertainment und dem Horrorfilm konnte dieser Frage nachgegangen werden. Beide Genres unterscheiden sich nicht nur in ihren Zielgruppen, sondern ebenso in ihrer ästhetischen und narrativen Affinität zum 3D-Effekt. So kann der 3D-Effekt im Horrorfilm das Spiel von Nähe und Distanz unterstreichen, Schockwirkungen ebenso wie das Gefühl von Enge und Klaustrophobie intensivieren und mit der Angst des Zuschauers vor körperlicher Versehrtheit spielen. Auch spielen hier Gefühle von Ekel und Abscheu eine besondere Rolle, die dreidimensional in quasi physischer Aufdringlichkeit inszeniert werden können. Solche Effekte schließen sich bei Family-Entertainment allesamt aus. Hier wird eher ein spielerischer Umgang mit 3D gesucht, in dem es aus Produzentensicht darum gehen muss, mehrere Generationen für den Film zu begeistern und dabei vor allem auch die Rezeptionsbedürfnisse der jüngeren Zuschauer nach Humor, nachvollziehbaren Geschichten und sympathischen Charakteren zu bedienen. So ist es in den populären Blockbustern – wie beispielsweise den Filmen der ICE-Age-Reihe – vor allem die detailgetreue Zeichnung der Figuren, die vom 3D-Effekt profitiert.

Wie zahlreiche Diskussionen in Filmforen zeigen, scheint der 3D-Einsatz im Horrorfilm aus Sicht der Zuschauer tatsächlich eher gerechtfertigt. Unabhängig von der inhaltlichen Qualität des jeweiligen Streifens honorieren die Besucher des Grusel-Genres Spaß und Unterhaltungswert, die aus einer dreidimensionalen Umsetzung resultieren. Ganz offensichtlich ist es die narrative Kohärenz, durch die sich der Mehrwert hier legitimiert. Die spezifischen dramaturgischen Konventionen des Genres wie auch die Technikaffinität seiner Fans können weitere Argumente für die 3D-Begeisterung sein. Demgegenüber zeigen sich die Family-Entertainment-Besucher kritischer. Die neue Technik bietet hier vor allem einen Mehrwert, wenn es um actionbezogene Szenen geht und solche, die Bewegung und Schnelligkeit implizieren. Ansonsten sind den Zuschauern inhaltliche Aspekte wichtiger. Humor und eine gute Geschichte werden dabei besonders geschätzt. Dass eben diese Elemente nicht zwangsläufig von einer dreidimensionalen Umsetzung profitieren, wird aus den Aussagen der Kinobesucher deutlich. So soll die Narration im Vordergrund stehen. Wenn sie durch den 3D-Effekt eine besondere Ästhetik erhält, ist das ein visueller Mehrwert. Notwendig ist eben dieser aus Sicht unterschiedlicher Diskussionsteilnehmer aber nicht. Damit zeigt sich, dass 3D nicht als genreübergreifender Effekt zu diskutieren, sondern vielmehr als *filmstilistisches Mittel* zu begreifen ist, *das es im Zu-*

sammenspiel mit Narration und Dramaturgie einzusetzen und zu reflektieren gilt. Der Mehrwert des Effektes ergibt sich für den Zuschauer nicht pauschal allein schon aus seinem Gebrauch. Vielmehr muss er in Zusammenhang mit den Inhalten und der Position des Zuschauers stehen, wie sie als Beobachter der Handlung jeweils definiert ist.

Eben diese Frage nach dem »richtigen« Einsatz von 3D als filmstilistischem Mittel und seiner Funktion für den Zuschauer galt es abschließend in qualitativen Interviews mit Kinobesuchern, die sich wiederholt 3D-Filme angesehen hatten, zu vertiefen. Dabei bestätigte sich zunächst einmal das Ergebnis vorhergehender Studien, wonach es insbesondere die *Erwartung einer stärkeren affektiven Einbindung* ist, die den 3D-Kinobesuch motiviert. Die Dreidimensionalität kommt dem Bedürfnis entgegen, die »reale« Welt des Kinoraums zu vergessen und in die Filmwelt einzutauchen, die Grenzen zwischen Film und »Wirklichkeit« aufzuheben. Dabei handelt es sich allerdings nicht um einen binären Code im Sinne von hier und dort. So beschreiben die Zuschauer unterschiedliche Formen der Teilhabe, in denen ihre jeweilige Position changiert. Auch bemisst sich die Qualität für den Zuschauer nicht nach der Frage, ob der Film den Raum vor oder hinter der Leinwand bespielt – oder beides. Qualität bemisst sich nach dem spezifischen Einsatz in dem jeweiligen Film. Dieses korreliert gleichermaßen mit den Erwartungen.

Einen besonderen Mehrwert dreidimensionaler Darstellungen sehen die Zuschauer vor allem im Tiefeneindruck der Bilder und der damit einhergehenden Wahrnehmung des Raumes. In diesem Kontext schreiben sie dem Effekt unterschiedliche Funktionen zu, die *erstens* darin bestehen, dass ein quasi-haptischer Eindruck entsteht, indem Landschaften und Räume sinnlich erfahrbar werden. *Zweitens* impliziert der Effekt eine ordnende bzw. strukturierende Funktion, in der sich Nähe und Distanz zwischen dem Zuschauer und den Filmereignissen regulieren. *Drittens* liegt der Mehrwert des Dreidimensionalen hier in seiner symbolisierenden Funktion, wenn beispielsweise der 3D-Effekt als sinnlich-symbolisierendes Moment des Ungewissen und damit potenziell Bedrohlichen im Horrorfilm umgesetzt wird.

Befragungen von Kindern zum 3D-Film bestätigen allerdings, dass 3D zumindest in solchen Filmen, die Kinder als Zielgruppe anvisieren, als rein technologisches Mittel nicht das Potenzial zur Ängstigung besitzt. Auch hier wird der Effekt im Zusammenhang mit inhaltlichen Momenten des Films bewertet. Wenn die Handlung ohnehin ängstigend ist, kann der 3D-Effekt diese Wahrnehmung allerdings durchaus verstärken. Die Bewertung dreidimensionaler Filme ist somit komplex. Offensichtlich geht es nicht um die Frage, ob ein Film dreidimensional umgesetzt ist oder nicht, es geht um die Frage, wie sich der 3D-Effekt in den Film integriert und wie das Stilmittel dazu beiträgt, eine Geschichte zu erzählen. Angesichts des vielfachen 3D-Einsatzes in den Filmen des Family-Entertainments, die vor allem auf jüngere Zuschauergruppen zielen, ist zudem zu konstatieren, dass der Einstieg des jungen Publikums in die Kinowelt in der Regel auch den Einstieg in dreidimensionale Welten bedeutet. Damit bleibt abzuwarten, mit welchen Konsequenzen diese Form der Sehsozialisation für Kinder verbunden ist. So ist davon auszugehen, dass sich die »Normalisierung« dreidimensionaler Effekte auf die Erwartungshaltung gegenüber dem Film auswirkt, auf seine Beurteilung und die Frage, was ein Film eigentlich bieten muss.

Zudem ist das Kino im Wechselspiel mit anderen Medien zu sehen, die Sehgewohnheiten ebenso prägen wie Erwartungen an mediales Erleben. Mit ihrer selbstverständlichen Nutzung so genannter neuer und interaktiver Medien verweist die Sozialisation der »Generation digital« auf ein gesellschaftliches Phänomen, das Soziologen der Gegenwart mit Begriffen wie »Erlebnisgesellschaft« (Schulze 1992) oder »Participatory Culture« (Jenkins 2008) belegt haben. Virtuelle Welten, Cyberspace und Formen digitaler Vergemeinschaftung im Netz zu erleben, ist für Heranwachsende heute allgegenwärtig. Der Spaß am Aushandeln und Wechseln von Identitäten ist damit ebenso verbunden wie das mentale Eintauchen in die virtuelle Welt. Es mag sein, dass das Bedürfnis, »die Seele in die immateriellen Gefilde des Anderen (…) strömen zu lassen« (Huhtamo 2008: 45) keineswegs neu ist. Neu aber sind die vielfältigen medialen Möglichkeiten, dieses tatsächlich auch zu erproben und die weitreichenden Erfahrungen, die damit verbunden sind.

Während Griffith die immersive Erfahrung als etwas grundsätzlich Unheimliches ansieht (nach Curtis 2008), die Chance auf eine Grenzerfahrung nahe der Vorstellung vom Tod, scheint die heutige Generation von Kindern und Jugendlichen frei von diesen Bedenken. Durch eine Erprobung der Wahrnehmung im virtuellen Raum sind die »digital natives« auf diese Form der Grenzerfahrung vorbereitet und sehen immersives Erleben als konstitutiv an für Medienhandeln in der Gegenwart. Die neue Erfolgswelle des dreidimensionalen Kinos lässt sich somit auch auf eine Verwobenheit von technologischer Entwicklung und medialer Sozialisation zurückführen. Beide greifen ineinander über, interagieren miteinander und bedingen einander. Der 3D-Film, so ist zu argumentieren, profitiert vom »immersiven Klima« der Gegenwart.

Die Einschätzung des 3D-Effektes als filmstilistisches Mittel schließlich impliziert unterschiedliche Konsequenzen. So macht 3D alleine einen Film nicht besser oder schlechter. Eher lassen die hier dokumentierten Studien darauf schließen, dass die 3D-Ästhetik im Film inhaltlich motiviert sein muss und entsprechend reflektiert einzusetzen ist. In diesem Fall kann diese Technik ihren Mehrwert für den Zuschauer entfalten. Ob dies allerdings genreübergreifend der Fall ist, lässt sich angesichts der Studienergebnisse infrage stellen. Genrespezifische Narrationen und Dramaturgien implizieren demnach einen unterschiedlichen Gebrauch des Effektes, der entsprechend auch in seinen jeweiligen Funktionen für den Zuschauer zu differenzieren ist. Der Einsatz von 3D ist im Prozess der Filmerstellung zudem frühzeitig zu reflektieren und von unterschiedlichen Berufsbildern zu berücksichtigen. Für das Storytelling ist die Frage einer dreidimensionalen Umsetzung ebenso von Bedeutung wie für Regie und Szenografie. Eine nachträgliche Konvertierung dürfte den Erwartungen eines anspruchsvollen Publikums – so lässt sich aus den hier dokumentierten Aussagen schlussfolgern – hingegen kaum gerecht werden. Es bleibt abzuwarten, wie sich 3D einerseits als filmsprachliches Mittel (weiter-)entwickeln wird, und wie sich andererseits die Erwartungen des Publikums durch Sehgewohnheiten und sich herausbildende Konventionen ausdifferenzieren. Technische Unzulänglichkeiten dürften einer Weiterentwicklung dreidimensionaler Darstellungen im Zeitalter des digitalen 3D zumindest kaum mehr im Wege stehen.

Referenzen

Literatur

Amt für Statistik Berlin-Brandenburg (2011): Statistischer Bericht. Ergebnisse des Mikrozensus im Land Berlin 2009. URL: http://www.statistik-berlin-brandenburg.de/Publikationen/Stat_Berichte/2011/SB_A1-10_A6-2_j01-09_BE.pdf. (8.3.2011).

Andres, Jan/Lobeck, Lisa (2011). What's the Difference? Stereoskopische Perspektiven in der Produktwerbung. Diplomarbeit zur Erlangung des akademischen Grades Diplom-Kommunikationswirt(in) am Fachbereich 2 der Universität der Künste Berlin, vorgelegt am 11. April 2011.

ARD/ZDF-Onlinestudie (2010): Mediennutzung. URL: http://www.ard-zdf-onlinestudie.de/index.php?id=222. (26.09.2011).

Aufenanger, Stefan/Lampert, Claudia/Vockerodt, Yvonne (1996): Lustige Gewalt? Zum Verwechslungsrisiko realer und inszenierter Fernsehgewalt bei Kindern durch humoreske Programmkontexte. München: Reinhard Fischer.

Austin, Bruce A. (1986): Motivations for Movie Attendance. In: Communication Quarterly 34, H. 2, S. 115-126.

Bachmair, Ben (1994): Handlungsleitende Themen: Schlüssel zur Bedeutung der bewegten Bilder für Kinder. In: Deutsches Jugendinstitut (Hrsg.): Handbuch Medienerziehung im Kindergarten. Teil 1: Pädagogische Grundlagen. Opladen: Leske + Budrich, S. 171-185.

Balzer, Jens (2009): In einem Holzhaus hoch über den Wolken In: Berliner Zeitung, Ausgabe vom 16.09.2009.

Blumler, Jay G./Katz, Elihu (1974): The Uses of mass communications: Current perspectives on gratifications research. Beverly Hills: Sage.

Bortz, Jürgen/Döring, Nicola (1995): Forschungsmethoden und Evaluation für Sozialwissenschaftler. 2. Auflage. Berlin/Heidelberg/New York: Springer.

Brendel, Harald (2005): The Arri Companion to Digital Intermediate. URL: http://dicomp.arri.de/digital/digital_systems/DIcompanion/index.html (08.09.2010).

Brophy, Philip (2000): Horrality – The Textuality of Contemporary Horror Films. In: Gelder, Ken (Hg.): The Horror Reader. London/New York: Routledge, S. 276-284.

Bryant, Jennings/Zillmann, Dolf (Hg.) (2002): Media Effects. Hillsdale: Erlbaum.

Cantor, Joanne (1998): Mommy, I'm scared: How TV and movies frighten children and what we can do to protect them. San Diego: Harvest Books.

Cantor, Joanne (2000): Media Violence and children's emotions: Beyond the »smoking gun«. Vortrag bei der Annual Convention of the American Psychological Association. August 2000. Washington.

Cantor, Joanne (2002): Fright reactions to mass media. In: Bryant, Jennings/Zillmann, Dolf (Hg.): Media Effects. Hillsdale: Erlbaum, S. 287-306.

Cantor, Joanne (2006): Long-Term Memories of Frightening Media Often Include Lingering Trauma Symptoms. Vortrag bei der Association for Psychological Science Convention. Mai 2006. New York.

Crary, Jonathan (1996): Techniken des Betrachters. Sehen und Moderne im 19. Jahrhundert. Dresden: Verlag der Kunst.

Curtis, Robin (2008): Immersion und Einfühlung. Zwischen Repräsentationalität und Materialität bewegter Bilder. In: montage AV, 17, H. 2, S. 89-107.

Curtis, Robin/Voss, Christiane (2008a): Theorien ästhetischer Immersion. In: montage AV, 17, H. 2, S. 4-10.

Curtis, Robin/Voss, Christiane (2008b): Fielding und die movie-ride-Ästhetik. Vom Realismus zur Kinesis. In: montage AV, 17, H. 2, S. 11-16.

Dresing, Thorsten/Kuckartz, Udo (2007): Neue Datenquellen für die Sozialforschung. In: Kuckartz, Udo/Grunenberg, Heiko/Dresing, Thorsten (Hg.): Qualitative Datenanalyse. Computergestützt. Methodische Hintergründe und Beispiele aus der Forschungspraxis. Wiesbaden: VS, S. 143-162.

Drößler, Stefan (2008a): Kino in der dritten Dimension. Streifzug durch die 3-D-Geschichte (I): Ein neues Zeitalter. In: Film-Dienst 61, H. 1, S. 6-12.

Drößler, Stefan (2008b): Zum Greifen nah. Ein Streifzug in die 3-D-Geschichte (II): Auf der Suche nach Raumfilmen. In: Film-Dienst 61, H. 2, S. 10-13.

Drößler, Stefan (2008c): Choreografie der Gegenstände. Ein Streifzug durch die 3D-Geschichte (III): Von Europa nach Hollywood. In: Film-Dienst 61, H. 4, S. 44-47.

Drößler, Stefan (2008d): Neue imaginierte Welten. Ein Streifzug durch die 3-D-Geschichte: Die digitale Zukunft. In: Film-Dienst 61, H. 5, S. 40-43.

DuBravac, Shawn. G./Wertheimer, David B. (2009): 3-D TV: Where Are We Now and Where are the Consumers. URL: http://store.ce.org/3-D-TV-Where-Are-We-Now-and-Where-Are-Con sumers_p_84.html (05.09.2011).

Ebbrecht, Tobias/Schick, Thomas (Hg.) (2011): Kino in Bewegung: Perspektiven des deutschen Gegenwartsfilms. Wiesbaden: VS.

Edelstein, David (2006): Now Playing at Your Local Multiplex: Torture Porn. URL: http://nymag.com/movies/features/15622 (08. 09. 2011).

Eimeren, Birgit van/Frees, Beate (2009): Der Internetnutzer 2009 – multimedial und total vernetzt? In: Media Perspektiven 2009, H. 7, S. 334-348.

Eimeren, Birgit van/Frees, Beate (2010): Fast 50 Millionen Deutsche online – Multimedia für alle? In: Media Perspektiven 2010, H. 7-8, S. 334-349.

Elsaesser, Thomas (1998): Louis Lumière – the Cinema's first Virtualist. In: Elsaesser, Thomas/Hoffmann, Kay (Hg.): Cinema Futures: Cain, Able or Cable. Amsterdam: Amsterdam University Press, S. 45-61.

Feierabend, Sabine (2004): Welche Rolle spielt der Kinofilm bei jüngeren Kindern? Begleitforschung zum Projekt »Medienkompetenz und Jugendschutz – Wie wirken Kinofilme auf Kinder?« – Abschlussbericht Elternbefragung. Stuttgart: Medienpädagogischer Forschungsverbund Südwest.

Feierabend, Sabine/Rathgeb, Thomas (2011): Medienumgang Jugendlicher. Ergebnisse der JIM-Studie 2010. In: Media Perspektiven 2011, H. 6, S. 299-310.

FFA (2010): Der Kinobesucher 2009. Strukturen und Entwicklungen auf Basis des GfK Panels. URL: http://www.ffa.de/downloads/publikationen/kinobesucher_2009.pdf (08.09.2010).

FFA (2010b): Auswertung der Top 50-Filmtitel des Jahres 2009 nach soziodemografischen sowie kino- u. filmspezifischen Informationen auf Basis des GfK Panels. URL: http://www.ffa.de/ downloads/publikationen/top_50_filme_2009.pdf (26.09.2011).

Fielding, Raymond (2008): Die Hale's Tours: Ultrarealismus im Film vor 1900. In: montage AV 17, H. 2, S. 17-40.

Fisch, Martin/Gscheidle, Christoph (2008): Mitmachnetz 2.0. Rege Beteiligung nur in Communitys. In: Media Perspektiven 2008, H. 7, S. 356-364.

Freeman, Jonathan/Avons, S.E./Pearson, Don E./Ijsselsteijn, Wijnand A. (1999): Effects of Sensory Information and Prior Experience on Direct Subjective Ratings of Presence. In: Presence: Teleoperators and Virtual Environments 8, H. 1, S. 1-13.

Freeman, Jonathan/Avons, S. E. (2000): Focus Group Exploration of Presence through Advanced Broadcast Services. Proceedings of the SPIE 3959, S. 530-539.

Freeman, Jonathan/Avons, S. E./Meddis, Ray/Pearson, Don E./IJsselsteijn, Wijnand A. (2000): Using Behavioral Realism to Estimate Presence: A Study of the Utility of Postural Responses to Motion Stimuli. In: Presence: Teleoperators and Virtual Environments 9, H. 2, S. 149-164.

Fried, Michael (1998): Art and objecthood: Essays and Reviews. London: University of Chicago Press.

Früh, Werner (1994). Realitätsvermittlung durch Massenmedien: die permanente Transformation der Wirklichkeit. Opladen: Westdeutscher Verlag.

Gerhard, Heinz/Kessler, Bernhard/Gscheidle, Claudia (2010): Die Fußballweltmeisterschaft 2010 im Fernsehen. Daten zur Rezeption und Bewertung. In: Media Perspektiven 2010, H. 9, S. 382-389.

Gerhards, Maria/Klingler, Walter/Trump, Thilo (2008): Das Social Web aus Rezipientensicht: Motivation, Nutzung und Nutzertypen. In: Zerfaß, Anger/Welker, Martin/ Schmidt, Jan (Hg.): Kommunikation, Partizipation und Wirkung im Social Web. Grundlagen und Methoden: Von der Gesellschaft zum Individuum. Köln: Herbert von Halem, S. 129-148.

GfU/ZVEI (2010): Studie 3D-TV. Marktchancen. »3D-Fernsehen« in Deutschland. URL: http://www.gfu.de/srv/easyedit/page:home/download/praesentationen/sl_1281368803 077/args.link01/de_IFA%20Auftakt-PK%202010%20H.%20Kamp.pdf (09.12.2010).

Gibbon, Mariann/Wegener, Claudia: 3D im Kino: Gefahr der Ängstigung bei Kindern? In: tv diskurs 53. Kompetent im Netz, H. 3/2010, S. 58-61.

Giles, Dennis (1984): Conditions of Pleasure in Horror Cinema. In: Barry Keith Grant (Hg.): Plays of Reason. Essays on the Horror Film. Metuchen/London: The Scarecrow Press, S. 38-52.

Görgülü, Kemal (2011): Marktübersicht und Geschäftsmodelle für 3D-Kino und 3D-TV. URL:http://ip.hhi.de/PRIME_Workshop/fileadmin/download_de/4_KemalGoerguelue. pdf (27. 02. 2011).

Grau, Oliver (2007): Remember the Phantasmagoria! Illusion Politics of the Eighteenth Century and Its Multimedia Afterlife. In: Grau, Oliver (Hg.): MediaArtHistories. Cambridge: MIT Press, S. 137-161.

Gunning, Tom (1996): Das Kino der Attraktionen. Der frühe Film, seine Zuschauer und die Avantgarde. In: Meteor. Texte zum Laufbild, H. 4, S. 25-34.

Gunning, Tom (2006): »The whole World Within Reach«. Travel Images without Borders. In: Ruoff, Jeffrey (Hg.): Virtual Voyages. Cinema and Travel. Durham/London: Duke University Press, S. 25-41.

Hahn, Anke/Schierse, Anna (2004): Filmverleih. Zwischen Produktion und Kinoerlebnis. Konstanz: UVK.

Hahn, Philipp (2005): Mit High Definition ins digitale Kino. Entwicklungen und Konsequenzen der Digitalisierung des Films. Marburg: Schüren.

Häkkinen, Jukka/Kawai, Takashi/Takalato, Jari/Leisti, Tuomas/Radun, Jenni/Hirsaho, Anni/Nyman, Göte (2008): Measuring Stereoscopic Image Quality Experience with Interpretation Based Quality Methodology. In: Farnand, Susan P./Gaykema, Frans (Hg.): Image Quality and System Performance V. Proceedings of the SPIE 6808, S. 68081B-68081B-12.

Hartmann, Tilo/Böcking, Saskia/Schramm, Holger et al. (2005): Räumliche Präsenz als Rezeptionsmodell: Ein theoretisches Modell zur Entstehung von Präsenzerleben. In: Gehrau, Volker/Bilandzic, Helena/Woelke, Jens (Hg.): Rezeptionsstrategien und Rezeptionsmodalitäten. München: Reinhard Fischer, S. 21-37.

Hayes, R. M. (1989): 3-D Movies. A History and Filmography of Stereoscopic Cinema. London: St. James Press.

Heinzel, Friederike (Hg.) (2000): Methoden der Kindheitsforschung. Ein Überblick über Forschungszugänge zur kindlichen Perspektive. Weinheim: Juventa.

Hick, Ulrike (1999): Geschichte der optischen Medien. München: Fink.

Huhtamo, Erkki (2008): Unterwegs in der Kapsel. Simulatoren und das Bedürfnis nach totaler Immersion. In: montage AV 17, H. 2, S. 41-68 (orig. 1995).

IJsselsteijn, Wijnand A./de Ridder, Huib/Freeman, Jonathan (2001): Effects of Stereoscopic Presentation, Image Motion, and Screen Size on Subjective and Objective Corroborative Measures of Presence. In: Presence: Teleoperators and Virtual Environments 10, H. 3, S. 298-311.

IJsselsteijn, Wijnand A./de Ridder, Huib/Hamberg, Roelof/Bouwhuis, Don/Freeman, Jonathan (1998): Perceived Depth and the Feeling of Presence in 3DTV. In: Displays 18, H. 4, S. 207-214.

IJsselsteijn, Wijnand A./de Ridder, Huib/Vliegen, J. (2000). Subjective Evaluation of Stereoscopic Images: Effects of Camera Parameters and Display Duration. In: IEEE Transactions on Circuits and Systems for Video Technology 10, H. 2, S. 225-233.

International 3D Society (2010): I3DS Poll. URL: http://www.international3dsociety.com/International_3D_Society/RESEARCHOPINION.html (28.03.2011).

Jeffrey, Ian (1981): Photography. A Concise History. London: Thames and Hudson.

Jenkins, Henry (2008). Convergence Culture: Where Old and New Media Collide. New York: New York University Press.

Jockenhövel, Jesko/Reber, Ursula/Wegener, Claudia (2009): Digitaler Roll-out. Kinobranche im Umbruch. In: Media Perspektiven 2009, H. 9, S. 494-503.

Katz, Elihu/Foulkes, David (1962): On the Use of the Mass Media as »Escape«: Clarification of a Concept. In: Public Opinion Quarterly Vol. 26/1962, S. 377-388.

Katz, Elihu/Gurevitch, Michael/Haas, Hadassah (1973): On the Use of the Mass Media for Important Things. In: American Sociological Research, 38, S. 164-181.

Keuneke, Susanne (2005): Qualitatives Interview. In: Mikos, Lothar/Wegener, Claudia (Hg.): Qualitative Medienforschung. Ein Handbuch. Konstanz: UVK, S. 254-267.

Klimmt, Christoph/Hartmann, Tilo/Vorderer, Peter (2005): Die Macht der neuen Medien? Überwältigung und kritische Rezeptionshaltung in virtuellen Medienumgebungen. In: Publizistik, 50, H. 4. S. 422-437.

Kooi, Frank L./Toet, Alexander (2004): Visual Comfort of Binocular and 3D Displays. In: Displays 25, H. 2-3, S. 99-108.

Krämer, Peter (2002): »The Best Disney Film Disney Never Made«: Children's Films and the Family Audience in American Cinema since the 1960s. In: Neale, Steve (Hg.) (2002): Genre and Contemporary Hollywood. London: British Film Institute, S. 185-200.

Kränzl-Nagl, Renate/Wilk, Liselotte (2000): Möglichkeiten und Grenzen standardisierter Befragungen unter besonderer Berücksichtigung der Faktoren soziale und personale Wünschbarkeit. In: Heinzel, Friederike (Hg.): Methoden der Kindheitsforschung. Ein Überblick über Forschungszugänge zur kindlichen Perspektive. Weinheim: Juventa, S. 59-76.

Kunczik, Michael/Zipfel, Astrid (2006): Gewalt und Medien: Ein Studienhandbuch. 5., überarb. Auflage. Stuttgart: UTB.

Lamnek, Siegfried (1993): Qualitative Sozialforschung. Lehrbuch. 2. Auflage. Weinheim: Beltz.

Lee, Kwan Min (2004): Presence, explicated. In: Communication Theory, 14, H. 1, S. 27-50.

Lipton, Lenny (2001): The Stereoscopic Cinema. From Film to Digital Cinema. In: SMPTE Journal September 2001, S. 586-593.

Lipton, Lenny (2007): The Last Great Innovation: The Stereoscopic Cinema. In: SMPTE Journal November/December 2007, S. 518-523.

Lombard, Matthew/Ditton, Theresa B. (1997): At the Heart of it All: The Concept of Presence. In: Journal of Computer-Mediated Communication, 3, H. 2. URL: http://jcmc. indiana.edu/vol3/ issue2/lombard.html (27.09.2010).

Matthes, Jörg/Wirth, Werner/Fahr, Andreas/Daschmann, Gregor (Hg.) (2008): Die Brücke zwischen Theorie und Empirie: Operationalisierung, Messung und Validierung in der Kommunikationswissenschaft. Köln: Herbert von Halem.

Matzat, Uwe (2005): Die Einbettung der Online-Interaktion in soziale Netzwerke der Offline-Welt: Möglichkeiten der sozialen Gestaltung von Online-Gruppen. In: Jäckel, Michael/Mai, Manfred (Hg.): Online-Vergesellschaftung. Mediensoziologische Perspektiven auf neue Kommunikationstechnologien. Wiesbaden: VS, S. 175-200.

Mayring, Philipp (1994): Qualitative Inhaltsanalyse. Grundlagen und Techniken. 5. Auflage. Weinheim: UTB.

Mayring, Philipp (2008): Qualitative Inhaltsanalyse. Grundlagen und Techniken. 10. Auflage. Weinheim: UTB.

Mayring, Philipp/Hurst, Alfred (2005): Qualitative Inhaltsanalyse. In: Mikos, Lothar/Wegener, Claudia (Hg.): Qualitative Medienforschung. Ein Handbuch. Konstanz: UVK, S. 436-444.

Mazanec, Josef/Rihan-Samman, Tarik/Weismayer, Christian/Zottl, Nikolaus/Hochwallner, Gudrun/Brugger, Florian (2008): Cinemon – Cinema Satisfaction Monitoring. URL: http://www.wu. ac.at/itf/pr/events/inform/praes_cinemon_ss08.pdf (10.12.2008).

McQuail, Denis (1972) Sociology of Mass Communications: selected readings. Harmondsworth: Penguin.

Meesters, Lydia/IJsselsteijn, Wijnand. A./Seunties, Pieter (2003): A Survey of Perceptual Quality Issues in Three-Dimensional Television Systems. In: Woods, A.J./Bolas, M.T./ Merritt, J.O./Benton, S.A. (Hg.): Stereoscopic Displays and Virtual Reality Systems X. Bellingham: The International Society for Optical Engineering, S. 313-326.

Mendiburu, Bernard (2009): 3D Movie Making. Stereoscopic Digital Cinema from Script to Screen. Amsterdam: Focal Press.

Mikos, Lothar (2002): Monster und Zombies im Blutrausch. Ästhetik der Gewaltdarstellung im Horrorfilm. In: tv-diskurs, 19, S. 12-17.

Mikos, Lothar/Töpper (2009): Erfolgreiche Familienformate. In: TelevIZIon 22, H. 1 , S. 39-43.

Mikos, Lothar/Eichner, Susanne/Prommer, Elisabeth/Wedel, Michael (2007): Die »Herr der Ringe«-Trilogie. Konstanz: UVK.

Mikos, Lothar/Wegener, Claudia (Hg.) (2005): Qualitative Medienforschung. Konstanz: UVK.

Minsky, Marvin (1980): Telepresence. In: Omni, 2, H. 9, S. 44-53.

Mitchell, Rick (2004): The Tragedy of 3-D Cinema. In: Film History: An International Journal 16, H. 3, S. 208-215.

Möhring, Wiebke/Schlütz, Daniela (2003): Die Befragung in der Medien- und Kommunikationswissenschaft. Eine praxisorientierte Einführung. Wiesbaden: Westdeutscher Verlag.

Münsterberg (1996/1916): Das Lichtspiel. Eine psychologische Studie und andere Schriften zum Kino. Wien: Synema.

Neale, Steve (Hg.) (2002): Genre and Contemporary Hollywood. London: British Film Institute.

Neckermann, Gerhard (2001): Das Kinopublikum 1993-2000. In: Media Perspektiven 2001, H. 10, S. 514-523.

Neckermann, Gerhard (2002): Außergewöhnliches Filmjahr bringt Rekordbesuch. Filmbesuch, Filmangebot und Kinobesucherstruktur in Deutschland 1991 bis 2001. In: Media Perspektiven 2002, H. 11, S. 557-567.

Neitzel, Britta (2008): Facetten räumlicher Immersion in technischen Medien. In: montage AV 17, H. 2,. S. 146-158.

Palmgreen, Philip/Cook, Patsy L./Harvill, Jerry G./Helm, David M. (1988): The Motivational Framework of Moviegoing: Uses and Avoidances of Theatrical Films. In: Austin, Bruce A. (Hg.): Current Research in Film: Audiences, Economics and Law, Vol. 4, Norwood: Ablex, S. 1-23.

Paul, William (1993): The Aesthetics of Emergence. In: Film History: An International Journal 5, H. 3, S. 321-355.

Paus-Hasebrink, Ingrid (2005): Forschung mit Kindern und Jugendlichen. In: Mikos, Lothar/Wegener, Claudia (Hg.): Qualitative Medienforschung. Konstanz: UVK, S. 222-231.

Pinedo, Isabel Christina (1997): Recreational Horror. Women and the Pleasure of Horror Film Viewing. New York: State University Press.

Quixel Research (2009): Consumers Expect 3DTV; Glasses Only A Nuisance – Not a Deal Killer. URL: http://www.quixelresearch.com/pdfs/Quixel_3D.pdf (28.03.2011).

Reber, Ursula (2007) Ökonomie des digitalen Kinos: Wirtschaftliche Analyse aktueller Marktanbieter. Saarbrücken: Vdm Verlag Dr. Müller

Robnik, Drehli (2008): Tiktak und Taktik. Das konsumkulturelle und das zeitlogische Epos des postfordistischen Horrorkinos in Benjaminscher Sicht. In: Biedermann, Claudio/Stiegler, Christian (Hg.): Horror und Ästhetik. Eine interdisziplinäre Spurensuche. Konstanz: UVK, S. 121-132.

Rogge, Jan Uwe (2002): Fantasie, Emotion und Kognition in der »Sesamstraße«. Anmerkungen zu den Rahmengeschichten. In: Televizion,15, Heft 1, S. 50-56

Rubin, Alan (1984): Ritualized and Instrumental Television Viewing. In: Journal of Communication, 34, H. 3, S. 67-77.

Rushton, Richard (2004): Early, classical and modern cinema: absorption and theatricality. In: Screen, 45, H. 3, S. 226-244.

Sánchez Ruiz, Maja (2010): Möglichkeiten und Grenzen der Filmstereoskopie. Technik und Gestaltung des S3D-Films als neue Herausforderung im digitalen Zeitalter. Masterarbeit zur Erlangung des akademischen Grades »Master of Arts« der Philosophischen Fakultät der Universität Zürich. Verfasst im Rahmen des universitätsübergreifenden Master-Studiengangs Netzwerk Cinema CH.

Schäfer, Horst/Wegener, Claudia (Hg.) (2009): Kindheit und Film. Geschichte, Themen und Perspektiven des Kinderfilms in Deutschland. Konstanz: UVK.

Schelske, Andreas (2007): Soziologie vernetzter Medien. Grundlagen computervermittelter Vergesellschaftung. München: Oldenbourg.

Schenk, Michael (2007): Medienwirkungsforschung (3. Aufl.). Tübingen: Mohr Siebeck.

Schenk, Michael/Taddicken, Monika/Welker, Martin (2008): Web 2.0 als Chance für die Markt- und Sozialforschung. In: Zerfaß, Anger/Welker, Martin/Schmidt, Jan (Hg.): Kommunikation, Partizipation und Wirkung im Social Web. Grundlagen und Methoden: Von der Gesellschaft zum Individuum. Köln: Herbert von Halem, S. 243-266.

Schubert, Thomas W. (2009): A New Conception of Spatial Presence: Once Again, with Feeling. In: Communication Theory 19, H. 2, S. 161-187.

Schuegraf, Martina/Meier, Stefan (2005): Chat- und Forenanalyse. In: Mikos, Lothar/Wegener, Claudia (Hg.): Qualitative Medienforschung. Konstanz: UVK, S. 425-435.

Schulze, Gerhard (1992): Die Erlebnisgesellschaft. Kultursoziologie der Gegenwart. Frankfurt/New York: Campus Verlag.

Schweiger, Wolfgang (2007): Theorien der Mediennutzung. Eine Einführung. Wiesbaden: VS.

Schweinitz, Jörg (2006): Totale Immersion, Kino und die Utopien von der virtuellen Realität. Zur Geschichte und Theorie eines Mediengründungsmythos. In: Neitzel, Britta/Nohr, Rolf N. (Hg.): Das Spiel mit dem Medium. Partizipation – Immersion – Interaktion. Zur Teilhabe an den Medien von Kunst bis Computerspiel. Marburg: Schüren, S. 136-153.

Senf, Erhard (1989): Entwicklungsphasen der Stereofotografie. In: Kemner, Gerhard (Hg.): Stereoskopie – Technik, Wissenschaft und Hobby. Berlin: Museum für Verkehr und Technik, S. 18-32.

Seuntiens, Pieter (2006): Visual Experience of 3D TV. URL: http://alexandria.tue.nl/extra2/200610884.pdf (10.12.2008).

Seuntiens, Pieter/Meesters, Lydia/Ijssesteijn, Wijnand (2003): Perceptual Evaluation of Stereoscopic Images, Proceedings of the SPIE 5006, S. 215-226.

Seuntiens, Pieter/Meesters, Lydia/Ijssesteijn, Wijnand (2005): Viewing Experience and Naturalness of 3D Images. Proceedings of the SPIE 6016, S. 43-49.

Steinmetz (2011): Dispositif Cinéma. Untersuchungen zur Veränderung des Kinos. Leipzig: Universitätsverlag.

Strohmeier, Dominik/Jumisko-Pyykkö, Satu/Weitzle, M./Schneider, S. (2008): Mobile 3DTV – Report on User Needs and Expectations for Mobile Stereo Video. URL: http://sp.cs.tut.fi/mo bile3dtv/results/Jumisko-Pyykko08_Report.pdf (27.09.2010).

Swartz, Charles S. (2005): Understanding Digital Cinema. A Professional Handbook. Boston: Focal Press.

Tesser, Abraham/Millar, Karen/Wu, Cheng-Huan (1988): On the Perceived Functions of Movies. In: The Journal of Psychology 122, H. 5, S. 441-449.

The European Digital Cinema Forum (2005): Digital Cinema. The EDCF Guide for Early Adopters. In: http://www.edcf.net/edcf_docs/EDCF%20EAG%20final%20version.pdf (08.09.2010).

Theunert, Helga (1996): Gewalt in den Medien, Gewalt in der Realität. München: kopaed.

Theunert, Helga (2003): Wirkungsdimension Angst – Relevant für über 12-Jährige? In: tv diskurs – Verantwortung in audiovisuellen Medien 25, S. 60-65.

Thomas, Yvonne/Ruppel, Wolfgang (2011): Zuschauerakzeptanz und Wahrnehmung bei stereoskopischem 3D. In: FKT 65, H. 1-2, S. 45-49.

Thompson, Kristin (2011): Has 3D Already Failed? The Sequel. URL: http://www.david bordwell.net/blog/2011/01/20/has-3d-already-failed-the-sequel-part-one-realdlighted/ (27. 02. 2012).

Treumann, Klaus Peter/Meister, Dorothee M./Sander, Uwe/Burkatzki, Eckhard/Hagedorn, Jörg/Kämmerer, Manuela/Strotmann, Mareike/Wegener, Claudia (2007): Medienhandeln Jugendlicher. Mediennutzung und Medienkompetenz. Bielefeld: VS.

Trotter, David (2004): Stereoscopy: Modernism and the ›Haptic‹. In: Critical Quarterly 46, H. 4, S. 38-58.

UK Film Council (2007): Statistical Yearbook 2006/07. URL: http://www.ukfilmcouncil. org.uk /media/pdf/5/8/Stats_Year_book.pdf (08.09.2010).

Valkenburg, Patti M./Buijzen, Moniek (2008): Observing purchase-related parent-child communication in retail environments: A developmental and socialization perspective. In: Human Communication Research, 34, H. 1, S. 50-69.

Vitouch, Peter/Hans-Jörg Tinchon/Janschke, Eva (1998): Prozeßbegleitende Verfahren in der Medienpsychologie. Medienpsychologie, 10, S. 308-319.

Völcker, Beate (2009): Kinderfilm oder Family Entertainment? In: Schäfer, Horst/Wegener, Claudia (Hg.): Kindheit und Film. Geschichte, Themen und Perspektiven des Kinderfilms in Deutschland. Konstanz: UVK.

Wedel, Michael (2009): Sculpting With Light: Early Film Style, Stereoscopic Vision, and the Idea of a ›Plastic Art in Motion‹. In: Kreimeier, Klaus/Ligensa, Annemone (Hg.): Film 1900: Technology, Perception, Culture. London: John Libbey Publishing, S. 201-223.

Wegener, Claudia (2010): Warum sich Kinobesucher 3D-Filme ansehen. Forschungsseminar an der Hochschule für Film und Fernsehen Potsdam. Unveröffentlichter Projektbericht. Potsdam.

Wegener, Claudia (2011): Der Kinderfilm – Themen und Tendenzen. In: Ebbrecht, Tobias/Schick, Thomas (Hg.): Kino in Bewegung. Perspektiven des deutschen Gegenwartskinos. Wiesbaden: VS, S. 121-136.

Wegener, Claudia/Brücks, Arne (2010): Genre, Themen, Emotionen. Eine Studie zum Filmerleben von Kindern und Jugendlichen. In: Kinder- und Jugendfilme Korrespondenz 1, S. 43-46.

Wegener, Claudia/Jockenhövel, Jesko (2009). 3D-Kino im Urteil des Publikums. Quantitative Studie zur Nutzung und Akzeptanz. In: Media Perspektiven 2009, H. 9, S. 504-511.

Winter, Rainer (1995): Zwischen Kreativität und Vergnügen. Der Gebrauch des postmodernen Horrorfilms. URL: http://www.bis.uni-oldenburg.de/bisverlag/mueoef91/kapiv-1.pdf (23.09.2010).

Wirth, Werner/Hofer, Matthias (2008): Präsenzerleben. Eine medienpsychologische Modellierung. In: montage AV 17, H. 2, S. 159-175.

Wirth, Werner/Schramm, Holger/Böcking, Saskia/Gysbers, Andre/Hartmann, Tilo/Klimmt, Christopher/Vorderer, Peter (2008): Entwicklung und Validierung eines Fragebogens zur Entstehung von räumlichem Präsenzerleben. In: Matthes, Jörg/Wirth, Werner/Fahr, Andreas/Daschmann, Gregor (Hg.): Die Brücke zwischen Theorie und Empirie: Operationalisierung, Messung und Validierung in der Kommunikationswissenschaft. Köln: Herbert von Halem, S. 70-95.

Zone, Ray (2007): Stereoscopic Cinema and the Origins of 3-D Film. Lexington: The University Press of Kentucky.

Zone, Ray (2009): The 3D Zone: It's Past & It's Future. URL: http://magazine.creativecow.net/article/a-creative-cow-magazine-extra-the-3d-zone (21.09.2009).

Zone, Ray (2010): Totgesagt und nie gestorben. Eine kurze Geschichte des 3D-Films. In: Schnitt 2010, H. 3, S. 8-11.

Filme

ALICE IM WUNDERLAND (USA/UK 2010, R: Tim Burton).

AVATAR (USA 2009, R: James Cameron).

BERLINER PHILHARMONIKER IN SINGAPUR – A MUSICAL JOURNEY IN 3D (D 2011, R: Michael Beyer).

CATS & DOGS – DIE RACHE DER KITTY KAHLOHR (USA/AU 2006, R: Brad Peyton).

CHICKEN LITTLE (USA 2005, R: M. Dindal).

CORALINE (USA 2009, R: Henry Selick).

CREATURE FROM THE BLACK LAGOON (USA 1954, R: Jack Arnold).

DAS FLIEGENDE KLASSENZIMMER (Neuverfilmung D 2003, R: T. Wigand).

DIE DREI MUSKETIERE (D/F/UK/USA 2011, R: Paul Anderson).

DIE KONFERENZ DER TIERE (D 2010, R: R. Klooss/H. Tappe).

DISNEYS EINE WEIHNACHTSGESCHICHTE (USA 2009, R: Robert Zemeckis).

DRACHENZÄHMEN LEICHT GEMACHT (USA 2010, R: Dean DeBlois/Chris Sanders).

EMIL UND DIE DETEKTIVE (D 2001, R: F. Buch).

FINAL DESTINATION 4 (USA 2004, R: David R. Ellis).

FÜR IMMER SHREK (USA 2010, R: Mike Mitchell).

FRIDAY THE 13TH PART III (USA 1982, R: Steve Miner).

G-FORCE – ABENTEUER MIT BISS (USA 2009, R: Hoyt Yeatman).

HARA-KIRI: TOD EINES SAMURAI (J 2011, R: Takashi Mike).

HOUSE OF WAX (USA 1953, R: André De Toth)

ICE AGE 3 – DIE DINOSAURIER SIND LOS (USA 2009, R: Carlos Saldanha/Mike Thurmeier).

JAWS 3-D (USA 1983, R: Joe Alvers).

KAMPF DER TITANEN (USA 2010, R: Louis Leterrier).

MONSTERS VS. ALIENS (USA 2010, R: Rob Letterman/Conrad Vernon).

MY BLOODY VALENTINE 3D (USA 2009, R: Patrick Lussier).
NIGHTMARE BEFORE CHRISTMAS (USA 1993, R: Henry Selick).
OBEN (USA 2009, R: Pete Docter, Bob Peterson).
PINA (D/F/UK 2011, R: Wim Wenders).
PIRANHA 3D (USA 2010, R: Alexandre Aja).
PIRATES OF THE CARIBBEAN – FREMDE GEZEITEN (USA 2011, R: Rob Marshall).
SAW VII (USA 2010, R: Kevin Greutert).
STREETDANCE 3D (UK 2010, R: Max Giwa/Dania Pasquini).
STEP UP 3D (USA 2010, R: Jon Chu).
TOPPER GIBT NICHT AUF (D 2010, R: Félix Koch).
TOY STORY 3 (USA 2010, R: L. Unkrich).
WICKI AUF GROßER FAHRT (D 2011, R: Ditter).
WOLKIG MIT AUSSICHT AUF FLEISCHBÄLLCHEN (USA 2009, R: Phil Lord, Chris Miller).

Index: Filme und Regisseure